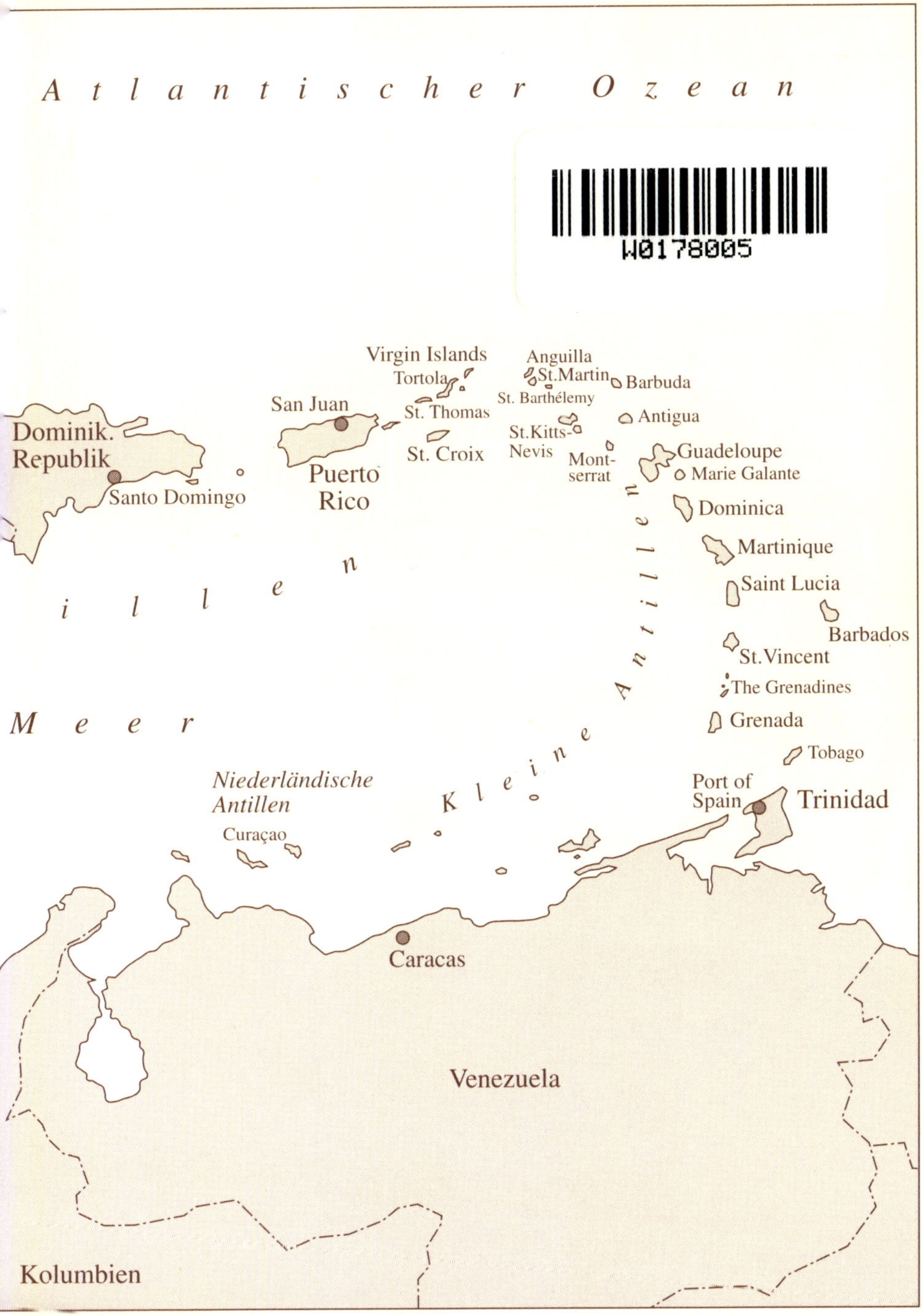

Atlantischer Ozean

Virgin Islands
Tortola
St. Thomas
St. Croix

Anguilla
St.Martin
Barbuda
St. Barthélemy
Antigua
St.Kitts-
Nevis
Mont-
serrat

San Juan

Puerto
Rico

Dominik.
Republik

Santo Domingo

Guadeloupe
Marie Galante

Dominica

Martinique

Saint Lucia

Barbados

St.Vincent

The Grenadines

Grenada

Tobago

i l l e n

Kleine Antillen

M e e r

*Niederländische
Antillen*

Curaçao

Port of
Spain

Trinidad

Caracas

Venezuela

Kolumbien

EDWARD HAMILTON

Das Rum-Buch

EDWARD HAMILTON

Das Rum-Buch

Aus dem Amerikanischen von Kevin Frank

LICHTENBERG

Titel der Originalausgabe: *The Complete Guide to Rum*
Triumph Books, Chicago

ZUM GEDENKEN AN FRITZ SEYFARTH
UND ANDRE DEPAZ

Die Folie des Schutzumschlags sowie die Einschweißfolie sind
PE-Folien und biologisch abbaubar.
Dieses Buch wurde auf chlor- und säurefreiem Papier gedruckt.

Umschlaggestaltung: Casa nova corporate communications, München
Umschlagillustration: Helge Glatzel-Poch
Druck und Bindung: Franz Spiegel Buch, Ulm
Printed in Germany
ISBN 3-7852-8432-2
5 4 3 2 1

Inhalt

Vorwort

Sie werden mich sicherlich gleich fragen, welches mein Lieblingsrum ist – Gegenfrage: Welches ist Ihre Lieblingsinsel?
Sicher, die französischen Inseln Martinique und Guadeloupe mit
ihren Regenwäldern und den kleinen, versteckten Sandbuchten sind
zweifelsohne wunderschön. Auch Puerto Rico hat seinen ganz eigenen Reiz. Jeder, der schon einmal auf Trinidad und Tobago war,
wird mir zustimmen, wie faszinierend ihre exotische Mischung verschiedener Kulturen ist. Es gibt wohl keinen, den St. Lucia oder
auch die zerklüftete Landschaft von Dominica und Hispaniola nicht
verzaubern und inspirieren würde. Für manche wiederum ist Jamaica das Paradies ihrer Träume... Wohin auch immer man reist –
in der Karibik wird man belohnt.
So schwer es mir fällt, mich auf eine »Lieblingsinsel« festzulegen,
so schwer läßt sich die Frage nach meinem »Lieblingsrum« beant-
worten. Die über zweihundert verschiedenen Rums in diesem Buch
reichen vom rohen Alkohol, wie er frisch aus der Brennblase fließt,
bis hin zum jahrzehntelang im Eichenfaß gereiften Destillat. Sicher
gibt es Unterschiede, die eine Klassifikation erlauben – doch man
sollte nie über einen Rum urteilen, bevor man ihn probiert hat.
Manche Rums eignen sich am besten zum Mixen bunter tropischer
Drinks, andere sollten besser pur getrunken oder nur mit ganz bestimmten, erstklassigen Zutaten vermischt werden.
Um zu entscheiden, welches der »beste« Rum ist, müßte man
eigentlich auf Reisen gehen und alle Sorten am Ort ihres Ent-
stehens verkosten. Die meisten Destillerien verfügen über ein Besucherzentrum, wo sie ihre Produkte präsentieren. Einige der
besten Rums sind übrigens ausschließlich in ihrer Ursprungs-
destillerie erhältlich. Um das Reisen zu den Quellen des Rums ein
wenig zu erleichtern, habe ich bei vielen Destillerien Hinweise zu
den Besuchs- und Besichtigungsmöglichkeiten gegeben. Vielleicht
sind Sie ja einmal in der Gegend? Ich jedenfalls kann mir nichts
Schöneres vorstellen, als einen Tag in einer Brennerei zu verbringen und deren Sprirituosen kennenzulernen.

Während der Recherchen zu diesem Buch erlebte ich immer wieder Überraschungen. Zum Glück meist solche der angenehmen Art. Nun, natürlich gibt es Rums, die ich weniger gerne trinke. Doch wenn Sie sich selbst einmal vor Ort umsehen, werden Sie mir sicher zustimmen, daß es auf den Inseln viele exzellente Rums gibt, die nirgendwo sonst zu haben sind. Gleichzeitig wächst der Rum-Markt, so daß inzwischen rund um den Globus neue Marken und Sorten destilliert und verschnitten werden.

Ich hoffe, daß Sie bei Ihren Verkostungen nicht mehr Rum trinken werden, als Sie sollten – sondern vielmehr, daß Sie mit Hilfe dieses Buches ein informierter Verbraucher und bewußterer Genießer des Zuckerrohrbrandes werden, den man Rum nennt.

Auf Ihr Wohl und auf Ihre Gesundheit!

Danksagung

Mein Dank gilt zunächst all jenen, die ihr Leben dem Pflanzen und der Hege und Pflege des Zuckerrohrs verschrieben haben – die Früchte ihrer Arbeit sind die Grundlage für die edelste Spirituose der Welt. Ohne sie gäbe es keinen Rum.

Ich schulde all den vielen Menschen Dank, die sich Zeit genommen haben, um mir verstehen zu helfen, was und wie und warum sie es tun. All jenen, die technische Unterstützung wie auch die Etiketten ihrer Rums zur Verfügung gestellt haben. Danken möchte ich auch denen, die mir bei Übersetzungen aus französischen Geschichtsbüchern und aus Informationsmaterialien der Destillerien geholfen, zahllose Manuskripte gelesen und konstruktive Kritik beigesteuert haben.

Namentlich möchte ich Mitch Rogatz, Siobhan Drummond und Laura Moeller von Triumph Books danken, die fast Unmögliches geleistet haben.

Viele Menschen haben mich von Beginn an ermutigt – besonders dankbar bin ich aber auch Ihnen: dafür, daß Sie sich die Zeit nehmen, dieses Buch zu lesen. Ich hoffe, daß es zu einem größeren Verständnis und zu einem Mehr an Genuß beiträgt.

Einleitung

Die Idee zu diesem Buch hatte ich bei einer Vollmondparty auf der kleinen Insel Culebra, im Frühling 1993. Ich war fast fertig mit den Vorbereitungen, um mit meiner Schaluppe *Tafia* südwärts zu segeln. Hier wollte ich ein paar der Geheimnisse der Inseln entdecken, die in den letzten fünf Jahrhunderten Menschen aus allen Winkeln der Erde angezogen haben. Ein paar Tage später lichtete ich den Anker und setzte Segel, ohne festen Fahrplan – wenn man davon absieht, daß in dieser Jahreszeit oft die Hurrikane den Kurs diktieren. Wie die meisten meiner Vorgänger war auch ich auf Abenteuer aus. Vor allem aber suchte ich Schätze, die die Horden vor mir nicht bemerkt hatten – wo könnte man damit besser beginnen als an den Quellen des Rums?

Ich besuchte Destillerien wie jeder andere interessierte Tourist und staunte, wie sehr sich die Brennmeister, die ich traf, bemühten, ihren Rum in jedem Aspekt verständlich zu machen. Keiner, der nicht erklären wollte, warum gerade er den besten Rum der Welt macht. Schon bald begann ich, den Zauber, das Mystische dieser Inseln kennenzulernen und zu verstehen.

Zu den Recherchen für dieses Buch gehörte es, wenigstens eine Flasche Rum jeder Destillerie zu erstehen, um sie nach und nach gemeinsam mit Freunden zu genießen. Einige Destillerien schenkten mir Probeflaschen, andere boten an, sich an den Kosten zu beteiligen, die die Veröffentlichung dieses Buches mit sich bringen würde. Den Rum habe ich natürlich angenommen – alles andere wäre in den Augen meiner Gastgeber eine Beleidigung gewesen. Im Sinne der Objektivität habe ich jedoch selbstverständlich jegliche finanzielle Zuwendung von jedem, der mit der Herstellung oder Vermarktung dieser berühmten Spirituose zu tun hat, abgelehnt.

Die Geschichte(n) des Rums erzähle ich so, wie ich sie aus Erzählungen anderer in Erinnerung habe. Zweifelsohne habe ich Fehler bei der Wiedergabe von Fakten gemacht und sicher mehr als nur einmal Geschichten geglaubt, die so einfach nicht stimmen. Ich habe mich um Gelassenheit bemüht, wann immer ich wußte, daß ein Unterschied zwischen dem mir Erzählten und den Tatsachen bestand, und ich habe mich bemüht, das wiederzugeben, was ich im Zweifelsfall für die richtige(re) oder wahrscheinlichere Version halte. Es wäre zwecklos, Ihnen mitzuteilen, daß diese oder jene Person versucht hat, mich bei der Recherche ein wenig in die Irre oder an der Nase herumzuführen. Falls Sie bei einigen Details in diesem Buch Widersprüche entdecken sollten – akzeptieren Sie einfach, daß die Kunst der Rumherstellung mit mehr als nur einem kleinen Schuß Magie einhergeht. Man erwartet ja auch nicht von einem Zauberer, seine Tricks, ohne Augenzwinkern, bis ins kleinste preiszugeben. Und gäbe es gar keine Geheimnisse mehr – wo bliebe schließlich der Zauber?

Um die Verzerrung der Tatsachen so klein wie möglich zu halten, habe ich die meisten Destillerien zweimal besucht, einige sogar dreimal oder öfter. Darüber hinaus habe ich mit Beamten der örtlichen Zollbehörden gesprochen und zahlreiche Im- und Exportstatistiken gewälzt. Ich hoffe, Sie können beim Lesen nachvollziehen, daß die auf diese Weise zusammengetragenen Informationen als amüsante, Sie ebenso wie mich unterhaltende Elemente gedacht waren. Falls das auf Sie nicht zutrifft, habe ich irgend etwas falsch gemacht. Dafür, und ausschließlich dafür, entschuldige ich mich aus der Tiefe meines leeren Glases.

Mir ging es nicht so sehr darum, jeden Rum nach seinem üppigen, fruchtigen, nussigen, kraftvollen Duft oder nach seinem vollen, warmen, trockenen oder süßen Geschmack zu beurteilen. Sondern vielmehr darum, Ihnen alles Nötige an die Hand zu geben, um immer besser zu verstehen, warum und wodurch sich Spirituosen voneinander unterscheiden. Je mehr man über die Bestandteile und die Herstellung einer Spirituose weiß, desto mehr kann man sie genießen. Doch Probieren geht über Studieren – und am besten probiert man in den Destillerien selbst, nachdem man sich angeschaut hat, wie diese Produkte hergestellt werden.

Ein Fachjournalist schrieb einmal über einen meiner Lieblingsrums, er schmecke nach »Leder«. Auch wenn ich mit ihm einig bin, daß es sich um einen außergewöhnlichen Rum handelt – so würde ich ihn kaum beschreiben. (Und noch weniger würde ich irgend etwas trinken wollen, das nach Leder schmeckt.) Ich hoffe, Sie werden sich von jedem Rum, den Sie probieren, Ihr eigenes Bild machen und sich bei der Beurteilung nicht auf mich oder sonstwen verlassen.

Aus dem Karibischen Becken stammt ein Großteil des weltweit produzierten Rums, doch diese vielseitige Spirituose wird auch in vielen anderen Ländern rund um den Erdball hergestellt. Es wäre nahezu unmöglich, alle Rum-Destillerien der Welt zu besuchen – dennoch habe ich versucht, über so viele Brennereien und ihre Produkte zu informieren, wie irgend möglich. Auch wenn ich mich bemüht habe, Ihnen den bestmöglichen Informationsstand zu vermitteln – bei einem Projekt dieser Dimension gibt es immer wieder Dinge, die man übersieht oder versäumt. Ich hoffe, daß solche Unzulänglichkeiten nicht auf die Brenner oder ihre Spirituosen zurückfallen.

Jede Destillerie bietet ihren Besuchern, neben der Möglichkeit, ihre verschiedenen Produkte zu verkosten, immer auch etwas ganz Eigenes, Einzigartiges. Ich hoffe, daß auch Sie einmal an den Geburtsort des einen oder anderen Rums reisen und dort die Menschen treffen werden, die ihre Produkte mit so großem Stolz herstellen. Eine solche Erfahrung wird Ihren Genuß an dieser berühmten Spirituose sicher noch steigern.

Viele renommierte Mediziner auf der ganzen Welt bestätigen, daß ein Gläschen Alkohol am Tag einem langen und gesunden Leben tatsächlich zuträglich ist. Bei den Recherchen zu diesem Buch habe ich es allerdings nicht mit einem Gläschen bewenden lassen – ich habe zu viel Rum getrunken. Und im Ergebnis hat mindestens eine Beziehung darunter gelitten. Viele Drogen, zu denen auch Alkohol gehört, können in kleinen Dosen wohltuend sein – doch fast alles, das man exzessiv konsumiert, ist schädlich für Gesundheit und Wohlergehen.

Es gibt nun einmal kaum etwas Schöneres im Leben, als sich einen guten Rumpunsch zu gönnen, während man von einer vor Anker liegenden Yacht aus den grandiosen Sonnenuntergang beobachtet. Zu viel jedoch ist immer abträglich – allen Leidenschaften, die unser Leben so lebenswert machen.

Schon als ich mit diesem Buch begann, war mir klar, daß es unmöglich sein würde, jeden auf der Welt hergestellten Rum aufzunehmen. Aus meinen Vorrecherchen und der Lektüre der meisten einschlägigen Bücher zum Thema wußte ich aber auch, daß es einen großen Bedarf an zuverlässigen Informationen für den Genießer gab – es war einfach an der Zeit für dieses Projekt.

Angesichts der wachsenden Beachtung, die der Rum in den nächsten Jahren und Jahrzehnten voraussichtlich finden wird, werden zweifelsohne noch viele Bücher darüber erscheinen – ich freue mich darauf, sie zu lesen.

Falls ich in diesem Buch Ihren Lieblingsrum vergessen habe – bitte lassen Sie es mich wissen. Ich würde liebend gerne mehr darüber erfahren und Ihren Rum zu gegebener Zeit in eine aktualisierte und erweiterte Ausgabe dieses Buches aufnehmen.

Beim Büro des »Minister of Rum« bin ich übrigens auch on-line zu erreichen – Adresse: http://www.ministerofrum.com.

Hier finden Sie weitere Informationen über die Inseln, Bezugsquellen und vieles mehr.

Ich wünsche Ihnen Mast- und Schotbruch, immer ein halb volles Glas und beste Gesundheit. Die Recherche geht weiter.

Coral Bay
März 1997

EINS
Die Ursprünge des Rums

Columbus beanspruchte die meisten karibischen Inseln für den König und die Königin von Spanien. Von hier brachten die spanischen Entdecker und Eroberer jedoch ausnahmsweise keine einzige Schiffsladung Gold mit nach Hause, sondern eine schlichte Pflanze – Zuckerrohr. Ironischerweise sollten sich Zucker und Rum später als sehr viel wertvoller erweisen als das Gold, nach dem die Konquistadoren eigentlich gesucht hatten.

Die Geburtsorte des Rums, wie er in den letzten drei Jahrhunderten hergestellt wurde, sollten Sie auf Ihrer nächsten Karibikreise keinesfalls verpassen. Jede karibische Brennerei vermittelt eine einzigartige Sichtweise der Geschichte dieser zauberhaften Inseln. Auf Marie Galante kann man sehen, wie ein Ochsenkarren vor dem Entladen gewogen wird, auf Grenada ein zweihundert Jahre altes Wasserrad zum Pressen von Zuckerrohr oder auf Guadeloupe das auf Hochglanz polierte Kupfer der Brennapparate, aus denen der beliebteste Rum der Insel stammt.

Zuckerrohr, das ursprünglich von Papua-Neuguinea stammen soll, kam vor etwa zweitausend Jahren über China auf den indischen Subkontinent. Während der nächsten tausend Jahre verbreiteten Händler diese kräftige Pflanze über Nordafrika und bis auf die Kanarischen Inseln. Im frühen 16. Jahrhundert brachten spanische und portugiesische Eroberer Zuckerrohrpflanzen nach Brasilien. Und seit dieser Zeit wird Zuckerrohr auch auf nahezu jeder karibischen Insel angebaut.

Als im 17. Jahrhundert in Europa die Nachfrage nach Zucker als Süß- und Konservierungsmittel wuchs, begannen karibische Pflanzer, mit dem »süßen Gras« zu experimentieren und es in größerem Stil als dringend benötigte Handelsware anzubauen. Das warme Klima erwies sich als ideal, und so wurde schon bald auf nahezu jeder noch so kleinen Insel Zuckerrohr ausgepflanzt.

13

Um das Rohprodukt in ein marktfähiges und transportables Gut zu verwandeln, wurden die Stiele ausgepreßt und der süße Saft zusammen mit etwas Kalk gekocht, um Unreinheiten auszufällen. Nach dem Kochen kam die dicke, dunkelbraune Flüssigkeit in Tontöpfe, wo der Zucker kristallisierte. Die restliche Flüssigkeit lief durch ein Loch im Boden des Topfes ab. Nach einigen Wochen konnte man die Tongefäße aufbrechen und den braunen Zucker auf den Weg zu den unersättlichen europäischen Märkten bringen.

Die zähe Melasse, die an den Böden der Zuckertöpfe aufgefangen wurde, enthielt fermentierbaren Zucker. Um den Vorgang der Vergärung – die Umwandlung von Zucker in Alkohol und Kohlensäure – in Gang zu bringen und zu unterstützen, wurden Wasser und Hefe zugegeben, die Maische für ein paar Wochen stehen gelassen. Nach Abschluß der Fermentation wurde die alkoholhaltige Flüssigkeit zum Verdampfen des Alkohols in einem simplen Gefäß erhitzt, das an einen großen Teekessel mit langem Schnabel erinnerte. Dem kondensierten, nun wesentlich höher alkoholhaltigen Destillat wurde große medizinische Wirkung nachgesagt und daß es Krankheiten des Teufels abwehren könne – daher der Spitzname »kill devil«. Da Großbritannien und Frankreich den Export von Alkohol aus ihren Kolonien verboten, um die heimischen Alkoholmärkte zu schützen, wurde ein Großteil der Melasse nach Nordamerika verschifft, wo sie zur Destillation kam. Mitte des 18. Jahrhunderts gab es allein in Boston, Massachusetts, über vierzig Destillerien. Was nicht in Neuengland selbst konsumiert wurde, ging nach Afrika – als Tauschware gegen Sklaven, die als Arbeitskräfte im Zuckerrohranbau auf den karibischen Inseln eingesetzt wurden.

Obwohl es den meisten karibischen Kolonien gesetzlich untersagt war, Rohrum zu exportieren, wurde er zu Schleuderpreisen an die auf den Inseln stationierten Marineeinheiten verkauft, die damit die Piraten vom Plündern der Handelsschiffe abhielten. Bei den Seeleuten wurde westindischer Rum schnell beliebt. 1687 erklärte die Britische Royal Navy ein Pint, also etwa einen halben Liter Rum, offiziell zur Tagesration, die jedem Matrosen zustand. Dies war der Beginn einer langjährigen Marinetradition, nach der das Meer und karibischer Rum zusammengehören. Wenngleich die Brennkunst in

Neuengland inzwischen weit fortgeschritten war, betrachtete man auch dort den karibischen Rum als den heimischen Destillaten überlegen. Präsident George Washington orderte ein Faß besten Barbados-Rums zur Feier seiner Amtseinführung.

Auch wenn sich die kommerzielle Rumproduktion seit dem 17. Jahrhundert natürlich enorm weiterentwickelt hat – die alten Traditionen bleiben der rote Faden durch die Geschichte, eng verwoben mit dem Mythenstoff der Karibik. Die ersten Pflanzer setzten noch Zugtiere ein, um ihre Zuckerrohrpressen zu betreiben. Bald darauf war die Landschaft, von St. Croix bis nach Barbados, übersät mit Windmühlen, mit denen man sich die östlichen Passatwinde zunutze machte, die in diesem Teil der Welt wehen. Bis zum Jahr 1690 gab es allein auf Barbados 460 Windmühlen.

Die Überreste Tausender von Mühlen und Zuckerfabriken aus den letzten drei Jahrhunderten kann man auf den Inseln fast überall sehen. Die kleinen Kesselhäuser und kupfernen Pot-Still-Brennblasen der Vergangenheit wurden von großen Zuckerfabriken und Destillerien verdrängt – sie sind die neuen Schätze der Inseln.

Nicht einmal die Hälfte der über einhundertfünfzig heute in der östlichen Karibik produzierten Rums wird auch weithin vermarktet. Wenn Sie einmal auf den Inseln sind, besuchen Sie die Destillerien und sehen Sie selbst, wie die besten Rums der Welt gemacht werden. Jede Brennerei hat etwas Unverwechselbares zu bieten, nicht nur die Möglichkeit, zu verkosten und die Unterschiede zwischen den Produkten kennenzulernen. Wohin auch immer man auf den Inseln kommt – man ist nie weit von einer Brennerei und der Chance, mehr über die Herstellung und die Menschen zu erfahren, die diese berühmten karibischen Spirituosen machen.

DIE BEZEICHNUNG »RUM«

Die Ursprünge des Wortes Rum sind umstritten. Über Tausende von Jahren haben die Malayen ein Getränk aus Zuckerrohr hergestellt, das sie »brum« nannten. Wie dem auch sei – unser Begriff »Rum« soll in Barbados entstanden sein.

15

Auf diese Insel kamen Zuckerrohrsprossen zuerst mit holländischen Siedlern aus Brasilien und Guyana, als wertvolle Ergänzung der Landwirtschaft auf Barbados. Da südamerikanische Pflanzer auch Alkohol destillierten, ist anzunehmen, daß ihre Bezeichnung dafür mit auf die Inseln gebracht wurde.

Die holländischen Seeleute, die im 17. Jahrhundert ihre großen, als »rummer« bezeichneten Trinkgläser mit nach Barbados brachten, mögen einen zusätzlichen Einfluß auf den Namen gehabt haben.

1654 beschloß der oberste Gerichtshof von Connecticut die Konfiszierung von »jedwedem hochprozentigen Getränk aus Barbados, gemeinhin Rum, kill devil oder ähnlich genannt«, um die Destillerien in Neuengland zu schützen – die erste urkundliche Erwähnung von Barbados-Rum in den dreizehn britischen Kolonien.

Außer dem Wort Rum oder Rhum gibt es auf den Inseln noch zahlreiche andere Bezeichnungen für diese Spirituose. In geschichtlichen Aufzeichnungen auf Barbados findet man auch das Wort »Rumbullion«. »Kill devil« hat seinen Ursprung in dem Glauben, daß dieser hochprozentige Schnaps, der stärker war als jeder andere auf den Inseln, viele Tropenkrankheiten (Teufelswerk!) heilen konnte. Sklaven bekamen »kill devil« gegen Erkältungen, Müdigkeit, Hitzschlag oder was auch immer sie sonst von ihrer Arbeit hätte abhalten können.

Auf den französischen Inseln sind Begriffe wie »rhum«, »tafia«, »flibuste« und »guildive« gebräuchlich. Das Wort »strong« (stark), das sich manchmal auf Etiketten findet, bezieht sich auf einen ungewöhnlich hohen Alkoholgehalt. In Getränkerezepturen wird mit »strong« aber auch Rum mit beliebiger Stärke bezeichnet – beziehungsweise irgendein Rum, den man gerade zur Hand hat.

Andere Rums, solche von lediglich lokaler Bedeutung aus der örtlichen Destille, heißen manchmal schlicht »local rum« oder tragen klingende Namen wie »forest preserve«, »hogo«, »hammond«, »culture« oder »babash«.

Wie auch immer man ihn nennt – eines steht fest: aus Zuckerrohr destillierter Alkohol ist der vielseitigste der Welt. Und je mehr man über seine Spielarten weiß, desto mehr kann man ihn genießen.

Bis 1787, als Franz Karl Archard ein Verfahren zur Herstellung von Rübenzucker entwickelte, diente Zuckerrohr als Hauptquelle der Zuckerproduktion und wurde auch vorwiegend hierfür angebaut. Heute wird mehr als ein Drittel des weltweit produzierten Zuckers aus Rüben hergestellt. Das Zuckerrohr dagegen geriet in diesem Jahrhundert vom ökonomischen Mittelpunkt der Karibik immer weiter an den Rand und wurde zu einer Feldfrucht von weit geringerer Bedeutung. Dennoch hat das Zuckerrohr seinen festen Platz in der Geschichte der Inseln.

In einem biochemischen Prozeß, den man als Photosynthese bezeichnet, verbinden alle grünen Pflanzen über die Blätter aufgenommenes Kohlendioxyd (Kohlensäure) mit Wasser und bilden unter Einfluß des Sonnenlichts und mit Hilfe von Chlorophyl Kohlenhydrate. Die meisten Pflanzen wandeln Glukosezucker in Sucrose um, die sie in Form von Stärke einlagern. An Zuckerrohr wie auch an Zuckerrüben ist einzigartig, daß sie sehr viel Sucrose produzieren und diese außerdem unverändert in ihren Zellen einlagern.

Wie auch andere Mitglieder aus der Familie der Gräser reproduziert sich Zuckerrohr durch Triebe aus den Wurzeln. Unbearbeitet wächst Zuckerrohr zu einem sehr dichten Büschel aus langen Stielen, wodurch das Nachwachsen und der Ernteertrag beeinträchtigt werden. Um die Ausbeute zu maximieren, pflügen die Zuckerrohranbauer die Wurzeln meist etwa alle fünf Jahre unter, nachdem sie abgeerntet haben.

Zum Rekultivieren werden reife Stengel in kurze Stücke geschnitten (man nennt sie »sets« oder »plants«) und in dafür vorbereitete Furchen in die Erde gesteckt. Nach ein paar Wochen wachsen aus jedem »set« mehrere Triebe. Neuanpflanzungen werden in der Regel zu Beginn der Regenzeit vorgenommen, damit die neuen Pflanzen genügend Wasser bekommen.

Sie wachsen dann unter günstigen Bedingungen etwa ein Jahr lang, manche werden aber auch bereits nach nur sechs Monaten abgeerntet – je nach Wetterbedingungen und Nachfragesituation. Bei

der Ernte werden die Stengel knapp über dem Erdboden von Hand
gekappt, entweder mit einer scharfen Machete oder einer speziellen
Schneidemaschine. Die Blätter werden bereits auf dem Feld entfernt und die Stengel zur Weiterverarbeitung zur Destillerie oder in
die Zuckermühle transportiert.

Auf den Inseln werden zahlreiche unterschiedliche Arten und
Abarten des Zuckerrohrs kultiviert. Die Auswahl hängt von der
erwarteten Regenmenge, der jeweiligen Bodenart, den vorhandenen Entwässerungsanlagen, der Verfügbarkeit von Setzlingen und
vielem anderen ab. Das Landwirtschaftsministerium von Barbados
unterhält die modernste Forschungseinrichtung der Karibik, liefert
Setzlinge und bietet sonstige technische Unterstützung für viele
Zuckerrohranbauer auf den Inseln.

FERMENTATION

Seit mehr als sechstausend Jahren fermentieren Menschen zucker-
haltige Säfte. Nahezu jede Zivilisation hat Alkohol irgendeiner Art
hergestellt und konsumiert. Das erste alkoholische Getränk entstand, als jemand einen frischen Obstsaft stehengelassen hat, ohne
weiter darauf zu achten – die natürlichen Hefen im Saft ließen ihn
gären, der enthaltene Zucker verwandelte sich in Alkohol.

Fermentation oder Vergärung bedeutet, daß natürliche oder von
außen zugefügte Hefe den Zucker in einer Flüssigkeit verbraucht
und dabei Alkohol und Kohlendioxyd produziert. Diese Umwandlung von Zucker in Alkohol und Kohlensäure setzt sich so lange
fort, bis entweder sämtlicher Zucker verbraucht ist oder bis der entstandene Alkohol eine Konzentration erreicht, bei der die Hefe-
kulturen absterben. Zum Vergären von Getreide – um Bier zu
brauen oder Hochprozentiges daraus zu destillieren – muß das Rohmaterial gemahlen und gekocht werden. Dann müssen Enzyme hin-
zukommen, um die enthaltene Stärke zunächst einmal in fermentierbaren Zucker umzuwandeln.

Während des Gärens werden Hitze und Kohlendioxyd frei. Aus
kleinen Gärbehältern wird die entstehende Wärme schnell abge-

leitet – in großen Gärtanks jedoch kann die Temperatur der gärenden Flüssigkeit im Extremfall die Hefen abtöten.

DESTILLATION

Die Destillation ist eigentlich ein einfacher Vorgang: ein bestimmter Bestandteil einer Mischflüssigkeit wird abgetrennt und konzentriert. Ursprünglich wurde diese Technik zur Herstellung von Medizin und später von Parfums erfunden und eingesetzt. In Europa ist die Brennkunst spätestens seit dem 13. Jahrhundert bekannt, in China angeblich bereits seit 800 v. Chr. Bis man den Vorgang der Destillation vollkommen verstanden hatte, war die erzielbare Alkoholausbeute von der Fähigkeit der Hefe abhängig, trotz steigenden Alkoholgehalts der gärenden Flüssigkeit zu überleben.

Wie die Destillation funktioniert, läßt sich auch am Beispiel eines Topfes mit köchelnder Suppe zeigen: Wasserdampf steigt auf und kondensiert unter dem Topfdeckel. Hebt man den Deckel ab, sieht man die kondensierten Dämpfe als wasserklare Flüssigkeit. Läßt man sie in ein Glas tropfen und abkühlen, schmeckt sie auch wie Wasser – es ist kaum zu spüren, daß dieses Wasser aus einer kräftigen Suppe »destilliert« wurde.

Bei der Destillation wird eine flüssige Mixtur allmählich bis zum Siedepunkt erhitzt. Die Dämpfe werden aufgefangen und kondensiert – sie enthalten einen hohen Anteil der Flüssigkeitsbestandteile mit dem niedrigsten Siedepunkt, die logischerweise zuerst verdampfen. Bestandteile mit höherem Siedepunkt bleiben zurück, gegebenenfalls zusammen mit enthaltenen Feststoffen.

Das Kondensat unter dem Deckel unseres Suppentopfes besteht hauptsächlich aus Wasser, da Wasser in der Suppe den niedrigsten Siedepunkt hat. Das Kondensat ist klar, da es keine Feststoffe enthält. Ein anderes Beispiel: Wenn man Salzwasser bis zum Siedepunkt erhitzt und die Dämpfe kondensiert, erhält man aus Meerwasser Trinkwasser.

Wird die Temperatur nach dem Verdampfen der Anteile mit dem niedrigsten Siedepunkt weiter erhöht, verdampft als nächstes die

Komponente mit dem nächsthöheren Siedepunkt. Bei entsprechender Temperaturkontrolle läßt sich eine Mischflüssigkeit auf diese Weise nach und nach in ihre einzelnen Bestandteile zerlegen. Auch wenn dies nicht mit absoluter Genauigkeit möglich ist, so erhält man die Bestandteile doch immerhin in relativ hohem Reinheitsgrad. Im Falle von Rum wird Zucker aus der Zuckerrohrpflanze fermentiert und der dabei entstandene Alkohol mittels Destillation konzentriert.

DIE »POT STILL«

Die erste Brennanlage war ein schlichter Kessel, etwa wie ein Teekessel mit langem Schnabel. Später wurde der Schnabel zu einem langen Hals verlängert und in einen Tank mit kaltem Wasser geleitet, um die Ausbeute zu erhöhen. Diese schon etwas verbesserte »Pot Still« oder Brennblase setzt sich zusammen aus dem (Brenn)-Kessel, in dem die vergorene Flüssigkeit erhitzt wird, dem Kondensator, der die aus dem Kessel aufsteigenden Dämpfe abkühlt, und dem Schwanenhals, dem Bindeglied zwischen Kessel und Kondensator.

Erhitzt man die vergorene Flüssigkeit oder Maische im Kessel, verdampft Alkohol, der im Kondensator kondensiert, also wieder flüssig wird. Wenn man die Maische zu schnell erhitzt, kann sie überkochen und aus dem Kondensator spritzen – im Prinzip nicht anders als ein Topf Reis, der auf dem Herd überkocht. Die typische Wärmequelle für die Destillation ist ein sorgfältig und vorsichtig geschürtes Holzfeuer. Wenn Alkoholdämpfe aus der Maische aufsteigen, reduziert sich die Flüssigkeit im Kessel immer mehr. Entsprechend muß die zugeführte Hitze reguliert, also immer weiter gesenkt werden, um ein Überkochen zu vemeiden.

Die frühesten Brennblasen waren sehr klein. Später wurde das Fassungsvermögen erhöht, um ausreichende, ökonomisch sinnvolle Mengen Rum produzieren zu können – man muß sich vor Augen halten, daß 15 Liter Maische nur einen Liter Rum ergeben.

Trinkbarer Äthylalkohol hat einen Siedepunkt von 78,5 Grad

Celsius, der damit etwas niedriger liegt als der der leichteren Fermentationsprodukte Ester und Aldehyde. Der sogenannte Vorlauf – die ersten Tropfen, die bei einem Brenndurchlauf aus der Pot Still fließen – enthält einen höheren Anteil dieser leichten Alkohole, die das fruchtige Aroma des Destillats ausmachen. Die Maische enthält dagegen relativ wenig dieser leichten Bestandteile, so daß schon bald vorwiegend der gewünschte Äthylalkohol (Äthanol) aus der Brennblase fließt. Wenn der größte Teil des Äthanols verdampft und kondensiert ist, verlangsamt sich der Fluß aus dem Kondensator. Das Kondensat enthält nun einen höheren Anteil an Fuselölen – Isobutanol, n-Propanol, Amyl und Isoamylalkohole, die ebenfalls bei der Vergärung entstanden sind.

Dieser letzte Teil des Kondensats ist der sogenannte Nachlauf. Vor- und Nachlauf bezeichnet man auch als »Kopf« und »Schwanz«. Der Brennmeister hat die Aufgabe, den Verlauf der Destillation so zu kontrollieren, daß Vor- und Nachlauf vom erwünschten Äthanol abgeschieden werden. Nur der Mittellauf, das »Herz« des Brenndurchlaufs wird aufgefangen.

Eine einfache Brennblase kann Rum mit einem Alkoholgehalt von etwa 70 Volumenprozent produzieren. Bei einer zweiten Destillation ist es möglich, diesen Gehalt auf mehr als 80 % vol zu steigern. Zweifach destillierter Rum enthält mehr Alkohol, dafür jedoch weniger der anderen Gärprodukte. Richard Ligon schreibt in seiner Geschichte von Barbados, daß es auf dieser Insel bereits 1651 üblich war, Rum doppelt zu destillieren.

Während der nächsten hundert Jahre wurde die Brenntechnik weiterentwickelt. Mit Hilfe von Destillierkolben wurde es möglich, in einem Durchgang doppelt zu destillieren. Hierbei wird die Maische im Kessel erhitzt, worauf die alkoholhaltigen Dämpfe nicht sofort in den Kondensator strömen, sondern zunächst durch die Flüssigkeit im Destillierkolben – diese wird durch die heißen Dämpfe erhitzt und verdampft ihrerseits, zusammen mit den zuerst aufgestiegenen Dämpfen. Das Kondensat ist damit praktisch zweifach destilliert worden. Dieser Effekt läßt sich durch den Einbau eines zweiten Destillierkolbens noch verstärken.

Eine Brennblase mit zwei Destillierkolben kann Rum mit einem

Alkoholgehalt von bis zu 85%vol erzeugen, immerhin rund 15%vol mehr als eine einfache Pot Still. Ende des 18. Jahrhunderts war diese fortgeschrittene Brenntechnik in der Karibik weithin gebräuchlich. Zwei mit Holz befeuerte Brennblasen mit Destillierkolben werden immer noch verwendet, neben modernen, dampfbeheizten Versionen.

KONTINUIERLICHE DESTILLATION

Den Brennkessel und die Destillierkolben befüllen, die Maische zum Kochen bringen, dann Kessel und Destillierkolben wieder entleeren – ein arbeitsintensiver Prozeß einzelner, aufeinanderfolgender Schritte. Man spricht hier auch von diskontinuierlicher Destillation. Abgesehen vom Arbeitsaufwand und der Zeit, die diese Technik erfordert, verändert sich die Zusammensetzung des Destillats vom Anfang bis zum Ende eines Brenndurchlaufs erheblich. Um diese Nachteile zu vermeiden, wurde im 19. Jahrhundert die kontinuierliche Destillation im säulenförmigen Brennapparat entwickelt.

Anfangs wurde der Säulenbrennapparat aus Holz hergestellt, später aus Kupfer. Die meisten modernen Anlagen bestehen aus einer Kombination von Edelstahl und Kupfer. Das Innere einer solchen Säule gleicht einem Labyrinth von Lochblechen und pilzförmigen Kappen. Die Maische wird hier von oben, an der Spitze der Säule eingefüllt. Auf ihrem Weg nach unten wird sie durch aufsteigenden Wasserdampf erhitzt. Hierbei verdampft der in der Maische enthaltene Alkohol. Wenn die Flüssigkeit den Boden der Säule erreicht hat, enthält sie keinen Alkohol mehr und wird über ein Schwimmerventil abgezogen. Aus der entgegengesetzten Richtung betrachtet: Am Boden der Säule wird, aus einem externen Boiler, Wasserdampf eingeleitet, der sich beim Aufsteigen mit alkoholhaltigen Dämpfen anreichert, bis er oben abgezogen wird.

Wie auch bei den traditionellen Brennblasen, werden die alkoholischen Dämpfe an der Spitze der Säule aufgefangen und in einem wassergekühlten Wärmetauscher kondensiert. In manchen Anlagen werden die heißen Alkoholdämpfe auch zum Vorwärmen der Maische genutzt, was die Effizienz der Säule erhöht.

Die Vorteile der kontinuierlichen Destillation liegen in der größeren Kapazität und Gleichmäßigkeit der Produktion. Wenn das Kondensat aus der Pot Still nicht den richtigen Alkoholgehalt aufweist, wird es in die Destillierkolben zurückgeleitet oder der nächsten Maischefüllung zugegeben, um erneut destilliert zu werden. Auch bei der kontinuierlichen Destillation wird das ausfließende Destillat kontrolliert. Hat es nicht den erwünschten Alkoholgehalt, wird es einfach in den Tank zurückgepumpt, aus dem die Säule gespeist wird, und mit der restlichen Maische redestilliert – was übrigens grundsätzlich mit dem Vorlauf geschieht.

Säulenbrennapparate sind zerlegbar konstruiert, um sie periodisch warten und reinigen zu können. Normalerweise arbeiten sie jedoch monatelang ununterbrochen – in dieser Zeit genügt zur Reinigung das gelegentliche Ausspülen mit Wasser.

DIE »COFFEY STILL«

Während viele kontinuierliche Anlagen mit einer Säule in Betrieb sind, arbeiten einige Destillerien mit zwei Säulen. Diese Technologie ließ sich im Jahre 1832 ein gewisser Aeneas Coffey patentieren.

Zwischen den beiden Säulen werden die Dämpfe kondensiert, bevor das Kondensat noch einmal zur Destillation kommt. Durch das Hintereinanderschalten zweier Säulen wird die Maische in einem kontinuierlichen Prozeß doppelt destilliert – dies ergibt einen reineren Alkohol, als es mit einer einzelnen Säule möglich ist. Die erste Säule bezeichnet man auch als Analysator, die zweite als Rektifizierapparat oder Rektifikator.

Das kondensierte Rumdestillat enthält außer Äthanol noch andere bei der Vergärung entstandene Elemente. In kleinen Mengen sind diese verwandten Stoffe unschädlich, sie tragen aber signifikant zum Duft und Geschmack des rohen Rums bei. Wiederholte Destillation führt zu ihrer Reduzierung und zu steigendem Alkoholgehalt – das Destillat zeigt immer weniger Charakteristika der vergorenen Maische.

Neben der Zwei-Säulen-Anlage gibt es noch zahlreiche weitere technisch mögliche Konfigurationen. Einige wenige Destillerien arbeiten mit Reihen von vier oder fünf Säulen. (In einer der in diesem Buch erwähnten Brennereien wird gerade erwogen, ein System mit drei Säulen zu installieren.) Auf diese Weise können während der Destillation unterschiedliche Produktqualitäten aus den Säulen »abgezapft« und ein Teil der unerwünschten Begleitstoffe separiert werden.

Säulenbrennapparate arbeiten bei Temperaturen zwischen 80 Grad Celsius an der Spitze und 110 Grad Celsius am Boden der Säule. Eine Einzelsäule kann, bei sorgfältiger Druck- und Temperatursteuerung, Destillate mit einem Alkoholgehalt von bis zu 80%vol produzieren. Bei einer Anlage mit zwei Säulen kann dieser Wert auf über 90%vol gesteigert werden. Da Alkohol und Wasser sehr stabile Verbindungen eingehen – man spricht in der Chemie von azeotropen Gemischen –, ist ein Reinheitsgrad von mehr als 95,5%vol auf dem Wege der Destillation nicht erreichbar. Hierfür müßten Substanzen beigemengt werden, die sich mit dem restlichen Wasser verbinden und dann wieder ausgefällt werden. Ein solcher Prozeß wird vorwiegend für die Herstellung von Alkohol eingesetzt, der für medizinische Zwecke gedacht ist.

Die Kosten für eine Brennanlage mit mehreren Säulen gehen in die Millionen. Es versteht sich von selbst, daß das keine Technologie für kleine Destillerien ist, deren Kapazität (gemessen an vorhandenem Zuckerrohr, Arbeitskräften, Lagerraum etc.) nicht ausreichen würde, eine so große Apparatur effizient zu betreiben. Die viersäulige Anlage der Trinidad Distillers Limited in Port of Spain beispielsweise arbeitet 24 Stunden am Tag und sieben Tage in der Woche, bei einem Ausstoß von mehr als 40 000 Litern Alkohol am Tag.

KLASSIFIKATION

Die Rums, die Sie kennenlernen werden, sind so verschieden wie die Inseln, von denen sie stammen. Es gibt keine »Meßlatte«, um Spirituosen aus verschiedenen Ländern vergleichen zu können. Sie lassen sich allerdings nach verschiedenen Aspekten klassifizieren: etwa nach der Art ihrer Rohstoffe, nach ihrem Alkoholgehalt oder auch danach, ob sie faßgereift werden oder nicht. Eine solche Zuordnung läßt sich normalerweise schon anhand des Etiketts treffen. Andere, wenig augenfällige Unterschiede liegen etwa im Reinheitsgrad oder auch der Gärdauer. Darüber hinaus ist der Geschmack eines Hochprozenters auch abhängig von der Frische des Ausgangsmaterials – in diesem Fall Zuckerrohr –, von der Sauberkeit der Gärung, der Gleichmäßigkeit des Brennverlaufs, den Lager- bzw. Reifungsbedingungen und welche Behandlung das Destillat auch immer sonst vor seiner Abfüllung erfahren mag.

Erst wenn man diese Einflußfaktoren versteht, kann man das Endprodukt wirklich beurteilen. Über Spirituosen gibt es immer unterschiedliche Meinungen – richtige Einschätzungen wie auch Fehlurteile. Während meiner Recherchen habe ich mich bemüht, keine vorschnellen Urteile zu treffen, sondern erst einmal soviel wie möglich über all diese Spirituosen herauszufinden und zu lernen. Doch selbst nachdem ich gesehen hatte, wie sie hergestellt werden, erlebte ich immer wieder Überraschungen. Sehr viel wichtiger als jede Klassifikation ist das persönliche Verkosten, das eigene Erleben. Trotz aller hochentwickelten Technologie, mit der sich diese Spirituosen kontrolliert herstellen lassen – jede Destillerie trifft die endgültige Entscheidung über die Qualität ihres Produktes auf der Basis der Verkostung. Ich hoffe, Sie werden es genauso halten.

ZUCKERROHRSAFT / MELASSE

Der Haupteinflußfaktor auf den Geschmack einer Spirituose ist das Rohmaterial. Rum wird entweder aus frischem Zuckerrohrsaft, aus Zuckerrohrsirup oder aber aus Melasse hergestellt. Bei Sirup handelt es sich um Saft, dem durch Kochen oder andere Techniken ein Teil des Wassers entzogen wurde. Melasse ist eine schwarze Flüssigkeit, der Zucker entzogen wurde – im Grunde ein Abfallprodukt der kommerziellen Zuckerherstellung.

Bis in dieses Jahrhundert hinein wurde nahezu aller Rum aus vergorener Melasse oder anderen Nebenprodukten der Zuckerraffinerie hergestellt. Auf den englischsprachigen Inseln ist das heute noch so – auf Ausnahmen weise ich in diesem Buch hin.

Rum wird auf den französischen Inseln »Rhum« buchstabiert und entweder als »Rhum agricole« oder als »Rhum industriel« ausgewiesen. »Rhum agricole«, »landwirtschaftlicher Rum« also, wird aus frischem Zuckerrohrsaft destilliert – dies trifft auf die meisten Rums dieser Inseln zu, wie Sie an dem Wort »agricole« auf den Etiketten ablesen können. »Rhum industriel« dagegen, der »Industrie-Rum«, wird aus fermentierter Melasse gebrannt.

Wenngleich das Rohmaterial dieser »Industrie-Rums« dem auf den englischsprachigen Inseln gleicht, so unterscheiden sich doch die verwendeten Proportionen von Melasse, Wasser und Hefe erheblich, wie auch die eingesetzte Brenntechnik. »Rhum industriel« von den französischen und Melasse-Rum der anderen Inseln sind ganz verschiedene Produkte von jeweils eigener Art, die auch ganz anders konsumiert werden. Aus Hochachtung vor den Menschen, die harte Arbeit leisten, um diese Spirituosen zu produzieren, habe ich mich entschlossen, die Destillate der französischen Inseln in diesem Buch grundsätzlich als »Rhum« zu bezeichnen. Ich hoffe, daß diese Unterscheidung vom »Rum« der anderen Inseln auch für Sie von Nutzen ist, wenn Sie die verschiedenen Produkte der Brennereien miteinander vergleichen.

SCHWER ODER LEICHT

Rum kann auch nach den Kategorien »schwer« oder »leicht« klassifiziert werden, entsprechend seinem Alkoholgehalt: Je höher der Alkohol bei der Destillation konzentriert wird, desto geringer der (Aroma-)Anteil anderer Gärprodukte im Destillat – das Ergebnis ist ein zwar hochprozentiger, geschmacklich aber »leichter« wirkender Rum.

Im Normalfall kann man das Produkt einer Pot Sill oder auch eines kontinuierlichen Brennapparates mit einer Säule als schweren Rum betrachten. Mehrsäulenanlagen können sowohl schweren als auch leichten Rum produzieren, je nachdem, an welcher Stelle der Säulenreihe das Destillat abgezogen wird.

Als Faustregel kann man sagen: Beim Kondensat der ersten Säule handelt es sich um einen schweren Rum. Destillate aus einer der nachgeschalteten Säulen entsprechen leichtem Rum. Der reinste Alkohol, der sich mittels Destillation herstellen läßt, hat 95,5 % vol Alkohol und wird als Neutralsprit bezeichnet – selbst nach Reifung im Faß kein sehr gutes Getränk. In Brennereien, die sowohl leichten als auch schweren Rum herstellen, wird Neutralsprit im Verschnitt verwendet, um einem Rum zu bestimmten erwünschten Eigenschaften zu verhelfen.

Die Klassifikation nach »schwer« oder »leicht« hängt auch mit der Gärdauer und der Art der verwendeten Hefe zusammen. Eine schnell vergorene Maische ergibt – im Vergleich zu einer längeren Fermentationszeit von einer Woche oder mehr – einen etwas leichteren Rum. Bei der langsamen Vergärung entwickeln sich, während die Hefe Zucker in Alkohol umwandelt, Bakterien, die den Geschmack des Endprodukts beeinflussen können. Sie werden zwar bei der Destillation abgetötet, Spuren anderer unerwünschter Stoffe können aber auch nach dem Brennen noch im Destillat nachgewiesen werden.

Bestimmte Hefen können auch bei relativ langer Gärdauer Rum mit »leichten« Eigenschaften produzieren. In der östlichen Karibik geht der Trend jedoch hin zu Hefen, die ein vollständiges Vergären innerhalb von höchstens 24 Stunden möglich machen.

Zur Qualitätskontrolle können die verschiedenen Produkte mit einem Gas-Chromatographen analysiert werden. Hierbei wird eine Probe in einem verschlossenen Behälter unter streng kontrollierten Versuchsbedingungen erhitzt, um den Rum exakt in seine unterschiedlich flüchtigen Bestandteile aufzuspalten. Mit einem modernen Gas-Chromatographen läßt sich in einem Rum sogar der Typ der verwendeten Hefe bestimmen – für den Brenningenieur eine Art »Fingerabdruck« des Rums.

Bitte bedenken Sie beim Lesen dieses Buches, daß längere Gärdauer und niedrigerer Alkoholgehalt tendenziell einen schwereren Rum ergeben. Umgekehrt führen eine Verringerung der Fermentationszeit und ein höherer Alkoholgehalt zu leichterem Rum. »Schwer« und »leicht« sind relativ und keine meßbaren Größen – man muß sie letztlich mit den Sinnen erfahren.

REIFUNG

Ein frisches Kondensat ist immer wasserhell – nicht anders als die kondensierten Tropfen unter unserem Topfdeckel. Dieser hochprozentige Alkohol wird auch als roher Rum bezeichnet. Die meisten Brenner verdünnen diesen hochprozentigen Alkohol mit etwas Wasser, um ihn auf Trinkstärke herabzusetzen, und füllen ihn als »weißen« Rum ab – allerdings ist nicht jeder weiße Rum ungereift. Zu einer Zeit, als die Brennereien begannen, mehr Rum zu produzieren, als konsumiert wurde, lagerten sie ihn in Fässern, wodurch er milder wurde und sich sein Geschmack verbesserte. Auf den langen Schiffspassagen nach Europa wurde er immer besser und nahm zudem eine dunklere Farbe an. Ab 1660 schließlich wurde Rum grundsätzlich faßgereift. Da es ebenso schwierig wie kostspielig war, Fässer zu bauen, in denen man ein Destillat über viele Jahre lagern konnte, ohne daß sie undicht wurden, war der Großteil des Rums im 18. Jahrhundert bestenfalls ein paar Jahre gereift.

Heute wird Rum in gebrauchten Eichenfässern aus den USA, Kanada oder Frankreich ausgereift, wo sie zuvor für die Reifung von Cognac, Whiskey oder Wein verwendet wurden. Die meisten Spirituosenfässer werden vor der ersten Füllung ausgebrannt und damit mehr oder weniger stark angekohlt. Nach einmaliger Verwendung für die Reifung anderer Spirituosen kommen sie der Rumherstellung zugute. Einige werden vor der Neubefüllung mit Rum nochmals ausgebrannt, andere wiederum werden ausgekratzt, um die Kohleschicht zu entfernen.

Diese Fässer können durchaus fünfzehn Jahre alt sein, manche sogar älter. Neue Fässer konnte ich in der ganzen östlichen Karibik nirgendwo entdecken. Bestimmungen, nach denen Erzeuger anderer Spirituosen Fässer nur einmal verwenden dürfen, sichern der Rumindustrie eine stetige Versorgung mit gebrauchten Fässern. Noch weiß man nicht alles über den Reifungsprozeß, der das Destillat in vieler Hinsicht verändert und ihm eine dunklere Farbe und einen weicheren Geschmack verleiht. Eiche ist ein hartes, leicht poröses Holz, dessen Einfluß auf den Rum relativ gut vorhersehbar ist. Ein Teil der Öle und des Alkohols im Rum wird vom Holz absorbiert und verdunstet. Je länger der Rum reift, um so größer der Verlust. Diese Verluste sind aber auch vom Alkoholgehalt abhängig: hochprozentiger Rum verdunstet schneller – dafür braucht man allerdings für seine Lagerung auch weniger Fässer und geringeren Lagerraum.

Der Alkoholgehalt beeinflußt darüber hinaus auch das Ergebnis der Faßreife. Ob ein Rum mit 90%vol Alkohol ins Faß kam oder, sagen wir, mit 65%vol, resultiert am Ende in einem deutlich unterscheidbaren Geschmack. Bei den Brennern gibt es ganz verschiedene Auffassungen von den »idealen« Reifebedingungen. Einige sehen in stärkerer Verdunstung den Vorteil einer schnelleren Geschmacksentwicklung, andere wiederum schwören darauf, daß geringere Verdunstung einen weicheren Alkohol ergibt. Auch in dieser Frage lassen sich die Auswirkungen unterschiedlicher Reifung am besten nachvollziehen, indem man die Rums selbst verkostet.

DAS BLENDING

Das Fachwort Blending bedeutet nichts anderes als Verschneiden, also Vermischen. Ein erfahrener Blendmeister kann durch das Mischen von Rum aus verschiedenen Brennanlagen, von unterschiedlichem Alkoholgehalt oder Alter bemerkenswerte Resultate erzielen. Fast alle Destillerien auf den englischsprachigen Inseln verschneiden ihre Rums. Auf den französischen Inseln ist diese

Praxis weniger weitverbreitet. Viele der Rums in diesem Buch sind Blends – jedenfalls habe ich mich bemüht, Verschnitte zu erkennen und gegebenenfalls kenntlich zu machen.

Es ist wichtig, darauf hinzuweisen, daß manche Destillerien nicht nur verschneiden, sondern auch Gewürze oder andere Geschmacksstoffe beimengen, die ebenfalls den Geschmack des Endprodukts beeinflussen. Nur eine der in diesem Buch vertretenen Brennereien füllt ihren Rum direkt nach dem Brennen unverdünnt ab. In den anderen Destillerien wird der Rum nach und nach mit Wasser vermischt, um ihn allmählich auf Trinkstärke herabzusetzen, ohne jedoch seinen Charakter zu verändern.

ETIKETTENKUNDE

Ein Label oder Etikett sagt oft mehr aus als nur den Namen der Marke oder des Herstellers. Wenn Sie eine Flasche Rum in die Hand nehmen – lesen Sie das Etikett. Es hält eine ganze Menge Informationen für Sie bereit. Um einen Rum zu trinken, brauchen Sie selbstverständlich keine »Gebrauchsanweisung«. Doch wenn Sie ein informierter Verbraucher sein wollen, führt am Etikett kein Weg vorbei.

Die meisten Menschen wählen ihren Rum aufgrund seiner Farbe aus, wegen der Flaschenform oder weil sie das Label wiedererkennen. Bevor Sie einen Drink nehmen, sollten Sie wenigstens herausfinden, wieviel Alkohol in der Flasche ist. Das kann sehr wichtig werden, glauben Sie mir! Es kann schon mal passieren, daß man ein paar Gläser eines gereiften Hochprozenters trinkt, bevor man zu spüren bekommt, wie stark er wirklich ist…

Von der Sorte »Refined Eclipse« von Mount Gay beispielsweise gibt es eine Variante mit 154 Proof (77 % vol) und eine mit »nur« 86 Proof (43 % vol) Alkohol. Abgesehen von dieser Information gleichen sich die beiden Etiketten. Verwechslungen sind also nicht ausgeschlossen, es sei denn, man wirft einen Blick auf das Etikett. In diesem Fall trägt der eine Rum zur besseren Unterscheidung zwar zusätzlich noch eine Halsbanderole, aber man kann ja nie wissen…

Suchen Sie beim Studieren eines Etiketts auch nach den Worten »distilled by« – destilliert von. Ein Label, das keine Auskunft darüber gibt, wer den Rum eigentlich destilliert hat, läßt ahnen, daß dieser Rum wahrscheinlich nicht von dem Hersteller gebrannt wurde, dessen Name auf dem Etikett genannt ist. Auf einigen Etiketten wird lediglich angegeben, wer den Rum verschnitten und abgefüllt hat. Wird der Brenner nicht genannt, so ist es mehr als wahrscheinlich, daß man diesen Namen aus irgendwelchen Gründen für sich behalten möchte.

Falls Ihnen einmal ein solcher Rum begegnet, sehen Sie sich nach dem Etikett die Flasche an. Es ist nicht ungewöhnlich, dort Zeichen oder Kürzel zu finden, die Rückschlüsse auf die Brennerei zulassen. TDL etwa steht für Trinidad Distillers Ltd. Handelt es sich um Rum aus Jamaika, werden Sie irgendwo auf der Flasche die Worte Jamaica Liquor Bottle finden. Auch wenn sich der genaue Brenner damit nicht identifizieren läßt, erhält man so doch immerhin einen Hinweis auf den ungefähren Ursprung.

All dies bedeutet nicht, daß eine solche Flasche schlechten Rum enthalten muß. Wenn er Ihnen schmeckt und wenn es Ihnen gleichgültig ist, wer ihn wo auch immer gebrannt hat und wieviel Alkohol er enthält – dann trinken Sie ihn einfach. Ich persönlich jedoch weiß gerne mehr über den Rum in meinem Glas. Nachdem ich die Destillerien besucht habe, weiß ich, daß es keinerlei wichtige Information gibt, die eine Brennerei »vergessen« würde anzugeben.

ALKOHOLGEHALT

Auf den in diesem Buch abgebildeten Rum-Etiketten kann der Alkoholgehalt auf fünf verschiedene Arten angegeben sein:

– »% alcohol« oder »% alcohol by volume« – Alkohol in Volumenprozent; beide Angaben sind wohl synonym zu verstehen, also in jedem Fall auf das Volumen bezogen, zumal mir eine auf Gewicht bezogene Meßmethode in der Praxis noch nicht begegnet ist.
– »(Gradzeichen)« oder »degrees«; wird auf den französischen

Inseln verwendet und bedeutet ebenfalls Alkohol in Volumen-
prozent; Beispiel: 59 (Gradzeichen) bedeutet 59%vol.
– »U.S. proof«; 2 U.S. proof entsprechen genau 1%vol Alkohol, ein
Rum mit 86 U.S. proof beispielsweise hat also 43%vol Alkohol.
– die Angabe in »British proof« ist da schon etwas komplizierter
umzurechnen, und leider wird ihre Verwendung auch nicht
immer als solche gekennzeichnet. Der Definition nach hat eine
Probe mit 50 British proof 12/13 des Gewichts einer gleichen
Menge destillierten Wassers bei 10,6 Grad Celsius. Beispiel: Ein
Rum mit 87,7 British proof hat einen Alkoholgehalt von 50 %vol.
Wenn Ihnen das immer noch zu verwirrend ist, wovon ich ausge-
he, dann können Sie auch einfacher umrechnen: multiplizieren
Sie die in British proof angegebene Zahl mit 0,571, und Sie erhalten Volumenprozent. Multiplikation mit dem Faktor 1,142 ergibt
den Alkoholgehalt in U.S. proof.
– »overproof« ist eine Bezeichnung für den Alkoholgehalt in British
proof, der den Wert 100 übersteigt. Um in Volumenprozent umzurechnen, müssen Sie also zu der angegebenen »overproof«-
Zahl 100 hinzuaddieren und die Summe mit 0,571 multiplizieren.
Beispiel für einen Rum mit »40 overproof«: (40 + 100) x 0,571 =
79,94 %vol.

Da die Destillerien inzwischen Märkte auf der ganzen Welt belie-
fern, wird der Alkoholgehealt auf immer mehr Etiketten einheitlich
in Volumenprozent angegeben.

VERKOSTUNG

Wie bei anderen Spirituosen auch, folgt man auch bei der Ver-
kostung von Rum einem althergebrachten Protokoll.
Zunächst schaut man sich das Etikett an. Wie stark ist der Rum?
Wenn Sie eine Spirituose mit 43%vol Alkohol erwarten, die sich im
Mund als 55%ig oder noch stärker herausstellt, erleben Sie unter
Umständen eine unangenehme Überraschung. Ihre Geschmacks-
knospen werden rebellieren – etwa so, wie Ihre Augen, wenn Sie aus

einem abgedunkelten Zimmer in die gleißende Mittagssonne hinaustreten.

Wie alt ist der Rum und welche Informationen möchte mir der Abfüller womöglich sonst noch mit auf den Weg geben? Wenn der Rum beispielsweise aus frischem Zuckerrohrsaft hergestellt oder mit Gewürzen geschmacklich verstärkt wurde, wird dies auf dem Etikett angegeben sein. Alle Informationen, die Sie einem Etikett entnehmen können, helfen Ihnen, sich auf das Verkosten vorzubereiten.

Als nächstes gießen Sie ein wenig Rum in ein Glas. Halten Sie es gegen das Licht und betrachten Sie Klarheit und Farbe des Rums. Nach diesem optischen Eindruck schwenken Sie den Rum im Glas. Dadurch füllt sich die Luft im Glas immer stärker mit dem Aroma des Rums, während Sie Ihre Sinne auf das Kommende konzentrieren.

Atmen Sie tief durch, bevor Sie das Glas zur Nase heben. Nehmen Sie den Duft vorsichtig, bewußt und langsam auf. Wenn es sich um einen ausgereiften Rum handelt, nehmen Sie sich Zeit, die komplexen und zarten Aromen zu entdecken. Bei einem ungereiften starken Rum dagegen sollten Sie die Nase alsbald wieder vom Glas nehmen – bevor Ihrem Geruchssinn dauerhafter Schaden zugefügt wird.

Wenn Sie den Duft als angenehm empfunden haben, riechen Sie ruhig mehrfach an Ihrem Rum. Der zweite oder dritte Versuch kann Ihren ersten Eindruck bestätigen, vielleicht entdecken Sie aber auch weitere subtile Aromen, die Ihnen beim ersten Mal entgangen sind.

Die Destillerien präsentieren ihren Gästen Rum entweder pur, mit Wasser, etwas Eis oder auch mit Zuckerrohrsirup. Ein ungereifter »Overproof«-Rum beispielsweise ist, ohne ihn zumindest mit ein wenig Wasser zu verdünnen, ein ziemlicher Anschlag auf die Geschmacksnerven. Ansonsten ziehe ich es vor, Rum immer pur zu verkosten – jedenfalls beim ersten Mal.

Nippen Sie nun an Ihrem Glas, und genießen Sie, wenn möglich, diese Erfahrung. Vergleichen Sie dann im Kopf, welche Eindrücke Sie nach dem Duft und nach dem Geschmack haben.

Übrigens sollten Sie für eine gute Grundlage sorgen, bevor Sie die folgenden Rums verkosten. Ein paar Sorten schon vor dem Mittagessen zu probieren könnte sich nachteilig auf Ihr Qualitätsempfinden und den Genuß dieser edlen Spirituosen auswirken.

ZWEI
Rums der Welt

Ich werde keine Anstalten machen, Ihnen nahezulegen, welcher Rum Ihnen am besten schmecken wird – das müssen Sie schon selbst herausfinden. Machen Sie sich beim Verkosten die Charakteristika eines Rums bewußt, achten Sie auf Ähnlichkeiten und Unterschiede, die die jeweils verwendete Brenntechnik, der vergorene Rohstoff und die Reifedauer mit sich bringen. Wenn Sie beispielsweise weißen Rhum von den französischen Inseln mögen, werden Sie feststellen, daß fast alle dieser Destillate aus frischem Zuckerrohrsaft und in Brennapparaten mit einer Säule hergestellt werden. Keines von ihnen ist ausgereift, wenngleich einige bis zu sechs Monaten ruhen dürfen. Darüber hinaus ist bemerkenswert, daß ein Teil dieser Rhums in kupfernen Brennblasen, ein anderer in Anlagen aus Edelstahl destilliert wird.

Sie werden bald feststellen, daß – auch bei gleicher Brenntechnik und sonstiger Behandlung vor der Abfüllung – der Geschmack der verschiedenen Rums stark voneinander abweicht. Dies liegt teilweise an der Qualität oder Frische des verwendeten Zuckerrohrs beziehungsweise der Melasse, an den bei der Fermentation verwendeten oder nicht verwendeten Zusätzen, an den Unterschieden zwischen den individuellen Brennanlagen und an der Art und Weise, wie eine Anlage betrieben wird. Wie lange ein rohes Destillat ruhen oder reifen darf und wie rein das Wasser ist, mit dem der hochprozentige Rum vor der Abfüllung verdünnt wird, sind ebenfalls wichtige Faktoren, die den Geschmack des Endprodukts entscheidend beeinflussen.

Wenn das Destillat ausgereift wird, wirken sich etwa der Alkoholgehalt im Faß, ja sogar die Faßgröße auf Geschmack und Farbe des Rums aus. Da die meisten Destillerien Fässer mit einem Fassungsvermögen von etwa 150 Litern verwenden, habe ich nur in stark von dieser Norm abweichenden Fällen explizit auf Faßgrößen hingewiesen. Angaben zum Alkoholgehalt während der Reifung habe ich gemacht, sofern mir diese Information zur Verfügung stand. Wenn Sie selbst einmal Destillerien besuchen, werden Sie vielleicht feststellen, daß ein Teil der folgenden Informationen nicht immer ganz zutreffend ist. Bitte bedenken Sie, daß die Rumindustrie von einer starken Konkurrenzsituation geprägt ist und bestimmte Daten und Sachverhalte als »geheim« eingestuft werden. Die meisten Informationen habe ich zusammengetragen, indem ich die Brennereien besucht und besichtigt habe. In den Fällen, in denen ich mir kein eigenes Bild machen konnte, habe ich mich auf Informationsmaterial der Destillerien gestützt.

Obwohl ich nahezu jeden hier erwähnten Rum selbst verkostet habe, würde ich den Versuch als unsinnig empfinden, Ihnen den Geschmack jedes einzelnen Rums beschreiben zu wollen. Die meisten dieser Rums sind einzigartig und entziehen sich einer Beschreibung durch ein paar schlichte Adjektive. Statt dessen möchte ich Sie lieber ermutigen, neue Sorten selbst zu probieren und die Eigenarten zu erforschen, die Ihnen persönlich an bestimmten Rums besonders zusagen.

Zugegeben, ich habe ein paar »Lieblingsrums« – doch mein Geschmack ist immer auch gefärbt von vielen Einflüssen, etwa von der Tageszeit. Oder davon, ob und, wenn ja, was ich in den letzten Stunden gegessen habe. Oder einfach von meiner Stimmung. So sehr ich manche dieser Rums mag – ich muß auch zugeben, daß ich mich auf keinen davon festlegen würde, wenn ich dafür auf alle anderen verzichten müßte. Ich kenne auch niemanden, der besonders glücklich darüber wäre, sich ausschließlich von einer bestimmten Speise oder einem Getränk ernähren zu müssen.

Schließlich sollte ich darauf hinweisen, daß das Kennenlernen eines neuen Rums in vielem dem Stadium des Verliebtseins ähnelt, in dem man den neuen Partner besser kennenlernt. Sicher, die äußere Erscheinung des neuen Gegenübers mag das Auge betören, und wenn man sich nahe genug ist, einen Hauch des Dufts zu erhaschen, können einem die Knie weich werden. Doch etwas wirklich kennenzulernen, dazu braucht es mehr als einen Geschmack im Mund und ein Gefühl der inneren Wärme. Nein, um einen neuen Rum wirklich kennenzulernen, muß man eine Nacht mit ihm verbringen. Ich möchte Ihnen nicht nahelegen, Ihrer neuen Bekanntschaft zu nahe zu treten und der Leidenschaft im Übermaß zu frönen, aber seien Sie auch nicht zu zaghaft und zurückhaltend. Am nächsten Morgen wissen Sie sehr viel besser, ob dieser Rum eine tiefergehende Beziehung wert ist.

U.S. Virgin Islands
JUNGFERNINSELN

Während die Spanier damit beschäftigt waren, die westlich gelegene, viel größere Insel Puerto Rico zu kultivieren, fanden holländische und englische Pflanzer auf St. Croix fruchtbaren Boden und ein günstiges Klima vor. Diese Insel wurde zwar von Spanien beansprucht, jedoch schutzlos zurückgelassen, da sie über keine Goldvorkommen verfügte. Eine Situation, die im 17. Jahrhundert Frankreich dazu verleitete, diese größte der Jungferninseln zu besetzen. Auch die Franzosen kümmerten sich nicht besonders um St. Croix, so daß der französische Gouverneur die Insel in seinen Privatbesitz überführte und diesen anschließend auf den Malteser Ritterorden übertrug – wohl gegen eine komfortable Pension und ein kleines Vermögen. Über dieses Arrangement war Frankreich verständlicherweise alles andere als glücklich und brachte die Insel 1665 erneut in seinen Besitz.

1733 verkaufte Frankreich St. Croix an die Danish West India Company, die zum Schutz Forts in Christiansted und Fredricksted errichten ließ. Mit Blick auf den Wohlstand des nahe gelegenen holländischen Freihafens Statia erklärten die Dänen den gleichen Status für ihre Jungferninseln – damit war der Weg für die Zuckerrohr- und Baumwollplantagen auf St. Croix geebnet, den zwölfhundert Meilen nordwestlich gelegenen englischen Kolonien Konkurrenz zu machen.

Die Freihäfen der dänischen Jungferninseln florierten. Ende des 18. Jahrhunderts gab es bereits 114 Windmühlen und 14 mit Zugtieren betriebene Mühlen zum Auspressen von Zuckerrohr – nur Barbados produzierte noch mehr Zucker. Bis heute kann man überall auf der Insel die Ruinen dieser Windmühlen und die Überreste der Kesselhäuser sehen, in denen früher Zucker gekocht wurde.

Der Status eines Freihafens kurbelte auch die Produktion von Rum an. Melasse, früher zu den vierzig Rumdestillerien Neuenglands verschifft, verarbeitete man nun auf der Insel selbst. Befreit von der schweren Last einer Ausfuhrsteuer, wurde mehr und mehr Rum gebrannt. Durstige Kapitäne lagen bald vor Anker, um diese wertvolle Fracht zu laden, zumal sich mit Rum zunehmend Geld verdienen ließ.

1776, als sich die Aufmerksamkeit der Kriegsflotten in der Karibik dem Bürgerkrieg im Norden zuwandte, hißte ein unbekannter Schoner »Stars and Stripes« – die Flagge der Vereinigten Staaten. Als das Handelsschiff Fahrt aufnahm, wurde Salut geschossen. Dieser Gruß, vom Fort in Fredricksted erwidert, war das erste Zeichen der neuen Nation, die schließlich – im Jahre 1917 – diese Inseln erwarb.

$\mathcal{V}$IRGIN ISLANDS RUM DISTILLERY

Fast jeder, der schon einmal auf den U.S. Virgin Islands war, hat Cruzan-Rum probiert. Der Charakter dieses Rums – bei weitem die meistverkaufte Marke auf den Jungferninseln – hat seiner Brennerei eine treue Anhängerschaft beschert. Auch dank Zollfreiheit und geringer Transportkosten gehört Cruzan-Rum zu den wahren »Schnäppchen« auf diesen Inseln.

Als ich den Bus bestieg, um die Virgin Islands Rum Distillery zu besuchen, brannte ich darauf, herauszufinden, was diesen Rum – der auf den Jungferninseln den Maßstab setzt – so beliebt macht. Die Destillerie liegt nur ein paar Minuten zu Fuß südlich der Centerline Road am Highway 64, nahe der Westspitze der Insel. Als ich näher kam, lag der Geruch gärender Melasse in der Luft und mischte sich mit Blütenduft. Kein Zweifel: Ich hatte einen köstlichen Morgen vor mir.

Über Generationen wurde die Destillerie von der Eigentümerfamilie Nelthropp betrieben, mit lediglich einer Unterbrechung während der Prohibition in den Vereinigten Staaten (1920–1933). Im Frühjahr 1994 wurde die Cruzan Rum Distillery Company zwar von der Firma Toddhunter International übernommen, die Brennerei wird jedoch weiterhin von Donald Nelthropp Senior und seiner angestammten Mannschaft geführt. Obwohl es sich um eine der größten Destillerien der östlichen Karibik handelt, hat man hier eher das Gefühl, in einem Familienbetrieb zu sein.

Da es auf St. Croix keine Zuckerfabrik mehr gibt, kommt die benötigte Melasse per Schiff aus Süd- und Mittelamerika. Aus den riesigen, fast sechs Millionen Liter fassenden Lagern im südlichen Hafen der Insel wird die dicke, schwarze Flüssigkeit mit Lastwagen zur Destillerie gebracht. Bei ihrer Ankunft enthält die Melasse 85% gelöste Feststoffe – in der Fachsprache: 85 Brix. Mehr als die Hälfte davon besteht aus fermentierbarem Zucker.

Vor dem Vergären wird die Melasse mit Quellwasser auf 16 Brix verdünnt und anschließend, zum Zwecke der Sterilisation, fünfzehn Minuten lang unter Druck bei etwa 115 Grad Celsius gekocht. Diese Lösung wird dann weiter verdünnt, bevor ihr die hauseigene Hefekultur zugeführt wird. Wenn sich die Hefe zu vermehren beginnt, wird am Boden der Edelstahltanks Druckluft eingeführt. Diese Belüftung verhindert, daß die bei der Gärung entstehenden Kohlendioxyd-Blasen überschäumen. Außerdem reduziert sie das Entstehen kohlenstoffhaltiger Gase bei der Destillation.

Aus den Fermentationstanks wird die vergorene Maische in die erste Säule gepumpt, die man hier als »beer still« bezeichnet. In ihr werden Fuselöle, Vorlauf und Äthylalkohol von den anderen Gärstoffen getrennt. Der Dampf wird an der Spitze der Säule kondensiert und in die nächsten vier Säulen geleitet, wo Aldehyde, Ester und andere Spurenelemente über verschiedene Leitungen abgezogen werden. Das Destillat in der letzten Säule hat einen Alkoholgehalt von 94,5% vol. Die aufgefangenen Fuselöle werden als Geschmacksgeber für andere Spirituosen an Blender in den USA verkauft.

Derzeit hat Cruzan eine Produktionskapazität von täglich annähernd 70 000 Litern Rum mit 50% vol Alkohol. Eine neue, noch im Bau befindliche Brennanlage wird die Kapazität schon bald um ein knappes Drittel erhöhen. Zusätzlich zu den 450 000 Kisten Rum, die hier jährlich für die heimischen und die Exportmärkte abgefüllt werden, werden weitere 13 Millionen Liter 50%igen ungereiften Rums verkauft, die später unter einer Vielzahl anderer Markennamen abgefüllt werden.

Auch wenn die Reinheit des bei Cruzan produzierten Rums eine große Rolle spielt – es ist nur der Anfang einer längeren Geschichte. Der gesamte Rum, der ein Etikett mit dem Namen Cruzan trägt, wird in der Destillerie ausgereift. In den größten Lagerhäusern, die ich je gesehen habe, lagert Rum in 23000 angekohlten Eichenfässern. Der Großteil des Rums ist leicht, aber auch ein gewisser Anteil schwereren Rums wird für Verschnittzwecke ausgereift. Bei letzteren wird der Holzfaßcharakter verstärkt, indem man jedem Faß etwa zwei Pfund Eichenholzspäne zugibt.

Zur Qualitätssicherung werden auf verschiedenen Stufen der Produktion Laborproben genommen. Jedes Produkt, das schließlich die Destillerie verläßt, hat den Segen eines Panels versierter Verkoster.

CRUZAN RUM DISTILLERY COMPANY, LTD.
ST. CROIX, U.S. VIRGIN ISLANDS

Fermentation: Melasse, unter 24 Stunden
Brenntechnik: Kontinuierliche 4-Säulen-Brennanlage

Cruzan Dry Rums: Light-Dry und Dark-Dry
Alkoholgehalt: 40 %vol
Alter: Verschnitt mindestens 2 Jahre gereifter Rums
Anmerkungen: Der Light-Dry wird zur Aufhellung der reifebedingten Farbe kohlegefiltert. Diese beiden Dry Rums sind meines Wissens die einzigen, die – auf dem Rückenetikett – eine Altersangabe tragen. (Nach den Bestimmungen in den USA bezieht sich die Altersangabe auf den jüngsten im Verschnitt enthaltenen Rum.) Diese Rums sind die beliebtesten aus der Produktpalette der Destillerie Cruzan.

Cruzan 151 White und Cruzan 151 Gold
Alkoholgehalt: 75,5%vol
Anmerkungen: Etwas für Liebhaber stärkerer Getränke. Der 151 White wird zum Entfärben gefiltert. Verwendung meist als Zutat im Punsch oder zum Kochen – Vorsicht, Brandgefahr!

Estate Diamond
Alkoholgehalt: 40%vol
Alter: Verschnitt aus 4- bis 10jährigen Rums
Anmerkungen: Cruzans Premium-Qualität. Wenn Sie nie zuvor einen erstklassig verschnittenen und gereiften Rum versucht haben, tun Sie es in dieser Destillerie.

Old St. Croix
Alkoholgehalt: 40%vol
Anmerkungen: Wird in kleinen Mengen für den heimischen Markt verschnitten. Im Charakter den Cruzan Dry Rums vergleichbar.

Cruzan Clipper Spiced Rum
Alkoholgehalt: 40%vol
Anmerkungen: Verschnitten mit natürlichen Gewürzen und Aromaten. Üppig würzig, gute Basisspirituose zum Mixen.

$\mathcal{A}$. H. RIISE

Im Jahre 1837, nachdem ein schwerer Hurrikan St. Thomas verwü-
stet hatte, erteilte Kopenhagen einem gewissen Albert Heinrich
Riise die Exklusivlizenz für eine Art Apotheke auf dieser Dänemark
gehörenden Insel. Choleraepidemien, Gelbfieber und Pocken –
gefolgt von einem weiteren zerstörerischen Hurrikan 1867 und
einem Erdbeben drei Wochen danach – stellten die Leistungs-
fähigkeit des kleinen Unternehmens und seines Gründers immer
wieder auf eine harte Probe. Doch die Riise-Apotheke bewährte
sich und war bald auf den Inseln weithin bekannt für Qualität und
Service.

Albert Riise betrieb nicht nur ein blühendes Geschäft, nebenbei
perfektionierte er auch noch die Technik zur Doppeldestillation von
Pimentöl. Dieser sogenannte »bay rum« wurde früher hergestellt,
indem man Lorbeerblätter zerkleinert und in Rum einlegte, wo sie
sich vollsaugten und am Boden absetzten. Nachdem sich Albert zur
Ruhe gesetzt hatte, übernahm sein Sohn Valdemar die Geschäfte.
Bei der Weltausstellung 1893 in Chicago wurde er »für Duft und
Reinheit seines Produkts sowie die Sorgfalt bei dessen Herstellung«
ausgezeichnet. Diese Goldmedaille krönte die bereits früher erlang-
ten Ehrungen bei den Messen 1884 und 1885 in New Orleans, 1888
in Kopenhagen und Antwerpen.

1913 wurde der Familienbetrieb an Olaf Poulsen verkauft, einen
Apotheker aus Kopenhagen. Vier Jahre später erwarben die USA
die Jungferninseln, und 1928 ging die Firma Riise in den Besitz
eines Isaac Paiewonsky über. Nach dem Zweiten Weltkrieg bauten
seine Frau Charlotte und seine Söhne Ralph und Isidor das
Geschäft und seine Produktpalette noch weiter aus – es wurde zu
»dem« Einkaufsort für St. Thomas und die umliegenden Inseln.
1961 verließ Ralph Paiewonsky den Familienbetrieb, um das Gou-
verneursamt der U.S. Virgin Islands anzutreten.

Heute wird der »A. H. Riise Gifts and Liquor Store« – Fachgeschäft für Geschenkartikel und Spirituosen – von Charlotte geführt,
unterstützt von Isaaks Tochter Avna Paiewonsky-Cassinelli und
deren Söhnen Sebastiano und Filippo.

43

A. H. RIISE CUSTOM RUMS
ST. THOMAS, U.S. VIRGIN ISLANDS

Diese Rums werden bei der Cruzan Rum Distillery Ltd. destilliert und anschließend im Hause A. H. Riise verschnitten. Beide werden in aufwendig gestaltete Schmuckflaschen abgefüllt.

A. H. Riise Custom Rums:
3 to 6 years old
Alkoholgehalt: 40%vol
Alter: Verschnitt aus 3 bis 6 Jahre
    gereiften Rums
Anmerkungen: Dieser vollmundige
    Verschnitt goldfarbener Rums
    sollte pur getrunken werden.

A. H. Riise Custom Rums: 6 to 12 years old
Alkoholgehalt: 40%vol
Alter: Verschnitt aus 6- bis 12jährigen Rums
Anmerkungen: Sehr weicher Blend aus besonders hochwertigen Rums, mit satter Farbe und viel Charakter. Der älteste Rum, der auf den Jungferninseln abgefüllt wird. Superb!

British Virgin Islands
BRITISCHE JUNGFERNINSELN

Das harte, oft sehr brutale Leben auf See hat viele Seeleute letztlich zu Piraten werden lassen. Da es zur Durchsetzung von Recht und Gesetz keine ausreichend großen Flotten gab, vergaben europäische Könige und Königinnen Kaperbriefe an ihre Kapitäne – denen damit erlaubt wurde, Schiffe anderer Länder und deren Ladung gewaltsam an sich zu bringen. Üblicherweise gingen zehn bis fünfzehn Prozent der von den Freibeutern gemachten Seebeute an die Krone, den Rest teilten sich der Schiffseigner und die Mannschaft.

Dieses Arrangement führte dazu, daß sich die Finanzlast der Ausrüstung und Bemannung von Schiffen immer mehr von der Krone in den privaten Sektor verlagerte. Ressourcen, die früher dem Schutz von Handelsschiffen zur Verfügung standen, wurden nun unter anderem für Forschungszwecke verwendet. Die Freibeuterei florierte – indem sie den Handel konkurrierender Nationen störte oder zum Erliegen brachte, und dies ohne direkte Unterstützung durch die eigene Krone.

Viele berühmte Seehelden (darunter auch John Paul Jones) begannen ihre Karrieren in der Handelsmarine und wurden erst später zu Freibeutern. Auch Sir Francis Drake umrundete den Globus praktisch als Freibeuter. Und mehr als nur eine Schiffsmannschaft mutierte dank Kaperbrief de facto zu Piraten.

In der Karibik war es weit verbreitete Praxis, daß Marineoffiziere, deren eigentliche Aufgabe darin bestand, die Handelsschiffahrt zu schützen, selbst und zu inflationären Preisen Ladung an Bord nahmen. Die Handelswaren wurden ausgeliefert, die Offiziere hatten ihren Schnitt gemacht, und die Piraten konnten inzwischen in aller Ruhe andere, weniger gut geschützte Schiffe ausrauben. Freibeuter hatten auch Vollmacht, Piraten anzugreifen, was sich allerdings für die Ausrottung der Piraterie in der Karibik als wenig effektiv erwies. Indem sie sich gegenseitig in Ruhe ließen, lebten Seeräuber und Marine in friedlicher Koexistenz und zum beiderseitigen Vorteil.

Freibeuter, Piraten und Schmuggler hinterließen überall Spuren, von Thatch Island bis Deadman's Chest und windwärts den Sir Francis Drake Channel hinauf bis nach Virgin Gorda. Das an der Westspitze von Tortola gelegene Sopers Hole war einst das größte Piratennest der Britischen Jungferninseln. Außer Sichtweite des Handelshafens von Road Town bot es den Abtrünnigen einen gut geschützten Zufluchtsort mit ausreichend tiefem Wasser für ihre Schiffe. Die Baumwoll- und Zuckerrohrplantagen versorgten die Piraten mit Obst, Gemüse und Rum, im Austausch gegen andere Waren. Außerdem bewahrte die Anwesenheit der Piraten die Siedler vor Übergriffen anderer Räuber.

CALLWOOD DISTILLERY

Mit vierhundert Jahren auf dem Buckel ist Arundel Estate in Cane Garden Bay die älteste kontinuierlich betriebene Destillerie der östlichen Karibik. Während der letzten zweihundert Jahre wurde die Tradition der Rumherstellung innerhalb der Familie Callwood über Generationen vom Vater auf den Sohn vererbt. Michael Callwood, der heutige Chef des Hauses, ist sich nicht sicher, ob sein Sohn diese Familientradition einmal wird weiterführen wollen. Aber Mikey ist ja noch jung.

Die Destillerie – ein paar Hundert Meter westlich des Postamts gelegen – ist so etwas wie ein Museum mit Brennereibetrieb. Als letzte noch betriebene Destillerie Tortolas spielt sie eine wichtige Rolle für die Erhaltung des geschichtlichen Erbes dieser Insel.

Jedes Jahr zwischen März und September wird grünes, nur sechs Monate altes Zuckerrohr vom Ort in der Fabrik ausgepreßt. Zu Zeiten, als die Destillerie zu einem größeren Gut gehörte, wurde die Presse noch mit Zugtieren angetrieben. Doch diese Arbeit hat längst ein kleiner Dieselmotor übernommen. Die ausgepreßten Zuckerrohrstangen werden später verbrannt, um den Saft darüber zu kochen.

Wenn der Saft ein paar Stunden gekocht hat, wird er für etwa achtzehn Tage in Fässer umgefüllt, wo er auf natürliche Weise vergoren wird, ohne daß Hefe von außen zugeführt wird. Manchmal, wenn eines der alten Fässer – einige davon sind älter als der älteste Mensch auf Tortola – leck wird, muß gärende Maische in ein anderes Faß umgefüllt oder vorzeitig destilliert werden.

Die brennfertig vergorene Zuckerrohrmaische wird schließlich in die kupferne Pot Still gefüllt und das Feuer darunter angefacht. Verbrannt werden Kokosnußschalen, Holzabfälle von Baustellen und Äste. Bei Callwood wird Wert auf ein kleines Feuer gelegt, um den Inhalt des Brennkessels nur sanft simmern zu lassen. Dieser langsam vonstatten gehende Prozeß bietet zwei Vorteile: Zum einen wird die Menge an Wasser, die mit dem Alkohol verdampft, auf diese Weise auf ein Minimum begrenzt. Zum anderen hält eine Brennblase wesentlich länger, wenn sie geringerer Hitze ausgesetzt wird. Links vom Büro stehen zwei Brennblasen. Dank des langsamen, allmählichen Erhitzens arbeitete die ältere der beiden noch bis vor kurzem – sie stammt noch aus den Zeiten der Sklaverei.

Den Alkohol zu verkochen dauert den ganzen Tag. Da es keine Quelle mit fließendem Wasser gibt, werden die Dämpfe in der Zisterne neben dem Büro kondensiert. Der frische Rum tropft schließlich in einen kupfernen, im Boden eingelassenen Meßbecher. Bis der frische Rum auf Trinkstärke herabgesetzt und abgefüllt wird, ruht er in großen, mit Rattan umflochtenen Glasballons. Vor der Massenproduktion von Glasflaschen waren diese mundgeblasenen Ballons allgemein üblich.

In dieser Destillerie werden sowohl weißer als auch dunkler Rum produziert. Der weiße Rum wird nicht gelagert und hauptsächlich von den Insulanern getrunken. Der dunkle, bei den Touristen beliebtere Rum wird drei bis vier Jahre lang in alten Eichenfässern ausgereift. Wenn Mr. Callwood eine Reihe der wiederverwendbaren Flaschen befüllt hat, klebt er sein Etikett darauf und verkauft sie in der Destillerie und in Geschäften auf Tortola.

Callwood ist die einzige lizensierte Brennerei der östlichen Karibik, die ihren gesamten Rum in einer einzigen Pot Still destilliert. Zudem gehört sie zu den wenigen Brennereien auf den englischsprachigen Inseln, die Rum direkt aus Zuckerrohrsirup destillieren. Lange Gärdauer, die Kupferbrennblase und das Rohmaterial ergeben in der Kombination einen einzigartigen Rum.

ARUNDEL ESTATE, CALLWOOD DESTILLERY
CANE GARDEN BAY, TORTOLA, BRITISH VIRGIN
ISLANDS

Fermentation: Frischer Zuckerrohrsaft, Gärdauer etwa 18 Tage
Brenntechnik: Holzbefeuerte Kupferbrennblase

Arundel Cane Rum: »White« und »Dark«
Alkohol: 40%vol
Alter: »White« ungereift, »Dark« 3 bis 4 Jahre
    Reife in Eichenfässern
Anmerkungen: Der weiße Rum wird hauptsächlich von Einheimischen auf der Insel selbst getrunken; die dunklere Variante ist bei den Touristen beliebter. Callwood ist die älteste noch betriebene Destillerie der Karibik.

*T*ORTOLA SPICED RUM

Seitdem die meisten früheren Destillerien der Britischen Jungferninseln geschlossen wurden, hat das Import- und Abfüllgeschäft zugenommen. »Tortola Spiced Rum« wird auf der Nordseite der Insel veredelt und abgefüllt.

Dieser gewürzte Rum erhebt selbstverständlich keinen Anspruch auf einen besonderen kommerziellen Erfolg. Dennoch verschneidet Styles Callwood seit 1991 Rum von Arundel Estate und der Virgin Islands Rum Distillery mit Gewürznelken, Zimt, Ingwer und Zuckerrohrsirup. Daneben betreibt er noch zwei Taxis und einen Campingplatz in der Brewer's Bay.

Als ich seinem Rum zum erstenmal begegnete, nahm ich an, es handle sich um den »Spiced Rum« von St. Martin. Die Ähnlichkeit der Etiketten ist verblüffend, doch es handelt sich um grundverschiedene Verschnitte – wie man unschwer bemerkt, sobald man die Flasche öffnet.

CALLWOOD DISTILLERY
BREWER'S BAY, TORTOLA, BRITISH
VIRGIN ISLANDS

Tortola Spiced Rum
Alkoholgehalt: 40%vol
Zutaten: Rum von Arundel Estate und der Virgin
   Islands Distillery, Zuckerrohrsirup, Nelken, Zimt,
   Ingwer
Anmerkungen: Charakteristische Gewürzmischung
   aus Brewer's Bay im Norden von Tortola.

$\mathcal{P}$USSER'S

Als Ausgleich für das harte Leben auf den Marineschiffen des sechzehnten Jahrhunderts, erhielten die Matrosen alltäglich ihre Ration Bier. Auf den langen Passagen zu den Westindischen Inseln hielt sich Bier allerdings nicht sehr lange, so daß die für den Nachschub verantwortlichen »Pursers« (gemeinhin: »Pussers«) der Britischen Royal Navy auf den Inseln Rum zukauften. Die Zuckerrohrpflanzer verkauften ihre Brände gerne und billig, da sie die Anwesenheit der Marine schätzten – als Schutz vor den Piraten, die ihre Handelsschiffe aufbrachten. Es dauerte nicht lange, und der westindische Rum war höchst populär bei den Seeleuten. Im Jahre 1687 wurde ein Pint, also etwa ein halber Liter Rum offiziell zur täglichen Ration erklärt.
Da Rum wesentlich stärker als das durch ihn ersetzte Bier war, kam es in der Folge bei den Mannschaften zu zahlreichen Unfällen oder

gar Unruhen – am 21. August 1740 befahl schließlich Admiral Edward Vernon, jede Ration vor der Ausgabe mit zwei Teilen Wasser zu verdünnen. Dieser Befehl beinhaltete auch die Anweisung, als Belohnung für Wohlverhalten, dieser täglichen Zuwendung Zucker und Limonensaft beizumengen, »um sie geschmackvoller zu machen«. Bei den Seeleuten bürgerte sich dieser gute, wenn auch verdünnte Schluck unter dem Begriff »grog« ein. Während der nächsten zweihundert Jahre wurde ihre Ration jedoch kontinuierlich immer weiter reduziert – am 31. Juli 1970 schließlich wurde der letzte Grog an Bord eines britischen Marineschiffes getrunken.

Nach Abschaffung der täglichen Rumration lagen riesige Mengen von Rum ungenutzt in Lagerhäusern in England und rund um den Globus. Regelmäßige Kaufkontrakte wurden aufgekündigt, die seit 1810 Gültigkeit gehabt hatten, als der bevorzugte Verschnitt dunkler westindischer Rums Teil des offiziellen Marineprotokolls wurde. 1979 schließlich wandte sich Charles Tobias – ein energiegeladener Abenteurer, der gerade zwei Weltumseglungen hinter sich gebracht hatte – an die Royal Navy, mit einem Plan, den die meisten Beobachter zunächst mit Skepsis betrachteten. Tobias bot an, eine größere Summe in die Rentenkasse der Marine einzubezahlen – gegen die Erlaubnis, die traditionellen sechs karibischen Rums nach Marineart zu verschneiden und das Produkt unter dem Namen »Pusser's Navy Rum« zu vermarkten. Das Marineministerium gab seine Zustimmung, und schon bald wurde auf Tortola »Pusser's Navy Rum« abgefüllt.

Der ideenreiche Unternehmer Tobias begnügte sich aber nicht mit dem Verschneiden und Abfüllen von Rum, er eröffnete auch eine kleine Bar und ein Restaurant. Heute ist »Pusser's Co. Store« ein Wahrzeichen der Britischen Jungferninseln – genauer gesagt, vier Wahrzeichen. Wenn Sie einmal in die Gegend kommen, sollten Sie einen dieser Läden besuchen, die mit nautischen Antiquitäten und interessanten Memorabilia einer längst vergangenen Zeit dekoriert sind, als es noch Schiffe aus Holz und Männer aus Eisen gab.

Erste Pläne, das erfolgreiche Gesamtkonzept aus Restaurant, Bar und Ladengeschäft auszubauen, wurden von amerikanischen Gesetzen zur Beschränkung des Alkoholverkaufs zunichte gemacht –

in der Folge wurde die Marke Pusser's Rum an die Firma Jim Beam verkauft. 1994 wurde das Etikett von Pusser's, mit Blick auf neue Märkte, neu gestaltet. Unverändert blieb zum Glück der Verschnitt karibischer Rums.

PUSSER'S
JIM BEAM BRANDS OF THE UNITED STATES

Originalabfüllung auf Tortola

Pusser's »Red Label« und »Blue Label«
Alkoholgehalt: Red Label 40%vol
  Blue Label 47,75%vol
Anmerkungen: Verschnitt von sechs gereiften Rums aus Guyana, Barbados und Trinidad. Ursprünglich hatte der Blue Label 95 British Proof, was mehr als 100 U.S. Proof entspricht. Überraschenderweise ist der stärker alkoholische Blue Label weicher als der Red Label.

$\mathcal{F}$OXY'S

Jost Van Dyke, die nordwestlichste der Britischen Jungferninseln, liegt auf nahezu jeder Charterboot-Route. Einmal in Great Harbour angelandet, sollte man sich ein Dinner oder wenigstens ein paar Drinks bei Foxy's nicht entgehen lassen – paradiesisch!
Aber aufgepaßt: Die unbändige Lebenslust der Menschen auf dieser magischen Insel ist ansteckend, und so könnte es passieren, daß Sie etwas tiefer ins Glas schauen, als Ihnen guttut.
Die Geschichte von Foxy's erschließt sich am besten aus dem Text auf dem Rückenetikett seiner Rumflaschen:
1968 baute Philicianno Callwood, besser bekannt als »Foxy«, eine schlichte Stehbar am Strand von Great Harbour auf der kleinen Britischen Jungferninsel Jost Van Dyke.

Schon damals war »Foxy« bei der Handvoll Segler, die regelmäßig in diese Bar kamen, bekannt für seine spontanen, geistreichen Reime und seinen Sinn für Humor – inzwischen ist er weltbekannt als Entertainer, Unternehmer, Philosoph, Bürgerrechtler, Weltreisender, Umweltschützer, Musiker, Geschichtenerzähler, Kulturhistoriker, Hochseeangler, Komödiant und Segler –, ein Renaissancemensch der neunziger Jahre.

Gewachsen aus der Gastfreundschaft ihres legendären Wirts, ist »Foxy's Tamarind Bar« heute bei Seglern aus allen Ländern der Welt als eines der geselligsten Wasserlöcher der ganzen Karibik bekannt. Ein Mekka für Nachtschwärmer in der »Old Years Night«, der Treffpunkt anläßlich der jedes Jahr im September stattfindenden »Foxy's Wooden Boat Regatta«.

»Foxy's Fire Water« – ein sanft verschnittener und lange gereifter, goldfarbener Rum – gemahnt an die Wärme und Kameradschaft, die einst an diesem magischen Ort entstanden ist. Nur ein Schluck dieses »Insel-Feuerwassers« trägt Deinen Geist dorthin, wo man Freundschaften schließt und Erinnerungen entstehen.

FOXY'S
JOST VAN DYKE, BRITISH VIRGIN ISLANDS

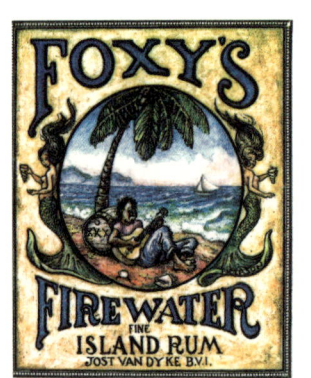

Foxy's Fire Water
Alkoholgehalt: 43%vol
Anmerkungen: Verschnitt gereifter Rums, destilliert von Caroni (1975) Limited, Trinidad. Foxy's »Feuerwasser« ist ein vollmundiger Verschnitt, in der Farbe jedoch recht hell.

Silver Fox
Alkoholgehalt: 43%vol
Anmerkungen: Verschnitt gereifter Rums, destilliert von Caroni (1975) Limited, Trinidad. Dieser »Silberfuchs« wurde gefiltert, um die durch Faßreife bedingte Farbe zu eliminieren. Ein weißer Rum mit leichtem Körper und vollem Geschmack.

In den 70er Jahren, als Foxy noch selbst in der Great Bay sang und seine Späße trieb, nahm man hier alles etwas lockerer. In White Bay gab es noch keinen Strom, um elektrische Bargeräte zu betreiben und modische Mixdrinks aufzuschäumen. Also legte man sich gehörig ins Zeug, um einen Drink zu kreieren, mit dem man ein paar Touristen in die Soggy Dollar Bar locken konnte – zumal sie dorthin vom Boot schwimmen mußten, denn White Bay hatte nicht nur keine Elektrizität, sondern auch keine Anlegestelle.

Also: man nehme zwei, drei oder auch vier großzügig bemessene Einheiten Pusser's Rum und mische das Ganze mit Ananassaft, Cream of Coconut und Orangensaft. Auf Eis servieren und etwas Muskatnuß (vorzugsweise von Grenada) darüberreiben. Auf den Inseln werden Ihnen viele Imitationen des »Pusser's Painkiller« begegnen – um in den Genuß des Originals zu kommen, müssen Sie schon schwimmen und sich bei Soggy Dollar an Raphael wenden …

P RIVATABFÜLLUNGEN

Die Britischen Jungferninseln gehören zu den beliebtesten Zielen von Charterseglern auf der ganzen Welt. Noch bevor Sie dort ankommen, können Sie Ihre Yacht von »Fort Wine and Liquors« bestücken lassen, die Ihnen getränkemäßig jeden Wunsch von den Augen ablesen – auf jeden Fall aber sollten Sie »Fort Wine Gourmet« in der Road Town besuchen. In diesem Geschäft finden wohlinformierte Smutjes alles, was sie brauchen, um aus jedem Essen ein unvergeßliches Mahl zu bereiten: von Gourmet-Bedarf bis zur größten Auswahl exquisiter Zuckerrohrbrände auf den gesamten Britischen Jungferninseln.

Wenn Sie in einem Hotel oder Gasthaus absteigen, werden Sie wahrscheinlich die eine oder andere Privatabfüllung mit dem Etikett Ihres Beherbergungsbetriebes entdecken. Vom »Bitter End« in Virgin Gorda bis zum »Sandcastle« auf Jost Van Dyke – all diese Rums haben 43 %vol Alkohol und sind Verschnitte aus Trinidad, die am Verbrauchsort etikettiert wurden. Jeder trägt den Namen eines bekannten und beliebten Hauses, in dem auch Sie vielleicht einmal nächtigen werden.

PRIVATABFÜLLUNGEN

Alkoholgehalt: 43 % vol

Anmerkungen: Alle Privatabfüllungen auf den British Virgin Islands sind Verschnitte gold-farbener, bis zu drei Jahre gereifter Rums von der Firma Trinidad Distillers Limited.

The Last Resort
Trellis Bay,
British Virgin Islands

St. Martin / St. Maarten

Seit 1648 wird diese tropische Insel von Frankreich und Holland aus verwaltet – das Ergebnis ist ein vibrierender Schmelztiegel der Kulturen. Der Erfolg dieser Insel beruht zum großen Teil auf ihrem Status als zollfreie Zone. Alkohol beispielsweise kann importiert, verschnitten und verkauft werden, ohne die übliche rote Zollbanderole. Vor etwa zehn Jahren schloß Potts, die letzte Destillerie auf dieser Insel, ihre Pforten, weil sie zu klein war, um den steuerfreien Importen von anderen Inseln die Stirn zu bieten. Heute wird eine Vielzahl von Rums auf diese Insel importiert, hier verschnitten und abgefüllt. Eine ganze Reihe von Unternehmern tummeln sich auf dem Markt, mit unterschiedlichen Ansätzen und ganz verschiedenen Ergebnissen. Gemeinsam ist ihnen allein der Stolz auf ihre Produkte.

Die konkreten Recherchen für dieses Buch begannen ursprünglich auf St. Maarten, genauer gesagt St. Martin. Unweit von Marina Royale betrat ich gemeinsam mit einem Freund eines der typischen Häuser auf den Antillen. Mein Freund stolperte über einen großen schwarzen Hund, der im Windfang schlief. Der Hund schreckte auf, und auch ich kam ins Straucheln, in der festen Überzeugung, er würde mich beißen oder wenigstens aufjaulen. Doch er gähnte nur und setzte seinen Mittagsschlaf fort, diesmal ein Stück weiter draußen in der Sonne.

Ein paar Augenblicke später hatte ich mich an das Halbdunkel gewöhnt und machte eine staubige Bar aus, die vollgepfropft war mit Glasballons voller Früchte in Rum. Hinter der Bar standen weitere 20-Liter-Plastikkanister mit in Rum mariniertem Obst. Rosinen, Sternanis, Limetten, Orangenscheiben und eine Reihe von Gewürzen, die ich nicht identifizieren konnte, füllten Glaskrüge in den Regalen. In der Ecke, zwischen weiteren Containern am Boden und daraufgestapelten Kunststoffkanistern, lag ein Faß, aus dessen Spundloch ein Plastikschlauch ragte. In seiner typisch freundlichen Art verwickelte mein Freund den

Hauseigentümer in ein Gespräch und erwähnte – noch bevor wir unseren ersten Drink ausgetrunken hatten – etwas von einem Buch. Ohne zu zögern, sah mich der alte Mann durch seine dicken Brillengläser an und sagte:»Ich will nichts wissen von irgend so 'nem Buch. Ich will kein Buch. Austrinken, und dann raus hier!« Direkt im Anschluß erzählte er von seinen Ängsten vor einer höheren Besteuerung. Dazu könnte schon ein kleiner Artikel über seinen Rumladen führen – das Ende seiner Schattenwirtschaft, aus der er kaum mehr als seinen Lebensunterhalt bestreiten konnte und die ihm zudem einen gemütlichen Platz zum Trinken sicherte. So, wie die Dinge liefen, konnte er immerhin seine Rechnungen bezahlen, ohne allzuviel anschreiben lassen zu müssen.

Rund um seine Bar herum war die Stadt gewachsen. Die Straßen waren verbreitert worden, um Massen zu bewältigen – der frühere Bürgersteig war nun Teil des Fahrwegs. Um Gelder für dieses Wachstum aufzubringen, erhöhten die Finanzbehörden die Abgaben und hatten schon so manchem in der Nachbarschaft das Geschäft kaputtgemacht.

Um die Situation etwas zu entspannen und gleichzeitig etwas über diesen Mann zu erfahren, der offensichtlich viel über Rum wußte, fragte ich ihn, woher der beste Rum käme. Obwohl er sich sichtlich noch immer Sorgen über seine Steuern machte, antwortete er ohne zu zögern:»Der beste Rhum kommt aus Guadeloupe und Martinique.«

Beim nächsten Drink – diesmal auf Rechnung des Hauses – erzählte der alte Mann von seiner Jugendzeit, die er auf Schonern zwischen St. Martin und St. Thomas verbracht hatte, und plauderte aus dem Nähkästchen für Segler. Bis die Nachtluft frisch und klar geworden war, hatten wir noch den einen oder anderen speziellen Punsch probiert, und das Gespräch war längst zum Thema Fischen abgeschweift. Als wir uns verabschiedeten, dankte ich unserem Gastgeber und versicherte ihm noch einmal, daß ich keinerlei Absicht hatte, ihn oder seine Bar namentlich zu erwähnen. Vorsichtig stiegen wir über den schlafenden Hund.

Einen Schritt außerhalb der Bar empfing uns ein Gewimmel hupender Autos – als wir kehrtmachten, um in die Sicherheit der offenen Tür hinter uns zurückzukehren, drehte sich der Hund auf die andere Seite und lachte. Vielleicht hat er auch nur einfach gegähnt.

Auch wenn ich es mir für meine Recherchen nicht unbedingt vorgenommen hatte, schon am frühen Morgen Rumläden aufzusuchen, so kam ich doch gelegentlich an einem vorbei, wenn ich zur Bäckerei unterwegs war, um ein frisches Baguette zu kaufen. Einmal konnte ich dem Lachen, das aus einem solchen Laden klang, einfach nicht widerstehen. Hier tranken die Fischer ihren ersten Schluck des Tages, um die Feuchtigkeit des morgendlichen Regens aus den Knochen zu bekommen.

Alle Augen in der düsteren Bar wandten sich dem hochgewachsenen Fremden zu. Ohne etwas zu bestellen, bekam ich einen Drink serviert. Er war nicht schlecht. Aber das nächste Mal, wenn ich einen »Décollage« trinke – eine Mixtur aus Absinth und Rum –, habe ich vorher gefrühstückt…

B USCO

Die Rhums mit dem Namen Busco – abgeleitet von Columbus – sind das Werk von Christian Carreau. Früher gehörte ihm das »Champagne«, ein führendes Fachgeschäft für Spirituosen in Marigot. Während seiner Jahre im Handel mit edlen Bränden eignete sich Carreau intime Kenntnisse über die Destillerien der französischsprachigen Westindischen Inseln und ihre Rhums an. 1993 begann er, Rhum von der Destillerie Séverin auf Guadeloupe zu importieren und zu seinen Busco-Produkten zu verschneiden. Der weiße Rum wird als »Busco Rhum Blanc Agricole« abgefüllt, der vierjährige von Séverin als »Busco Rhum Vieux« etikettiert.

Busco ist Teil eines wachsenden Trends innerhalb der Spirituosenindustrie: Destillate, die auf einer Insel produziert wurden, werden auf eine andere exportiert, dort verschnitten, abgefüllt und mit unterschiedlichsten Labels versehen. Es muß sich hierbei jedoch keineswegs um zweitklassige Produkte handeln. Der Rhum der Destillerie Séverin beispielsweise genießt auch auf seiner Heimatinsel Guadeloupe hohes Ansehen.

CARREAU BLENDS
ST. MAARTEN

Busco Rhum Blanc Agricole de Plantation
Alkoholgehalt: 50%vol
Anmerkungen: Weißer Rhum der Destillerie
Séverin auf Guadeloupe.

Busco Rhum Vieux
Alkoholgehalt: 43%vol
Anmerkungen: Vier Jahre alter Rhum der
Destillerie Séverin auf Guadeloupe.

Auf der französischen Seite

Zahlreiche Spirituosengroß- und -einzelhändler sowie gut bestückte Restaurantbars bieten dem Genießer vielfältige Möglichkeiten, seinen Horizont zu erweitern. Auch die Zollfreiheit bietet Vorteile für den Touristen, der keine Zeit hat, die anderen Inseln zu bereisen.

Gegenüber dem Nordeingang von Marina Royale liegt »Champagne« – fraglos einer der besten Spirituosenläden auf den Inseln. Giles Breion kennt sich bestens aus, und auch seine Kundschaft verfügt über einen verfeinerten Geschmack. Viele der hier angebotenen Flaschen gibt es nirgends sonst zu kaufen. Nur das Besucherzentrum der Bally Distillery auf Martinique hat eine noch größere Auswahl an Bally Jahrgangsrhums. Gemessen daran, daß bei »Champagne« alle Flaschen in einem 1A-Zustand sind und den besten Sammlungen alle Ehre machen würden, sind die Preise moderat – besonders im Vergleich zum Preisniveau in den Vereinigten Staaten oder in Europa. Ob Sie eine sammelwürdige

Karaffe suchen oder eine Flasche edelsten Rhums – hier werden Sie immer fündig.

Versteckt im südöstlichsten Winkel von Marina Royale liegt »Krishna Stores« – auch einer dieser Läden, über deren Entdeckung man sich freut. Dieser geschäftige kleine Laden versorgt die Charterboote im Hafen mit Lebensmitteln und vertreibt großhandelsmäßig Spirituosen an Restaurants in der Umgebung. Im Schaufenster stehen beispielsweise Rhums wie Bologne von Guadeloupe, Père Labat von Marie Galante, Cockspur von Barbados oder auch Rhum Vieux St. James von Martinique. Doch Sie sollten gezielt nachfragen, was sonst noch alles vorrätig ist – ich habe nicht den leisesten Zweifel, daß hier noch viele Überraschungen warten. In diesem Laden gibt es keine schönen Mahagoniregale, die Gänge sind voller Menschen und an der Kasse müssen Sie ewig Schlange stehen. Trotzdem – wenn Sie einmal eine Zeit in diesem Hafen verbringen, werden Sie wahrscheinlich mehr als nur einmal in dieses quirlige Geschäft kommen.

Unter allen Spirituosen, die hier importiert werden, ist übrigens Père Labat der bevorzugte Rhum für den beliebten »ti punch«, der in den Restaurants auf dieser Seite der Insel serviert wird.

SUGARBIRD RUM FACTORY

Bei der American West India Company in Philipsburg lernte ich einen besonders würzigen Rum kennen. Vor ein paar Jahren waren Mike James und Mac Wingate-Gray von Florida nach St. Maarten gekommen – hier wollten sie ein Produkt finden, das sich vermarkten ließe. Nach letztlich vergeblicher Suche beschlossen sie schließlich, ein eigenes Produkt zu kreieren. Macs schottische Vorfahren hatten bereits seit dem 18. Jahrhundert Scotch Whisky hergestellt. Nun, nachdem er als Soldat der britischen Armee die ganze Welt bereist hatte, setzte er seine alten Kenntnisse ein, um hier gemeinsam mit Freunden zu arbeiten. Seine Frau Andrea, die aus einer Winzer- und Brennerfamilie in Kroatien stammt, hilft ihm dabei in allen Aspekten der Produktion und Vermarktung.

In der SugarBird Rum Factory werden frische Früchte, Gewürze und drei weiße karibische Rums verschnitten – das Ergebnis sind sechs verschiedene Sorten von SugarBird Rum. Diese gewürzten Rums unterscheiden sich von den meisten vergleichbaren dadurch, daß der Inhalt der Flaschen weder Fruchtstücke noch Gewürze als Feststoffe enthält. Durch Filterung wird nicht nur gleichbleibende Qualität in jeder Flasche SugarBird Rum garantiert, auch die Menge alkohollöslicher ätherischer Öle aus den Früchten und Gewürzen wird so reduziert. Beläßt man Fruchtanteile und Gewürze in der Flasche, kann es passieren, daß daraus im Laufe der Zeit übermäßig viele solcher Öle gelöst werden, die sich dann unschön im Flaschenhals eines gewürzten Rums absetzen.

Damit sich ein Destillat »Rum« nennen darf, muß es einen Alkoholgehalt von mindestens 40%vol aufweisen. Spirituosen mit geringerem Alkohol werden als Liköre angesehen und meistens mit etwa 24%vol abgefüllt. Alle SugarBird Rums haben den verlangten Mindestalkoholgehalt von 40%vol.

Beträchtliche Anstrengungen wurden zur Entwicklung eines einzigartigen Herstellungsverfahrens unternommen, mit dem sich die natürlichen Aromen optimal in jeden dieser Rums integrieren ließen. Im SugarBird Tasting Center in Philipsburg können Sie sie alle probieren – und Ihren Favoriten selbst herausfinden.

SUGARBIRD RUM FACTORY
PHILIPSBURG, ST. MAARTEN

Verschnitt und Abfüllung von mit natürlichen Stoffen aromatisiertem Rum.

SugarBird Orange Ginger
Alkoholgehalt: 40%vol
Anmerkungen: Verschnitt aus drei karibischen Rums, karibischen Orangen und Ingwer aus dem Orient. Dieser weiche, sanfte Blend ist ein Genuß als Aperitif wie als Digestif, mit oder ohne Eis.

SugarBird Lime Rum
Alkoholgehalt: 40%vol
Anmerkungen: Verschnitt aus drei karibischen
Rums und frischen Limetten. Mit Eis ein beson-
ders schnell gemachter Daiquiri.

SugarBird Coconut Rum
Alkoholgehalt: 40%vol
Anmerkungen: Verschnitt aus drei karibischen
Rums mit Kokosnuß. Ausgewogener Geschmack
zwischen Rum und Kokosnußaromen. Mit Half-
and-Half und einer kleinen Schaufel Eis in den
Mixer – fertig ist die SugarBird Pina Colada.

SugarBird Raspberry Rum
Alkoholgehalt: 40%vol
Anmerkungen: Verschnitt aus drei weißen karibischen Rums und fri-
schen Himbeeren. Ihrer Lieblingscolada oder Ihrem bevorzugten
Daiquiri können Sie damit eine ganz besondere Note verleihen.
Oder Sie mixen daraus mit Ananassaft einen erfrischenden tropi-
schen Cocktail.

SugarBird Coffee Rum
Alkoholgehalt: 40%vol
Anmerkungen: Verschnitt aus weißem karibischem Rum und ausge-
suchten Kaffeebohnen von Trinidad und aus Kolumbien.

SugarBird Dry Spice
Alkoholgehalt: 40%vol
Anmerkungen: Verschnitt aus drei weißen karibischen Rums, Piment,
Nelken, Kardamom, Muskat und Zimt. Anders als bei so vielen an-
deren gewürzten Rums, wurde hier weder Zuckerrohrsirup noch
Zucker beigemengt – daher der Name »Dry Spice«, trocken-würzig.

Auf der holländischen Seite

»Caribbean Liquors« heißt die Firma, die hier die Rumerzeuger Bally und Clément aus Martinique sowie zahlreiche andere in diesem Buch beschriebene Rum-Marken vertritt. Gegenüber dem Stammhaus liegt »Sangs Food Store«. Man muß sich hier schon genauer umsehen, denn das Sortiment ist nicht besonders übersichtlich organisiert. Doch nehmen Sie sich etwas Zeit, und Sie werden belohnt. Auch »Afoos« Supermarkt, nur ein paar Straßen weiter in Philipsburg, ist einen Abstecher wert. Sehen Sie sich gezielt in den hinteren Regalen um – hier können Sie einige schöne Flaschen Rum zu Sonderpreisen ergattern.

Der »Connaisseurs Shop« im La-Palapa-Komplex auf der anderen Seite der Lagunenbrücke, in der Nähe des Flughafens, beliefert viele Charterboote in der Lagune. Der Warenbestand ist beeindruckend, und auch Sonderwünsche sind willkommen. Seitdem immer mehr der in diesem Buch vertretenen Rums importiert werden – dank liberalerer Gesetze auf beiden Seiten dieser Insel und dank informierterer Kunden –, gehört dieser Laden zu den am besten sortierten Fundorten.

Zu den Erfahrungen, die man beim Besuch einer Insel wie St. Martin bzw. St. Maarten machen kann, gehört natürlich das Leben auf dem Wasser. Die Lagune bietet hierzu eine einzigartige Möglichkeit – an Bord der *Alteza*. Das große, aus Holz gebaute Schiff, das vor La Palapa vertäut liegt, bietet eine wunderschöne Szenerie, um beispielsweise in der Abenddämmerung einen Rumpunsch zu genießen. Viele Seglerinnen und Segler aus der Umgebung kommen regelmäßig hierher, um den »Streß« ihres paradiesischen Lebens abzuschütteln. Um auf diese schwimmende Bar zu gelangen, wenden Sie sich an den Schalter der »Mailbox« im La-Palapa-Center.

Daneben gibt es natürlich noch viele andere »Wasserlöcher«, wo Drinks mit phantasievollen Namen gemixt werden – hier findet sich alles, vom »orgasm« bis zum »slippery nipple«, und hier kann »sex on the beach« leicht zu »brain hemorrhage« führen… Viel

Spaß! Aber denken Sie daran: Der schönste Urlaub ist der, an den man sich hinterher auch noch erinnert…

$\mathcal{B}$LACKBEARD'S

Nur wenige Piraten der Karibik haben es zu solcher Berühmtheit gebracht wie Blackbeard. Nachdem er im Spanischen Erbfolgekrieg auf einem Kaperschiff gedient hatte, zog es den Engländer Edward Teach zu den warmen Passatwinden der Karibik. In den folgenden fünf Jahren wurde er zur Legende – als blutrünstiger, Rum saufender Seeräuber, der seine Mannschaft übel behandelte und jeden, der ihm begegnete, mit Angst und Schrecken erfüllte. Mit seinem langen, geflochtenen Bart, den er über die Ohren gebunden trug, seinen zwei Entermessern und sechs Musketen muß er ein furchterregendes Bild geboten haben.

Im Austausch gegen einen Teil der erbeuteten Güter versorgte der Gouverneur von North Carolina Blackbeard und sein Schiff »Queen Anne's Revenge« mit allem Nötigen und bot ihm einen Unterschlupf. 1718 jedoch fand Blackbeard den Tod durch die Hand eines gewissen Lieutenant Robert Maynard. Der Legende nach soll Blackbeard, nachdem er mehrfach angeschossen, dann enthauptet und schließlich an das Bugspriet von Maynards Schaluppe gebunden worden war, noch zweimal rund um das Boot geschwommen sein.

Zum Gedenken an diese überlebensgroße Figur nennt Stephen Thompsons Sint Maarten Guavaberry Company ihre drei Brände »Blackbeard Five Star Rums«. Diese Destillate – ein weißer, ein dunkler und ein goldfarbener Rum – werden mit einem Alkoholgehalt von 40%vol verschnitten, um den inseltypischen Geschmack zur Geltung zu bringen. Vier weitere Blackbeard's Rums werden mit 35%vol Alkohol verschnitten: Coconut, Spiced, Pepper und Bois Bande, der beliebteste dieser Rums. Blackbeard Rum kann man bei der Sint Maarten Guavaberry Company an der Front Street in Philipsburg verkosten.

SINT MAARTEN GUAVABERRY COMPANY
PHILIPSBURG, ST. MAARTEN

Verschnitt und Abfüllung von Blackbeard Rum

Blackbeard Five Star White Rum
Alkoholgehalt: 40%vol
Anmerkungen: Verschnitt aus auf Melasse-Basis destillierten Rums der Karibik. Einer der wenigen weißen Rum-Verschnitte.

Blackbeard Five Star Gold Rum
Alkoholgehalt: 40%vol
Anmerkungen: Verschnitt aus zu goldener Farbe gereiften, auf Melassegrundlage destillierten Rums aus der Karibik. Sehr gut als Basisspirituose zum Mixen.

Blackbeard Five Star Dark Rum
Alkoholgehalt: 40%vol
Anmerkungen: Verschnitt gereifter Melasse-Destillate, die zugunsten einer dunkleren, kräftigeren Farbe zusätzlich mit Zuckercouleur versetzt wurden. Der Geschmack dieses Rums wird dadurch jedoch nicht übertönt.

CARIBA NATIVA

Als Ergänzung und Abrundung ihrer Produktpalette – Blackbeard Rum, Gourmet-Schokoladenfondant, Guavenliköre und Kölnischwasser – füllt die Sint Maarten Guavaberry Company weitere karibische Rums unter dem Label »Cariba Nativa« ab. Diese Rums von Guadeloupe, Antigua, Barbados, den Jungferninseln, Trinidad und Jamaika bieten die Gelegenheit, einen für die jeweilige Insel typischen Rum kennenzulernen.

Wie Sie mittlerweile wissen, ist der Rum jeder dieser Inseln anders, in seinem Charakter einzigartig. All diese Rums werden aus Melasse destilliert, mit Ausnahme des Vertreters aus Guadeloupe, der aus frischem Zuckerrohrsaft gebrannt wird. Jeder dieser Rums hat einen Alkoholgehalt von 40 %vol und wurde auf seiner Heimatinsel ausgereift – wiederum mit Ausnahme des weißen Brandes aus Guadeloupe.

Wenn Sie einmal in Philipsburg sind, halten Sie Ausschau nach dem »Antillean Gingerbread House« auf der Nordseite der Front Street. Hier können Sie all diese Produkte verkosten, auch die Guavenliköre, die dieses Haus zu einem der Wahrzeichen von Sint Maarten gemacht haben.

Stephen Thompsons Marken Blackbeard und Cariba Nativa kamen zwar erst 1995 beziehungsweise 1996 auf den Markt, haben aber dennoch bereits eine große Zahl von Liebhabern unter den Kennern in der Region gewonnen – obwohl sie ursprünglich für den hart umkämpften touristischen Markt kreiert wurden.

SINT MAARTEN GUAVABERRY COMPANY
PHILIPSBURG, SINT MAARTEN

Verschnitt und Abfüllung von Cariba Nativa Rums

Cariba Nativa Trinidad Rum
Alkoholgehalt: 40%vol
Anmerkungen: Gereifter Rum aus Trinidad. Hergestellt aus vergorener Melasse.

Cariba Nativa Guadeloupe Rum
Alkoholgehalt: 40%vol
Anmerkungen: Weißer Rhum agricole aus Guadeloupe. Der einzige Cariba Nativa Rum, der direkt aus Zuckerrohrsaft gebrannt wird.

Cariba Nativa Antigua Rum
Alkoholgehalt: 40%vol
Anmerkungen: Gereifter Rum von der Brennerei Antigua Distillery Limited, mit fermentierter Melasse hergestellt.

Cariba Nativa Barbados Rum
Alkoholgehalt: 40%vol
Anmerkungen: Gereifter Rum aus Barbados, ein typischer Vertreter
des Bajan-Stils. Ebenfalls aus fermentierter Melasse.

Cariba Nativa Virgin Islands Rum
Alkoholgehalt: 40%vol
Anmerkungen: Gereifter Rum aus der Virgin Islands Rum Distillery.
Aus fermentierter Melasse.

Cariba Nativa Jamaica Rum
Alkoholgehalt: 40%vol
Anmerkungen: Sehr typisch für die leichten, gereiften Jamaika-Rums
aus fermentierter Melasse.

St. Bart's

Auf dieser nach Columbus' Bruder benannten kleinen Insel wurde in der Geschichte nur wenig Rum hergestellt – wenn überhaupt. Doch kaum ein Rumliebhaber in der Karibik ist je hier an Land gegangen, ohne Rum zu trinken. (Ein paar Händler auf der Insel geben zwar vor, Rum zu »verschneiden«, um ein eigenständiges Produkt verkaufen zu können – dieses »Verschneiden« geschieht allerdings meist, ohne auch nur ein Faß aufzumachen.) Seit sie Freihafen ist, erlebt diese französische Insel einen Aufschwung als Handelsplatz.

Um Rum beispielsweise von Trinidad aus zu exportieren, muß man ihn gemeinsam mit den üblichen Ausfuhrpapieren zunächst auf eine andere Insel verschiffen. Wird die Ladung dort nicht ordnungsgemäß deklariert und Zoll entrichtet, kann sie konfisziert werden, Strafgelder werden erhoben, und manchmal wird auch das Schiff beschlagnahmt. In einem Freihafen dagegen werden lediglich Hafengebühren erhoben – die Ladung kann steuerfrei gelöscht werden.

Auf St. Bart's erzählt man sich reichlich Geschichten von Rum, der aus Trinidad und Barbados hierherkommt, um sofort, oft mit demselben Boot, wieder zurücktransportiert zu werden. Doch da die Zollämter in Trinidad und Barbados normalerweise mit den Behörden auf den anderen Inseln in Kontakt stehen, wäre es ein zu großes Risiko, Waren aus nicht zollfreien Häfen einschmuggeln zu wollen.

Zuckerrohrbrände sind nicht die einzige Ware, die zum Wohlstand dieser Insel beigetragen hat. Die Zahl der am Ufer stehenden Lagerhäuser für Spirituosen zeugt allerdings von der großen Nachfrage nach edlen Hochprozentern, die auf den Inseln herrscht – besonders, wenn man ohne die lästigen Steuern kaufen und verkaufen kann, die den Handel so oft hemmen.

Wenn man von der Meerseite her nach Gustavia kommt, sieht man steuerbord das Haus von Segeco, dem örtlichen Großhändler für die Destillerien Bologne, Clément, Simonnet und Bally. Smoke and Booze, eine Querstraße von der Nordseite des Hafens gelegen, sollte man sich auch nicht entgehen lassen. Man kann ja nie wissen, was man hier sonst vielleicht an gereiftem Rhum aus Martinique und Guadeloupe verpaßt.

An der nördlichen Seite des Hafens gibt es auch einen Supermarkt namens »AMC et Cie« mit einer sehr beeindruckenden Auswahl an Rhums – auch alte Destillate, die vor langer Zeit gebrannt wurden; die Jahrgänge gehen zum Teil bis 1949 zurück. Die meisten französischen Destillerien vertreiben auch auf St. Bart's. Hier findet man immer irgend etwas, das man nicht erwartet hätte.

St. Kitts

Nach der Rechtsprechung einiger Länder wird eine Spirituose dann als Rum angesehen, wenn sie aus vergorenem Zuckerrohrsaft, Sirup oder Melasse destilliert wurde und einen Alkoholgehalt von weniger als 95%vol aufweist. Bei höherem Alkoholgehalt kann das Destillat unter anderem als Vodka oder, wenn es mit Wacholder aromatisiert wurde, als Gin eingestuft werden. Manche Destillerien brennen den größten Teil ihres Alkohols so rein wie möglich und verschneiden diesen erst später mit niedrigeren alkoholischen Destillaten.

Vor etwa fünf Jahren baute Baron Edmond Rothschild eine Destillerie in St. Kitts – Cane Spirit Rothschild oder kurz CSR –, anscheinend um hier edle Zuckerrohrbrände zu produzieren. Doch was hier bisher entsteht, ist mit einem Alkoholgehalt von 95%vol (noch) kein Rum – Rothschild will erst in näherer Zukunft Rum produzieren. Bis dahin ist in der kleinen, neben einer Zuckerfabrik gelegenen Destillerie mit ihren beiden kupfernen Pot Stills noch viel zu tun: Entscheidungsfindung in puncto Etikett, Verpackung und Geschmack des angestrebten Rums.

Ironischerweise wird auf dieser Insel, auf der offiziell gar kein Rum produziert wird, mehr gebrannt als auf so mancher berühmten Rum-Insel. Der Drink, den die Menschen auf dieser Insel zu ihrem Lieblingsgetränk erkoren haben, nennt sich »hammond« oder »culture« – ein starker Schnaps aus fermentierter Melasse, der in kleinen Schwarzbrennereien hergestellt wird. Den jährlichen Karneval auf St. Kitts nennen die Bewohner der Insel schlicht »culturama« – nach ihrer ganz eigenen Trinkkultur, die zu ihrem Nationalstolz dazugehört.

Das gesamte auf St. Kitts angepflanzte Zuckerrohr wird in der regierungseigenen Zuckerfabrik verarbeitet. Da das süße Gras jedoch überall wuchert und große Bereiche der Insel bedeckt, landet ein Teil des Saftes in versteckten Fässern, wo er drei bis fünf Tage gärt, um anschließend gebrannt zu werden. Es war nicht ganz leicht, Details über die Herstellung dieser Spirituose in Erfahrung zu bringen. Dafür war es um so einfacher, den Rum selbst aufzutreiben. »Culture« wird meist direkt nach dem Brennen verkauft, und es ist interessant zu verfolgen, wie sich sein Geschmack mit der Zeit verändert. Im Laufe der Lagerung – auch in einer kleinen Flasche – verfliegt ein Teil der nach dem Brennen noch vorhandenen gelösten Kohlensäure, und der Geschmack verbessert sich. Dieser starke Rum wird mit dem Alkoholgehalt abgefüllt, mit dem er aus der Brennblase fließt – er ist gnadenlos, wenn man zuviel davon trinkt. Im Gegensatz dazu kann man beim CSR sicher sein, keinen Kater zu bekommen. Andererseits habe ich die Erfahrung gemacht, daß es nur einen Weg gibt, garantiert ohne Kater davonzukommen – indem man keinen Alkohol trinkt. Viel Glück.

»CULTURE« ODER »HAMMOND«

Fermentation: Frischer Zuckerrohrsaft oder -sirup, Gärzeit etwa drei
  Tage.
Brenntechnik: Zylindrische Pot Still aus Stahl
Alkoholgehalt: 50-70%vol
Anmerkungen: Duftintensiver starker Rum. Dieser schwarz gebrannte
  Rum wird oft mit Gewürzen aromatisiert, um ihn angenehmer trinkbar zu machen.

Antigua

Nur ein paar Meilen östlich der nördlichen karibischen Inseln ist der Atlantik mehr als fünftausend Meter tief. Wenn die westliche Äquatorialströmung aus diesen Tiefen bis auf lediglich dreißig Meter zwischen den Inseln aufsteigt, können sich spektakuläre Wellenberge auftürmen. Vor allem, wenn der Passat dazu mit den üblichen 20–25 Knoten bläst.

Während ich in St. Bart's auf besseres Wetter wartete, sagte der Wetterdienst in Miami östliche Winde mit 10–15 Knoten voraus. Ein Hochdruckgebiet, das für 15–25 Knoten starken Wind aus Südost verantwortlich gewesen war, war etwas weiter nach Norden gewandert. Ich nahm an, daß der Wind rückdrehen oder gegen den Uhrzeigersinn mehr in Richtung Norden drehen würde. Um 13 Uhr setzte ich Segel mit Ziel Guadeloupe. Und mit der Möglichkeit, daß sich der Wind stärker als erwartet drehte und mich 72 Seemeilen südöstlich nach Antigua tragen würde.

Als die Sonne hinter St. Bart's unterging, war die Tafia auf Kurs nach St. Johns, Antigua. Die Wellen, die sich im Südostwind der letzten drei Tage aufgebaut hatten, begannen sich zu zerstreuen und die neue Windrichtung aufzunehmen. Als schließlich der Mond über der schemenhaft erkennbaren Insel Antigua aufging, war die *Tafia* genau auf Kurs, trotz der leicht aufgewühlten See. Es gibt kaum etwas Befriedigenderes im Leben, als im hellen Mondschein zu segeln, mit Kurs auf die nächste Insel.

In der warmen, mondhellen Nacht hatte ich lediglich ein anderes, nordwärts fahrendes Segelboot gesehen und einen Inselfrachter. Jetzt, westlich der Südwestspitze von Antigua, tauchten zwei schwache weiße Lichtpunkte auf, fast übereinander. Als ich der Westküste der Insel näher kam, konnte ich je ein grünes Licht vor und unter den beiden weißen Lichtern ausmachen.

Nachdem ich meine Aufzeichnungen des letzten Besuches hier vor fünf Jahren studiert hatte, beschloß ich, Five Islands anzulaufen, indem ich mich am Radio-Sendemast auf dem Gipfel einer der höchsten Erhebungen der Insel orientierte. Als ich den felsigen Untiefen vor Five Islands näher kam, trennten sich die beiden weißen Lichter hinter mir. Über den Hügeln von Antigua begann der Morgen zu grauen, und ich ging in dieser idyllischen Bucht vor Anker.

Ein paar Stunden später, als ich in St. John's ankerte, um die Einreise- und Zollformalitäten zu erledigen, sah ich ein großes Viermaster-Segelschiff, das am neuen Kreuzfahrtdock festgemacht hatte. Hoch an den vorderen beiden Masten entdeckte ich die weißen Positionslichter, die ich in der Nacht gesehen hatte, und das grüne Navigationslicht weit vorne auf dem Oberdeck der *Bark Fantome*.

A NTIGUA DISTILLERY LIMITED

Durchschnittlich erhebt sich Antigua ein paar hundert Fuß aus dem Meer. Nur wenige Gipfel sind über tausend Fuß hoch. Kein Wunder, daß es hier so selten regnet. Dieses trockene Klima ist einem schönen Urlaub zwar förderlich, den ersten Pflanzern jedoch, die sich 1623 hier ansiedelten, bescherte es viel Mühe und harte Arbeit. Doch wenn der Regen dann wieder einmal mitspielte, war das Zuckerrohr von Antigua süßer als das der Nachbarinseln. In den Konditoreien und Süßwarenläden Englands galt der sogenannte »Muscovado« von Antigua als Zucker der Extraklasse, und die Pflanzer erarbeiteten sich einigen Wohlstand.

Rum wird auf Antigua gebrannt, seit das erste Zuckerrohr von St. Kitts aus auf die Insel gebracht wurde. Damals wurde Rum in einfachen Pot Still auf den Zuckerrohrplantagen destilliert. 1932 gründete eine Gruppe portugiesischer Händler die Antigua Distillery Limited. Sie rüsteten sie mit alten Brennapparaten aus, die in der Mitte des letzten Jahrhunderts entwickelt worden waren. Weitgehend ungestört von der Verwaltung durften sie auf einem kleinen, »Rat Island« genannten Stück Land am Rande von St. John's ihre Brennerei betreiben. Heute befindet sich neben der Destillerie das neue Hafenbecken für Hochseeschiffe. Um die früher so abgelegene »Ratteninsel« herum, die keiner haben wollte, ist mittlerweile St. John's gewachsen, die Hauptstadt der Schwesterinsel-Republik Antigua und Barbuda.

Da Rum auf den englischsprachigen Inseln schon immer aus Melasse hergestellt wird, kauften die Geschäftsleute eine Zuckerfabrik und verschiedene Zulieferbetriebe. Damit war die Versorgung mit Muscovado-Melasse gesichert – eine wesentliche Voraussetzung für den originalen Caballero Rum, der später unter dem Namen Cavalier Muscovado Rum bekannt wurde. Im Zweiten Weltkrieg machte die Zuckerindustrie schwere Zeiten durch, so daß mit dem Zusammenbruch der karibischen Zuckerwirtschaft in den Folgejahren auch diese Zuckerfabrik geschlossen werden mußte. Heute wird auf dem Gut Montpelier Estate, wo früher das Zuckerrohr wuchs, eine Reihe anderer landwirtschaftlicher Produkte erzeugt.

In der Antigua Distillery Limited erhebt man keinen Anspruch darauf, Rum nach irgendwelchen besonderen historischen Rezepturen zu destillieren. Die Eigentümer sind sich im klaren darüber, daß die Geschmacksvorlieben der Rum-Kenner ohnehin ganz unterschiedlich sind, von Ort zu Ort, und sich auch mit dem Zeitgeschmack verändern. Rum aus Guadeloupe, nur vierzig Meilen weiter südlich gebrannt, findet auf Antigua nur wenige Anhänger. Und was man hier vor hundert Jahren für guten Rum hielt, ließe sich auf dem heutigen Markt nicht mehr absetzen.

Aufgrund der zusammengebrochenen Zuckerproduktion wird auf Antigua seit 1970 kein Zuckerrohr mehr kommerziell angebaut. Melasse wird auf dem Weltmarkt eingekauft. Nach relativ kurzer Gärdauer wird destilliert und ein Großteil des Rums aus der dritten von vier Säulen abgezogen, kleinere Mengen leichteren Rums auch aus der letzten Säule. Nach den gesetzlichen Vorschriften darf eine Destillerie auf Antigua ausschließlich Destillate mit weniger als 95%vol Alkoholgehalt produzieren. Je nachdem, in welcher Säule der Rum kondensiert wurde, wird das rohe Destillat vor der Faßreifung auf 70 oder 80%vol reduziert.

Vor ein paar Jahren stand die Destillerie vor der schwierigen Situation, ihre altersschwache kupferne Brennanlage austauschen zu müssen. Bei der englischen Firma John Dore and Company wurde eine neue 4-Säulen-Anlage in Auftrag gegeben. Man war sich einig darüber, daß sie wieder aus Kupfer sein sollte – dieses Metall produziert im Vergleich zu Edelstahl den wesentlich aromatischeren Rum. Außerdem sollte die neue Anlage Destillate liefern, die den früheren so ähnlich wie möglich waren. Antiguas trockenes Klima trug früher dazu bei, Zucker von hoher Qualität zu produzieren. Heute nützt es dem Reifungsprozeß der Rums, die auf der Insel ruhen: Trockenheit der Umgebung führt zu stärkerer Verdunstung und damit zu einem weicheren faßgereiften Rum.

Die Antigua Distillery Limited hat sich auf ihre Fahnen geschrieben, den bestmöglichen gereiften Rum zu produzieren – hierzu werden ausgebrannte Eichenfässer mit einem Fassungsvermögen von 200 Litern verwendet. Durch liegende Einlagerung der Fässer wird die Kontaktfläche zwischen Holz und Rum maximiert, mithin die Geschmacksentwicklung während der Reife optimiert.

Ein Großteil der Produktion dieser Destillerie wird bislang in der Karibik vertrieben. Inzwischen gibt es jedoch auch erste Abnahmeverträge zur Vermarktung über die Getränkehandelskette »ABC Liquor Stores« in Florida. Darüber hinaus soll Cavalier Antigua Rum schon bald auch in Großbritannien abgefüllt werden, um von dort aus den wachsenden britischen Markt und das europäische Festland zu bedienen. Die Antigua Distillery Limited betreibt ein durchaus aggressives Marketing – halten Sie also Ausschau nach neuen Produkten, zu denen auch zehn Jahre gereifte und noch ältere Rums gehören können. Die Einführung solcher Produkte dürfte diese kleine bis mittelgroße Destillerie in die Spitze der Qualitätsrums der östlichen Karibik katapultieren.

Die Nachfahren von zwei der Destilleriegründer betreiben Spirituosenläden in St. John's. »Manuel Dias Liquor Store« liegt an der Kreuzung von Long und Market Street, »Quin Farara's Liquor Stores« schräg gegenüber an der Ecke Long Street / Corn Alley, gleich neben dem neuen Yachthafen »Jolly Harbour Marina«. Diese beiden netten Läden verfügen über ein großes Sortiment an importierten Spirituosen und führen sämtliche Produkte der Antigua Distillery Limited.

ANTIGUA DISTILLERY LIMITED
ST. JOHN'S, ANTIGUA

Gegründet 1932
Fermentation: Melasse, kurze Gärdauer von weniger als 36 Stunden
Brenntechnik: Kontinuierlich arbeitende 4-Säulen-Brennanlage aus
Kupfer

Cavalier Antigua Rum (»Light« und »Dark«)
Alkoholgehalt: Light 43%vol, Dark 75,5%vol
Alter: Zwei Jahre
Anmerkungen: Die Bezeichnungen »Light« und
»Dark« beziehen sich auf die Farbe. Der »leich-
te« Rum wurde zur Aufhellung kohlegefiltert, der
»dunkle« hingegen wurde leicht koloriert. Auf
den anderen Inseln wird Cavalier gemeinhin
»Antigua« genannt.

Cavalier Five-Year-Old Rum
Alkoholgehalt: 43%vol
Alter: Fünf Jahre
Anmerkungen: Verschnitt gereifter Rums, lediglich als dunkler Rum
abgefüllt. Erhältlich überall auf Antigua und auf einigen anderen
Inseln.

English Harbour Antigua Rum
Alkoholgehalt: 40%vol
Anmerkungen: Verschnitt sechsjähriger Rums der
Antigua Distillery Limited. Seit seiner Marktein-
führung vor ein paar Jahren der Premium-Rum
dieser Destillerie.
Es gibt Pläne, unter dem »English Harbour«-
Label zusätzlich einen 3jährigen Verschnitt für
den Exportmarkt aufzulegen.

Jedes Jahr am letzten Maisonntag zieht es Hunderte von Yachten zum glasklaren Meer und dem warmen Klima von Antigua. Was als unterhaltsame Spaß-Regatta für eine ruhige Woche in der Zwischensaison begann, nennt sich heute »Antigua Sailing Week« – und ist ein weltberühmtes Segelereignis.

Ob Sie als Teilnehmer an der Regatta kommen oder als Zuschauer – Sie werden sich bestimmt nicht langweilen. Es sei denn, Sie hätten keinen Spaß an großangelegten tropischen Strandpartys.

$\mathcal{B}$ OLANS

Dieser ruhige Ort nahe der Westküste Antiguas ist sehr bekannt bei den Rumliebhabern dieser Insel. Nachdem ich neben der Valley Church, südlich der neuen Jolly Harbour Marina, mein Ruderboot auf den Strand gezogen hatte, ging ich zu Fuß nach Bolans.

Gegenüber den beiden Tanksäulen arbeitet Bushy. Er ist zugleich Postamtsvorsteher und Ladeninhaber, und er verkauft feinste Rumverschnitte. John »Bushy« Angelo Barreto kam 1956 aus Madeira nach Antigua. Seither wohnt er über dem größten Laden am Ort. Im Erdgeschoß, an der rechten Seite des Hauses, in dem das Postamt und der kleine Tante-Emma-Laden untergebracht sind, werden Spirituosen verkauft.

Der Rum, den man hier auch kurz »Bolans« nennt, wird hochprozentig von der Antigua Distillery Limited bezogen, bevor Bushy den Alkoholgehalt fast auf die Hälfte reduziert. Je nachdem, was er gerade bekommt, füllt er auch verschiedene Rums unter verschiedenen Labels ab. Die Flasche, die ich für 6 Dollar erstand, trug zwar gar kein Etikett, aber das galt schließlich auch für die anderen Flaschen im Regal. Wenn Sie gleich eine ganze Kiste Rum kaufen wollen, wird Ihnen John nur zu gerne den Gefallen tun. Doch seien Sie nicht überrascht, wenn alle Flaschen anders aussehen – Recycling spielt natürlich auch auf diesen Inseln eine Rolle, nicht zuletzt bei Rumflaschen.

Es war Nachmittag geworden, als ich schließlich den einzigen Rum kaufte, der an diesem Tag verfügbar war – »Bushys Best Matured Rum«. Für den selben Abend war ich in den »Tot Club« in English Harbour eingeladen, so daß ich leider nicht mehr lange bleiben konnte. Das nächste Mal, wenn ich nach Antigua komme, werde ich sicher wieder zum Postamt von Bolans gehen. Vielleicht habe ich dann sogar einen Brief, den ich von dort aus nach Hause schicken kann.

BUSHY BARRETO'S BLENDS
BOLANS VILLAGE, ANTIGUA

Bushy's Best Matured Rum
Alkoholgehalt: 40%vol
Anmerkungen: Verschnitt von Destillaten der
   Antigua Distillery Limited; das Alter kann
   von Abfüllung zu Abfüllung variieren. Sehr
   beliebt an der Westküste Antiguas und geprägt von einem ganz eigenen Geschmack,
   der ihn deutlich von den in der Destillerie
   abgefüllten Cavalier Rums unterscheidet.

ⒹER »TOT CLUB«

Nachdem 1780 ein Hurrikan vor Barbados die englische Flotte arg ramponiert hatte, wurde die Reparaturwerft nach Antigua verlegt. 1784 kam Horatio Viscount Nelson in English Harbour an und übernahm das Kommando der englischen Flotte in den Leeward-Inseln. English Harbour bekam damals den Beinamen »Nelson's Dockyard«.
In jener Zeit wurden die Böden der aus Holz gebauten Schiffe mit Kupfer verkleidet, um sie vor Wurmbefall und anderen Schäd-lingen zu schützen, die im tropisch warmen Wasser praktisch alles befallen. Hunderte englischer Seeleute lebten auf der Insel, wäh-

rend ihre Schiffe repariert wurden. Der geschützt gelegene Seehafen wimmelte vor Aktivität. Hier konnte man alles kaufen, was an Bord benötigt wurde, einschließlich den Rumvorräten für die täglichen Rationen.

Der frühere »Copper and Lumber Store«, der Nelsons Schiffe mit Nachschub versorgte, ist heute ein elegantes Hotel mit Restaurant und Bar, ein Haus voller Antiquitäten und lebendiger Geschichte. Vor etwa zwölf Jahren setzte sich ein englischer Seemann nach 21 Jahren in der Königlichen Marine zur Ruhe, kam auf die Insel und ließ hier eine Tradition wieder aufleben, die am 31. August 1970 geendet hatte. Dieser Tradition nach wurde jeden Tag vor dem Mittagessen ein »tot« serviert – ein »Schlückchen«. Heute treffen sich die Mitglieder des »Tot Club« allerdings abends um 18 Uhr, um den täglichen Toast auf die Queen auszubringen.

Die Mitgliedschaft in diesem Club ist streng begrenzt. Nur wer mindestens viermal die Woche an den Zusammenkünften teilnimmt, wird als würdig betrachtet. Alle Mitglieder besitzen entweder eigene Yachten oder sind gar geschäftlich in der örtlichen Segelbootindustrie involviert. Clubgründer Mike Rose hat seine wunderschöne Yacht Paladin immer gechartert. Mein Gastgeber bei dieser abendlichen Zeremonie, Hamish Burgess-Simpson, ist Geschäftsführer der örtlichen Charterfirma Sun Yacht.

Normalerweise trifft sich der Tot Club in der »Gentlemen's Bar« des Copper and Lumber Store Hotels. Außerhalb der Saison jedoch, im Juni und Juli, kommt man – nach Absprache und vorheriger Reservierung – in anderen »Feuchtbiotopen« der Insel zusammen. Zuschauer bei der allabendlichen Zeremonie sind willkommen, die Mitglieder erwarten jedoch einen gewissen Respekt vor dieser alten Tradition der Royal Navy.

An den meisten Abenden fungiert Mike Rose als Zeremonienmeister. Alan Jeyes, der Eigentümer des Hotels und eines der Gründungsmitglieder des Clubs, betreut die Bar. Jedem Mitglied und geladenen Gast wird ein Glas mit etwa 7 cl Pusser's Blue Label Navy Rum serviert, dazu ein Glas Eiswasser – um den Geschmack zu neutralisieren, aber auch als »Feuerlöscher« für den Moment nach dem »Schlückchen«.

Pusser's Blue Label Navy Rum wird zwar bevorzugt, ist aber nicht immer verfügbar. Bei den meisten anderen Rums ist es schwierig, wenn nicht unmöglich, eine solche Menge auf einen Schluck zu trinken. Seine Weichheit hat dem Pusser's Blue Label eine sehr treue Anhängerschaft unter den Clubmitgliedern und in ganz English Harbour beschert.

Ein Gentleman mit weißem Bart versichert sich noch einmal, daß alles bereit ist. Stille Ehrerbietung bei den Anwesenden – Mitglieder, ein paar Ehefrauen, Freundinnen und respektvolle Beobachter. Die Gäste werden vorgestellt, gefolgt von der Aufforderung, den Geschmack im Mund zu neutralisieren. Nachdem alle etwas Wasser getrunken haben, ist es vollends still in dem hohen Barraum. Dann, unisono, wird der Toast des Tages ausgebracht – wobei alle Trinksprüche mit den gleichen Worten enden: »The Queen, God Bless Her!« – »Gott segne die Königin!« Darauf wird das »Schlückchen« getrunken – »ex«, versteht sich.

Solche Toasts wurden ursprünglich von Offizieren der Royal Navy ausgebracht und waren auch ein Spiegelbild des Lebens auf See. Zwei der traditionellen, wochentäglich wechselnden Trinksprüche wurden vom Tot Club geändert, um der heutigen Zeit Rechnung zu tragen:

Sonntag:
Auf abwesende Freunde und die Leute auf See.

Montag:
Auf unsere Schiffe auf See.

Dienstag:
Auf unsere Freunde. (Ursprünglich »Auf unsere Männer« – der Tot Club hat diesen Toast verändert, da keines der Mitglieder über eine Schiffsmannschaft verfügt.)

Mittwoch:
Auf uns selbst, da wohl keiner sonst sich um unser Wohlergehen schert.

Donnerstag:
Auf einen blutigen Krieg und schnelle Beförderung. *(Ein sehr »west-*
indischer« Toast, ursprünglich: »Auf einen blutigen Krieg und eine unge-
sunde Jahreszeit« – beides konnte Vorgesetzte schnell dahinraffen und das
berufliche Fortkommen Untergebener beschleunigen.)

Freitag:
Auf einen bereitwilligen Feind und auf Seeräume.

Samstag:
Auf Geliebte und auf Ehefrauen. Mögen sie sich nie begegnen.

Die Seeleute der Royal Navy wurden »limeys« genannt – nach dem
lime juice, Limonen- oder Limettensaft, den sie zum Schutz vor
Skorbut tranken. In den Augen der Zivilisten in English Harbour
waren die »limeys« augenscheinlich auf Urlaub, wenn ihr Schiff im
Hafen lag. Sie tranken, was am einfachsten zu bekommen war –
Rum – und waren im übrigen auf dasselbe aus wie alle Seeleute in
ihrer Freizeit – Mädchen. Dank dieser Gewohnheiten der »limeys«
wurde das Wort »liming« zum Synonym für rumhängen (auch im
Sinne von »am Rum hängen«) und sich amüsieren. Wenn Sie also
jemand zum »liming« einlädt – gönnen Sie es sich. Aber gehen Sie
niemandem auf den Leim.

Guadeloupe

So, wie sich die Sprache von Insel zu Insel ändert, verhält es sich auch mit den Vorlieben für Essen und Trinken. Wenn Sie das Etikett einer Rhumflasche lesen, suchen Sie nach den Worten »agricole«, »industriel« oder »traditionnel«. Diese Begriffe verraten Ihnen, ob der Rhum aus Zuckerrohrsaft oder aus Melasse hergestellt wurde.

Um sich »Rhum agricole« nennen zu können, darf das Destillat weder aus Melasse noch aus Zuckerrohrsirup, es muß aus frischem Zuckerrohrsaft gebrannt sein. Rhum agricole läßt sich grob in zwei Kategorien einteilen – Aperitif und Digestif. Wenn Sie einmal in einer Destillerie sind, achten Sie darauf, wie (beziehungsweise wann) man Ihnen den Rhum zur Verkostung präsentiert.

Ein Aperitif wird vor dem Essen getrunken und meist als Punsch aus weißem Rhum (Rhum blanc) serviert. In den meisten Destillerien nimmt man etwas Zuckerrohrsirup, gibt eine kleine Limettenscheibe und schließlich weißen Rhum ins Glas – manchmal wird auch mit etwas Wasser aufgefüllt. Einen solchen Drink bekommen Sie auch serviert, wenn Sie in einem Restaurant oder einer Bar einen »Rhum Punch« bestellen. Allerdings empfehlen die Destillerien unterschiedliche Anteile für die Zutaten zu diesem einfachen Drink, den man übrigens auch als »ti punch« bezeichnet. Es braucht zwar etwas Zeit und Geduld, bis man gelernt hat, einen guten »ti punch« zu mixen, doch Sie sollten es versuchen. Nach ein paar Monaten intensiver Recherchen zum Thema »Mixen und Trinken von französischem Rhum« war ich überrascht, wie sehr das mehr oder weniger sorgfältige Mixen dieses Cocktails über Genuß oder Verdruß von weißem »Rhum agricole« entscheiden kann.

Ein Digestif – der Verdauungsdrink nach dem Essen – läßt sich leicht an seiner dunkleren Farbe erkennen. Solche ausgereiften Rhums kann man pur genießen, mit etwas Zuckerrohrsirup oder mit einem ganz klein wenig Wasser verdünnt. Alle Destillerien geben ihren weißen Rhum zum Verkosten, weit stolzer aber sind sie auf ihre gereiften Produkte.

Es ist im Grunde leichter, einen Geschmack für diese gereiften Rhums zu entwickeln. Ich bin sicher, daß Sie nach dem Verkosten weißer Rhums überrascht sein werden, wie sich der Geschmack dieser Spirituosen mit zunehmender Reife verändert. Viele Menschen vergleichen diese gereiften Rhums –»Rhum vieux« oder »Old rhum« genannt – mit edlem Cognac. In der Tat wird ein großer Teil der zum Brennen von Rhum benötigten technischen Anlagen von französischen Herstellern gebaut, die auch Cognacerzeuger ausstatten. Obwohl sich Fermentation und Rohmaterialien grundlegend unterscheiden, gibt es doch im Hinblick auf die Destillation große Ähnlichkeiten zwischen Cognac und Rhum.

Der Begriff »paille« bezeichnet einen strohblonden Rhum, der maximal drei Jahre, meist jedoch zwischen 12 und 18 Monaten gelagert wurde. Rhum paille ist preisgünstiger als rhum vieux, und doch schon weicher als rhum blanc – und er ergibt einen guten »ti punch«.

Von »Rhum industriel« sind mir nur wenige Beispiele begegnet. Ich bezeichne sie im folgenden auch als »Rhum traditionnel«. Diese Destillate werden aus fermentierter Melasse hergestellt und lassen sich daher kostengünstiger produzieren. Der meiste auf den französischen Westindischen Inseln hergestellte Rhum industriel wird nach Europa exportiert und unter einer Vielzahl von Labels abgefüllt.

Die Reifedauer für Rhum vieux liegt zwischen wenigstens drei, vier Jahren am unteren und zwanzig Jahren oder mehr am oberen Ende der Skala. Nach französischen Gesetzen muß Rhum vieux mindestens drei Jahre in Fässern von maximal 650 Litern Fassungsvermögen gelagert worden sein. Nur solcher Rhum, der vor dem 1. Juli ins Faß kam, wird ein Jahr später als Einjähriger eingestuft. Sämtliche Destillerien benutzen Fässer, die vorher für den Ausbau von Whiskey oder Cognac verwendet wurden. Da kleinere Fässer den Effekt der Reifung verstärken, faßt keines der zum Einsatz kommenden Fässer mehr als 250 Liter.

Bei gereiften Rhums werden Ihnen auch Unterschiede in der Farbe auffallen, die zum Teil auf die individuellen Fässer zurückzuführen sind, ihren Grund aber auch in einer Färbung durch Zugabe von Zuckercouleur haben können. Keine Destillerie möchte gerne in dem Ruf stehen, ihren Rhum stark einzufärben. Doch man ist sich allgemein darüber einig, daß viele Rhums koloriert werden. Vergleichen Sie die verschiedenen Farben, Altersstufen, Duft- und Geschmacksrichtungen – und bilden Sie sich Ihr eigenes Urteil.

$\mathcal{R}$ HUM MARSOLLE

Bestrebt, alle Rhums der östlichen Karibik zu entdecken, stieß ich auf einen, der lediglich als rhum blanc verkauft wird. Rhum Marsolle ist ein Verschnitt weißer Rhums aus den Brennereien Montebello und Séverin. Nach seiner Markteinführung Weihnachten 1992 gewann dieser Rhum bereits im darauffolgenden Jahr auf der Landwirtschaftsausstellung in Paris die Goldmedaille.
Die Familie Marsolle ist seit vielen Generationen im Rhumgeschäft von Guadeloupe tätig. Das Ergebnis ihrer ganzen Erfahrung ist dieser preiswürdige weiße Rhum agricole.

CLAUDE MARSOLLE & CIE
POINTE-À-PITRE, GUADELOUPE

Rhum Marsolle
Alkoholgehalt: 50%vol
Anmerkungen: Ein Blend aus weißem Rhum agricole der auf Guadeloupe beheimateten Destillerien Montebello und Séverin – dieser Rhum-
Verschnitt unterscheidet sich überraschend deutlich von seinen beiden Einzelbestandteilen.

Anhand dieser ältesten Destillerie von Guadeloupe läßt sich die ganze wechselvolle Geschichte der Insel und ihrer Bewohner zeigen, einschließlich der Konflikte, die sie durchstehen mußten, nachdem Anfang des 17. Jahrhunderts der Zucker eingeführt worden war.

Im 16. Jahrhundert verließ die ursprünglich aus Frankreich stammende, protestantische Familie de Bologne Holland, um in die spanische Kolonie Brasilien auszuwandern. Während die Spanier in der Neuen Welt nach Gold suchten, kamen die holländischen Flüchtlinge zu Wohlstand, indem sie Zuckerrohr anbauten und den Zucker nach Europa verkauften.

1640 wurde Portugal von Spanien unabhängig. Daraufhin verbündeten sich Portugal und Brasilien gegen die holländischen Pflanzer – die Einwanderer waren abermals gezwungen, ihr Land zu verlassen. Nachdem ihnen verweigert wurde, auf der katholischen Insel Martinique an Land zu gehen, erreichte ein Konvoi aus mehreren Schiffen mit zwölfhundert Flüchtlingen schließlich Anfang 1654 Guadeloupe. Die wohlhabende Familie de Bologne hatte Gold, Silber, Sklaven und technische Geräte aus ihrer Zuckerfabrik an Bord.

Bis zum Jahre 1664 hatten Louis de Bologne und seine beiden Söhne Guillaume und Pierre ihren Zuckerhandel weitestgehend wieder aufgebaut, im Südwesten von Guadeloupe. Genau einhundert Jahre lang hatte die Familie Erfolg – 1764 jedoch konnte Joseph Samuel de Bologne seine Schulden nicht mehr bezahlen und mußte verkaufen.

Nur dreizehn Jahre danach hatte das Gut – bestehend aus Zuckermühle und -fabrik, Destillerie, einem schönen, aus Ziegelsteinen gemauerten Herrenhaus, einer separaten Küche, Geflügelställen und einem Gefängnis – noch weitere drei Mal den Besitzer gewechselt.

Zwei Jahre später brach in Paris die Französische Revolution (1789-1802) aus, die das Leben aller grundlegend verändern sollte, vom Sklaven in den Kolonien bis zum König. Nach Unterzeichnung des Dekrets zur Abschaffung der Sklaverei am 4. Februar 1794 schlossen sich zahlreiche befreite Sklaven den Revolutionstruppen an und zogen in den Krieg oder machten sich aus dem Staub. Acht Jahre später wurde die Sklaverei wieder eingeführt, doch im Zuge der Kämpfe waren die Güter so zerstört worden, daß sie nicht mehr in der Lage waren, Zucker zu produzieren. Das Haus Bologne und seine Zuckerfabrik wechselten abermals den Besitzer, bevor am 26. Mai 1830 ein gewisser Jean-Antoine Ame-Noel die Fabrik kaufte. Ein schwarzer Mann, »frei von Geburt«, der ursprünglich aus Bouillante stammte. Er war Freimaurer, Fischer, Korsar, Spekulant und Kaffeepflanzer gewesen. Bis zu jenem Tag hatte noch nie ein Schwarzer eine Zuckerfabrik von solcher Bedeutung besessen.

Das Anwesen bestand inzwischen aus mehreren Haupthäusern, einer verbesserten Zuckermühle, vier Siedepfannen, Filtern für die Zuckerherstellung und einer Mühle mit vier Steinen zum Mahlen von Maniok. Die Zuckermühle und das steinerne Aquädukt, über das Wasser vom Fluß herangeführt wurde, kann man dort heute noch sehen.

Die endgültige Abschaffung der Sklaverei 1848 verschärfte die wirtschaftlichen Probleme der Pflanzer und brachte Jean-Antoine auf die Idee, eine landwirtschaftliche Genossenschaft aus sechzig Anbauern auf die Beine zu stellen. Die Gewinne daraus wurden zwischen den Eigentümern des Landes und der technischen Anlagen sowie den Arbeitern gerecht aufgeteilt.

1850 wurde Jean-Antoine in einem kleinen Garten neben der Destillerie beerdigt, mitten auf seinen 140 Hektar großen Ländereien. Francois Joseph Ame-Noel erbte das Vermögen seines Onkels, doch trotz all seiner Anstrengungen ging es mit der Zuckerindustrie weiter bergab. 1874 schließlich konnte er seine Schulden nicht mehr begleichen, und der Besitz wurde versteigert.

1873 errichtete die Firma Le Dentu and Cie eine zentrale Zuckerfabrik namens Usine de la Basse-Terre. Dieses Ereignis markierte einen Wendepunkt in der Entwicklung der Zuckerindustrie. Moderne Maschinen wurden importiert, mit denen sich die Effizienz der Zuckerkristallisation verdreifachen ließ. Sogar eine Eisenbahnlinie wurde gebaut, um Zuckerrohr zur Fabrik zu transportieren. Eine Million Francs wurden durch den Verkauf von Schuldverschreibungen aufgebracht, um dieses Unternehmen zu finanzieren, und 1875 wurde das Haus Bologne einem M. Emile Le Dentu überschrieben, zur eigenen Nutzung.

Als Usine de la Basse-Terre die gigantischen Schulden nicht mehr bedienen konnte, die das Unternehmen aufgehäuft hatte, wurden die Besitzungen bei einer Auktion im Jahre 1887 erneut aufgeteilt. Am 30. November 1930 wurden Haus und Ländereien von M. Louis Sargenton-Callard erworben. Seither fand kein Verkauf mehr statt. Heute ist Suzanne Sargenton-Callard verantwortlich für den Betrieb der Destillerie von Bologne.

Es ist eine interessante Busfahrt von Deshaies aus nach Baillif, etwas nördlich von Basse-Terre gelegen. Fahren Sie früh los, der 8-Uhr-Bus nach Basse-Terre hält gleich an der Hafenmole, neben dem Gemüsestand. Während Sie warten, können Sie in einem der Straßencafés eine Tasse Kaffee und ein Croissant bekommen. Ein wenig südlich des Flugplatzes von Basse-Terre hat man einen guten Blick auf die Destillerie Bologne, auf der linken Seite, oberhalb der steilen gepflasterten Straße in den Zuckerrohrfeldern.

Als sich, Ende des 19. Jahrhunderts, die Zuckerherstellung nicht mehr lohnte, begann sich Bologne auf das Brennen von weißem Rhum agricole zu spezialisieren. Die Herstellung beginnt damit, daß reifes Zuckerrohr auf den Feldern rund um die Destillerie und auf anderen Farmen auf Guadeloupe von Hand geschnitten wird. Nachdem das Zuckerrohr gewogen wurde, wird der Saft, der sogenannte »vesou«, herausgepreßt. Der gefilterte Saft wird in einen der acht 50 000-Liter-Fermentationstanks gepumpt. Während der Gärung, die 24 bis 48 Stunden dauert, sorgt die in diesen großen Behältern entstehende Hitze für eine natürliche Umwälzung. Diese Zirkulation, die große Kesseloberfläche und der Schatten des Wellblechgebäudes tragen dazu bei, daß zu große Hitze abgeleitet und die Gefahr des Überkochens reduziert wird.

Nach der Vergärung wird die Maische (man nennt sie hier »grappe« oder »cane wine«) in einer von zwei identischen Säulenbrennanlagen aus Kupfer destilliert. Die wunderschön gearbeiteten

Kupferrohre und die auf Hochglanz polierten Säulen sind wahre Meisterwerke der Handwerkskunst.

Einzigartig an Bologne ist, daß der Rhum hier nur auf etwa 55 bis 60%vol Alkohol destilliert wird – hierdurch kommt im Destillat mehr vom eigentlichen Zuckerrohrgeschmack zur Geltung. Diese Praxis erfordert allerdings eine strenge Qualitätskontrolle des Zuckerrohrs und des Gärverlaufs – und viel Fingerspitzengefühl vom Brennmeister, dem »maître rhumier«. Zuckerrohr von einem vorher abgebrannten Feld beispielsweise würde den Geschmack des Endprodukts negativ beeinflussen.

Nach vorsichtiger Destillation wird der wasserklare, rohe Rhum, der »rhum distillerie coulage«, in große Eichenfässer gefüllt und ruht dort bis zu sechs Monate, während der sich der Geschmack des Destillates verbessert. Anschließend an diese Ruhezeit wird der Rhum mit reinem Quellwasser auf einen Alkoholgehalt von 50%vol herabgesetzt und gefiltert, bevor er schließlich in Edelstahltanks auf seine Abfüllung wartet.

Zwischen November und August produziert Bologne 1,4 Millionen Liter Rhum, abgefüllt wird das ganze Jahr über. Um die Produktions- und Lagerkosten so klein wie möglich zu halten, werden ausschließlich Literflaschen mit 50%igem weißen Rhum abgefüllt. Bei der Abfüllung wird auf jedes Etikett eine Partienummer mit Produktionsdatum gestempelt. Die Endprodukte unterscheiden sich zwar kaum voneinander – der Inhalt einer kurz vor Jahresende abgefüllten Flasche konnte allerdings am längsten reifen und ist daher zumindest theoretisch am weichsten. Bei genauen Endkontrollen zeigen sich leichte Farbunterschiede, die von längerer Reife in den Eichenfässern herrühren.

Geführte Besichtigungen finden bei Bologne während der Hauptsaison täglich von 9 bis 13 Uhr statt. Schauen Sie einmal vorbei, und entdecken Sie selbst, welche speziellen Qualitäten der niedrige Alkoholgehalt des Destillats und die Harmonisierung in Eichenfässern dem beliebtesten weißen Rhum auf Guadeloupe verleihen.

BOLOGNE DISTILLERY
BASSE-TERRE, GUADELOUPE

Gegründet 1664

Fermentation: Frisch gepreßter Zuckerrohrsaft, Gärdauer 24 bis 48
Stunden

Brenntechnik: Zwei einzelne, kontinuierlich arbeitende Säulenbrennanlagen aus Kupfer

Rhum Bologne

Alkoholgehalt: 50%vol

Alter: Nach der Destillation ruht der Rhum bis zu
sechs Monate in großen Eichenfässern

Anmerkungen: Bedingt durch die von November
bis August dauernde Destillationsphase ist der
zum Jahresende hin abgefüllte Rhum am längsten
gereift und daher etwas weicher – achten Sie auf
die datierte Partienummer auf dem Etikett. Der
einzigartige Geschmack ist Ergebnis niedrig-
gradiger Destillation und einer Harmonisierung
in Eichenfässern. Das einzige Produkt dieser Destillerie ist der popu-
lärste weiße Rhum auf Guadeloupe.

S ÉVERIN

Der spektakuläre Blick, den man von dieser Destillerie aus auf den
Norden von Guadeloupe hat, gehört zu den größten Sehens-
würdigkeiten der Karibik. Zwischen der Nordküste von Basse-
Terre und dem Gebirgskamm, der sich fast über die gesamte Länge
der Insel erstreckt, dehnen sich fruchtbare Zuckerrohrfelder aus,
vom Meer bis zu den steil ansteigenden Bergen. Wolken, die von
Osten her auf die Berge zutreiben, regnen über den Anpflanzungen
ab – eine Szenerie, die man einfach mit eigenen Augen gesehen
haben muß.

Sobald Sie die nördliche Küstenstraße östlich von Sainte Marie über den Rivière Goyaves geführt hat, fahren Sie nach Süden. Etwa einen Kilometer weiter sehen Sie auf der linken Seite eine der letzten Zuckerfabriken von Guadeloupe, und Sie spüren den süßen Duft von Melasse in der Luft. Ein paar hundert Meter weiter weist ein Schild nach rechts, zur Domain de Séverin.

Wenn man auf diesem Gut ankommt, hat man den Eindruck, als sei man in einer gepflegten Hotelanlage: überall blühende tropische Pflanzen und Obstbäume. In einem Restaurant, von dem aus man die großartige Aussicht bis zum Ozean genießen kann, wird gerade das Mittagessen serviert.

Séverin wurde erst 1929 von der Familie Marsolle gegründet. Es handelt sich also, im Vergleich zu manch anderen auf Guadeloupe, um eine recht junge Destillerie. Auf den Feldern rund um das Anwesen wird einjähriges Zuckerrohr von Hand geschnitten, gebündelt und auf Traktoranhänger geladen. Nach dem Wiegen wird es manuell auf ein Förderband entladen, wo es von einer elektrischen Machete zerkleinert wird, bevor es zweimal die alte Zuckerrohrpresse mit ihren drei Walzen durchläuft. Das Wasserrad – Herzstück der Destillerie – wird von einem Bergbach angetrieben. Die festen Pflanzenteile werden von einem Gittersieb aufgefangen und nochmals gepreßt. Dieser Arbeitsgang vollzieht sich normalerweise mechanisch, während hier fast alles von Hand gemacht wird.

Von der Presse aus wird der Saft mittels einer elektrischen Pumpe in Gärtanks aus Edelstahl befördert. Unter der heißen Tropensonne kochen diese Tanks während der 48stündigen Vergärung buchstäblich über. Nach Abschluß des Gärvorgangs wird die Maische in einer neuen Edelstahlsäule destilliert. Vor ein paar Jahren wurde die ursprüngliche Kupfersäule ausgetauscht, da sich eine Reparatur nicht mehr gelohnt hätte – der Zahn der Zeit hatte allzusehr an ihr genagt.

Nach der Destillation wird der Rhum auf 50%vol Alkoholgehalt reduziert und entweder als »Séverin Rhum Blanc« auf Flaschen oder zur Reifung in 250-Liter-Fässer gefüllt. Nicht weniger als sechs Jahre später wird der ausgereifte Rhum mit 45%vol als »Séverin Rhum Vieux« abgefüllt. Auf der Halsbanderole der Flasche kann man das Jahr der Destillation ablesen. Dieser Rhum wird grundsätzlich vor der neuen Brennsaison abgefüllt, um rechtzeitig vor der folgenden Saison genügend leere Fässer zur Verfügung zu haben.

Obwohl es sich um eine kleine Destillerie handelt, produzieren die Mitarbeiter von Séverin in jedem Jahr zwischen Januar und Juli rund 210 000 Liter Rhum. In einem kleinen Nebengebäude werden von Hand körbeweise kleine grüne Pfefferschoten vorbereitet, um eine scharfe Sauce daraus zu kochen. Aus Versehen habe ich einmal eine solche Schote gegessen. Eine Erfahrung, die meine Ansichten über karibische Peperoni von Grund auf verändert hat. Wenn Sie scharfe Saucen mögen – diese Pfefferschoten werden Sie auf das schärfste zufriedenstellen.

Die Domain de Séverin ist ein sehr schönes und angenehmes Ziel für eine Besichtigung. Hier kann man aus nächster Nähe betrachten, wie Zuckerrohr verarbeitet, vergoren und destilliert wird. Führungen durch diese beliebte Touristenattraktion finden jede halbe Stunde von etwa 10 Uhr vormittags bis in den frühen Nachmittag hinein statt.

DOMAIN DE SÉVERIN DISTILLERY
SAINTE ROSE, GUADELOUPE

Gegründet 1929
Fermentation: Frisch gepreßter Zuckerrohrsaft,
    Gärdauer 48 Stunden
Brenntechnik: Einzelne, kontinuierliche Edelstahl-
    Säulenbrennanlage

Séverin Rhum Blanc
Alkoholgehalt: 50%vol
Alter: Bei faßgereiften Qualitäten findet man das
    Jahr der Destillation auf der Halsbanderole
Anmerkungen: Dieser Rhum gewann die Goldmedaille bei der Land-
wirtschaftsausstellung in Paris 1992. Er wird auch für einen Großteil
der in der Destillerie hergestellten Fruchtpunsche verwendet.

Séverin Rhum Vieux
Alkoholgehalt: 45%vol
Alter: Mindestens sechs Jahre
Anmerkungen: Um festzustellen, in welchem Jahr der Rhum destilliert
  wurde, siehe Angabe auf der Flasche. Die Destillerie verfügt über
  keinen großen Lagerbestand an gereiften Rhums, so daß das Alter
  eines Rhum Vieux auch tatsächlich ungefähr der Anzahl von Jahren
  seit der angegebenen Destillation entspricht.

Wenn Sie auf den Straßen von Guadeloupe unterwegs sind, werden
Sie dort immer wieder Zuckerrohrstengel liegen sehen, die von den
Anhängern gefallen sind, auf denen sie zu den Destillerien und
Zuckerfabriken transportiert werden. Sofern es sich um ein langes
Rohr handelt, das unten schräg abgeschnitten wurde, handelt es
sich höchstwahrscheinlich um handgeerntetes Zuckerrohr. Bei
maschineller Ernte wird der Stengel mit geraden, also rechtwink-
ligen Schnitten in etwa 40 Zentimeter lange Stücke geteilt.

S IMONNET

Da ich tagelang viele Meilen weit gelaufen war, bestieg ich in
Pointe-à-Pitre den Bus, um nach Pris d'Eau zu fahren. Ich hoffte,
auf dieser Route so nahe wie möglich zur Destillerie zu gelangen.
Wenn man von rechts den Geruch von Melasse und der Zuckerherstellung wahrnimmt und von links die Düfte gärender Maische
und reifender Rhums, dann weiß man, daß man angekommen ist.
Von allen Destillerien und Zuckerfabriken, die ich besucht habe, ist
dies die einzige, durch die die Straße mitten hindurchführt.
1928 wurde diese Zuckerfabrik (oder »sucrerie«, wie man in Guadeloupe sagt) von einem Monsieur Remonique erbaut. Seit damals
werden Zuckerfabrik und Destillerie vom französischen Staat kontrolliert. 1967 wurde die Brennerei an eine von Charles Simonnet
geführte Firma verkauft, blieb aber physisch mit der Zuckerfabrik
verbunden. Durch die Rohre über der Straße werden frischer

Zuckerrohrsaft, Melasse und heißer Dampf von der Zuckerfabrik zur Brennerei geleitet.

Während der ersten Monate des Jahres, zur Zeit der Zuckerrohrernte, wird ein Teil des in der Zuckerfabrik erzeugten Saftes für die Produktion von Rhum agricole abgezweigt und vergoren. In den folgenden Monaten wird Melasse für die Herstellung von Rhum industriel fermentiert. Nach 24stündiger Gärdauer wird die Maische in eine einzigartige Brennanlage geleitet.

In dieser Spezialanfertigung werden die Dämpfe der ersten Säule nicht kondensiert. Statt dessen werden sie direkt über eine große Röhre unten in die zweite Säule geleitet. Eine einzelne Säule wäre wesentlich höher gewesen als die Gebäude und hätte hier ganz andere Probleme aufgeworfen – denken Sie etwa an die Gefahr durch Hurrikane, die gelegentlich über diese Insel ziehen. Und: In einer höheren Säule entsteht auf Melasse-Basis hochprozentiger Rhum industriel.

Im Lagerhaus ruhen und reifen, in Stahlregalen auf der Seite liegend, mehr als dreitausend Fässer – zum Teil mit einem Fassungsvermögen von nur 190 Litern. In den Monaten Juli und August werden sämtliche Fässer nach guter alter französischer Tradition (man bezeichnet dieses Verfahren als »houillage«) mit neuem, jedoch gleichartigem Rhum aufgefüllt – schließlich verliert jedes Faß (bei einer Durchschnittstemperatur von 27 Grad Celsius im Lagerhaus) jährlich 10 bis 15 Prozent seines Inhalts.

Unter dem Dach werden neuerdings Ventilatoren installiert, um die Temperatur und damit hoffentlich auch die Verdunstung aus den Fässern zu reduzieren. Die Verdunstung während der Reifedauer in Grenzen zu halten ist immer wieder ein Problem auf diesen tropischen Inseln. Alle Destillerien schreiben diesem Phänomen eine bessere Reifung und Qualität zu – auf der anderen Seite möchten sie die mengenmäßigen Verluste, die von Jahr zu Jahr einen höheren Wert darstellen, so weit wie möglich begrenzen.

Etwa 90 Prozent der zwei Millionen Liter, die hier jährlich destilliert werden, gehen nach Frankreich. Dort wird der Rhum unter dem Label Charles Simonnet abgefüllt oder an andere Abfüller verkauft. Er wird auch faßweise verkauft, an die Firma Madras in

Pointe-à-Pitre, die Rhum verschneidet und abfüllt sowie verschiedene Sorten Sirup mit Fruchtgeschmack herstellt. Madras exportiert den Großteil seiner Produkte nach Frankreich, sie sind aber auch auf der Insel erhältlich.

Geführte Besichtigungen finden bei Simonnet ausschließlich mittwochs statt. Eine unterhaltsame Art, etwas vom Land zu sehen und eine ungewöhnliche Destillerie kennenzulernen.

GRAND RHUMS CHARLES SIMONNET DISTILLERY
PRIS D'EAU, GUADELOUPE

Gegründet 1967

Fermentation: Für Rhum agricole wird Zuckerrohrsaft, für Rhum industriel Melasse 24 Stunden lang vergoren

Brenntechnik: Kontinuierliche 2-Säulen-Anlage aus Edelstahl

Rhum Charles Simonnet

Alkoholgehalt: 50 bzw. 55%vol

Alter: Ungereift

Anmerkungen: Weißer Rhum agricole, in Frankreich abgefüllt.

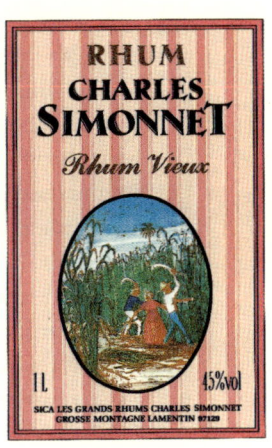

Charles Simonnet Rhum Vieux

Alkoholgehalt: 45%vol

Alter: Mindestens vier Jahre

Anmerkungen: Die Etiketten beider in Frankreich abgefüllten Rhums agricole sind sich sehr ähnlich – die Flaschen sind aber gut unterscheidbar, dank der Farbe ihres Inhalts.

Fajou Rhum Blanc Assemblage

Alkoholgehalt: 50%vol

Alter: Ungereift

Anmerkungen: Verschnitt aus Rhum industriel und Rhum agricole. Daher auch etwas preisgünstiger als unverschnittener Rhum agricole.

93

Auch wenn auf den Flaschenetiketten eine Adresse in Capesterre angegeben ist – diese Destillerie liegt genauer betrachtet etwas südlich von St. Anne. Ein Hinweisschild an der östlichen Küstenstraße von Basse-Terre weist nach Neuf Chateau. Ein paar hundert Meter westwärts auf dieser Straße führen durch die Zuckerrohrfelder dieser Brennerei, deren Schornstein man schon von weitem sehen kann. Mehrere große Palmen markieren die Einfahrt zum Anwesen.

1995 feierte diese Familienbrennerei ihr 100jähriges Bestehen. Auf den Grundmauern des früheren Brennhauses steht heute eine dreirädrige Zuckerrohrpresse, die bis 1968 auf Martinique Dienst getan hatte. Dahinter stehen alte Holzbalken, die früher die alte Brennsäule gestützt haben, pechschwarz nach vielen Jahren in Hitze und Rauch. Ein paar der alten Leitungsrohre sind auch noch übrig, ragen aus einem Teil des alten Kondensators.

Ein Blick auf den Schreibtisch des Brennmeisters – neben der Stelle, an der früher die Brennanlage stand – verrät, daß es hier eine Menge langer, heißer Arbeitstage gegeben haben muß. Obwohl solche Tage sehr lang sein können, enden sie hier wenigstens bei Sonnenuntergang: Es gibt bis heute kein elektrisches Licht im Brennereischuppen. Hier wird mit Dampf gearbeitet, der durch Verbrennen des ausgepreßten Zuckerrohrs erzeugt wird – Mon Repos ist eine der wenigen Destillerien, die keine elektrischen Pumpen einsetzt.

Zwischen Dezember und Mai wird auf den Feldern des Anwesens einjähriges Zuckerrohr geerntet. Nach dem Auspressen wird der frische Saft zwei Tage lang in einem von sechs 1500 Liter fassenden Gärtanks fermentiert. Ohne Pumpen, die umwälzen und abkühlen, kann die gärende Maische bei sehr warmem Wetter überhitzen. Wird die Fermentation einmal unterbrochen, kann man die Maische wegkippen.

Vor etwa elf Jahren wurde die alte kupferne Brennsäule durch eine neue aus Edelstahl ersetzt, mit der man 6000 Liter Rhum am Tag produzieren kann. Da man für die Herstellung von einem Liter

Rhum etwa zehn Liter vergorenen Zuckerrohrsaft benötigt, orientiert sich die Kapazität dieser Destillerie jedoch an der Maischemenge, die maximal zur Verfügung steht. Nachdem erste Versuche gezeigt hatten, daß sich mit der neuen Edelstahlsäule nicht der gewohnte Aromareichtum erreichen ließ, wurde ihr Innenleben umgebaut, die Lochbleche teilweise durch Kupfer ersetzt. Der rohe Rhum hat einen Alkoholgehalt von etwa 72%vol. Um seinen Geschmack zu verbessern, wird er für zwei bis drei Monate in großen Eichenfässern gelagert, bevor er bis zu seiner Abfüllung in Edelstahltanks kommt. Der Tradition nach wird hier der erste Rhum der Saison anläßlich des Weihnachtsessens verkostet. Schon vor dem Festtagsdiner wird, quasi als Jahresabschluß, ein gereifter Rhum aus der privaten Reserve serviert.

Der Rhum der Destillerie Mon Repos wird unter zwei verschiedenen Markennamen abgefüllt. In Guadeloupe selbst findet man auf den Flaschen das rote Etikett mit dem Schriftzug Mon Repos. Der für den Export bestimmte Rhum bekommt ein Label mit dem Namen »Rhum Longueteau«. Wie dem auch sei, jede Flasche wird am Entstehungsort des Rhums abgefüllt.

Neben den Literflaschen Rhum blanc gibt es auch 25-cl-Fläschchen mit Plastikverschluß. Wenn es nach Monsieur Longueteau geht, verspricht der tägliche Konsum einer dieser kleinen Flaschen ein langes und gesundes Leben.

Das Gut erzeugt nicht nur Rhum, sondern nebenbei auch noch Bananen. Nach dem Zweiten Weltkrieg wurde damit begonnen, Bananen in Kühlschiffen zu den europäischen Märkten zu verschiffen. Die Ländereien dieses kleinen Familienbetriebes sind heute je zur Hälfte mit Bananenstauden und mit Zuckerrohr bepflanzt. Die Bananenanpflanzer der französischen Westindischen Inseln erfreuen sich in Frankreich etwas günstigerer Marktbedingungen als die Kollegen von den englischsprachigen Inseln, die von mittel- und südamerikanischer Konkurrenz verdrängt werden.

In der Destillerie werden keine organisierten Besichtigungen angeboten, einige Fremdenführer in Guadeloupe kommen allerdings im Rahmen ihrer Inselrundfahrten hierher. Wer immer es schafft, dieses kleine Anwesen ausfindig zu machen, wird dafür belohnt. Francois Longueteau ist zu Recht stolz auf den Rhum, den er und sein Vater in ihrer ein Jahrhundert alten Destillerie brennen, und er zeigt Ihnen mit Freuden, weshalb die beiden Mon Repos für den »besten Rhum der Welt« halten. Sie sollten versuchen, diese Destillerie noch am Vormittag zu besuchen, da der Großteil der Arbeit auf den Inseln morgens geleistet wird.

MON REPOS DISTILLERY
CAPESTERRE, GUADELOUPE

Gegründet 1895
Fermentation: Frisch gepreßter Zuckerrohrsaft, Gärdauer zwei Tage
Brenntechnik: Eine einzelne, kontinuierliche Säulenbrennanlage aus
Edelstahl mit Kupfer

Mon Repos Rhum Blanc
Alkoholgehalt: 50%vol
Alter: Ungereift, lediglich kurz in großen Eichenfässern harmonisiert
Anmerkungen: Dieser Rhum wird auch unter dem Markennamen Longueteau verkauft.

Mon Repos Rhum Vieux
Alkoholgehalt: 50%vol
Alter: Sieben Jahre
Anmerkungen: Einer der wenigen gereiften Rhums der französischen Inseln, die mit diesem Alkoholgehalt abgefüllt werden.

M ONTEBELLO

Die Carrere Distillery, besser bekannt unter dem Namen Montebello, liegt in der Nähe von Petit Bourg. Man erreicht sie über die neue Autobahn nach Süden. Folgen Sie am Kreisverkehr der Beschilderung, und wenn sich die Staße teilt, halten Sie sich rechts. Die Zuckerrohrfelder, die die Brennerei früher umgaben, haben der technischen Entwicklung Platz gemacht – die neuen, riesigen Gärtanks wirken in der Landschaft fast deplaciert. In den letzten Jahren hat diese Destillerie so stark expandiert, daß sie nun fast den gesamten Grundbesitz des Unternehmens einnimmt.

Mit fünfundzwanzig Mitarbeitern handelt es sich zwar nicht gerade um eine kleine Brennerei. Dennoch werden sämtliche Arbeitsgänge, von der Fermentation über die Destillation und Reifung bis hin zur Abfüllung, von der Familie Marsolle gründlich überwacht. Daß sie jedem Detail der Rhumherstellung Beachtung schenken, ist nur einer der Gründe für den Erfolg ihres Unternehmens.

Auf dem Grund und Boden von Montebello sind heute nur noch fünfzehn Hektar mit Zuckerrohr bepflanzt. Der Großteil des einjährigen Zuckerrohrs wird also von Farmern in der Gegend rund um Petit Bourg zugekauft. Sobald der Zuckergehalt bestimmt ist und für richtig befunden wird, folgen die Ernte und das Auspressen des Zuckerrohrs. In großen Fermentationstanks wird dem frischen Saft Hefe zugeführt, um den Gärvorgang zu beschleunigen. Mit in Brasilien entwickelten technischen Geräten wird der gärenden Maische ein Teil der Hefe wieder entzogen, um sie der nächsten Charge Saft zuzuführen – und immer so weiter.

Der frische Saft wird, wie in den anderen Destillerien der Region auch, etwa zwei Tage lang fermentiert, je nach der Temperatur der Maische im Gärverlauf. Die optimale Temperatur, bei der die Hefe den Zucker am effizientesten in Alkohol umwandeln kann, liegt bei 42 Grad Celsius – in den offenen Tanks und unter der Tropensonne ist jede Temperatur schwer einzustellen und konstant zu halten. Zur Kühlung wird die Außenhaut der Gärkessel mit Wasser berieselt. Nach Abschluß der Vergärung wird die Maische, die nunmehr einen Alkoholgehalt von 12%vol aufweist, in der kupfernen, Zwei-

Säulen-Brennanlage auf etwa 85%vol destilliert. Dies entspricht einem der höchsten Reinheitsgrade aller Destillerien auf Guadeloupe. Bedingt durch den Zuckergehalt des Rohmaterials und die spezielle Hefe, produziert Montebello aus einer Tonne Zuckerrohr lediglich etwa sechzig Liter Rhum.

Nach der Destillation darf der gesamte rohe Rhum erst einmal einen Monat lang in einem Edelstahltank ruhen. Soll er später als Montebello Rhum Blanc abgefüllt werden, verbringt er vor der Abfüllung noch mindestens eine Woche in einem Eichenfaß. Diese arbeitsintensive Prozedur unterstreicht im Ergebnis den Charakter des Rhums, der schließlich mit 50 beziehungsweise 55%vol Alkoholgehalt auf Flaschen gezogen wird. Die Abfüllung der gesamten Produktion findet in der Destillerie statt. Der Großteil des Rhums wird in Literflaschen abgefüllt, Flaschengrößen von 70, 50 und sogar 25 cl sind hier jedoch ebenfalls gebräuchlich.

Der Montebello Rhum Vieux wird nach mindestens viermonatiger Reifung mit 42%vol abgefüllt – ein etwas niedrigerer Alkoholgehalt, als in den meisten anderen Destillerien für einen gereiften Rhum üblich. Derzeit produziert Montebello vier, fünf und acht Jahre alten Rhum. Eine Halsbanderole auf jeder Flasche bezeichnet das Jahr der Destillation. Da diese Rhums entsprechend der Nachfrage aufgelegt werden, kann man anhand dieser Angabe das tatsächliche Alter des Rhums in etwa einschätzen. Für die Zukunft plant Montebello, auch einen zehn Jahre alten Rhum herauszubringen. Eine der diesbezüglichen Überlegungen gilt der Verpackung – ein so alter Rhum verdient eine ganz besondere Flasche. Und das Etikett sollte ebenfalls dem ganz besonderen Inhalt gerecht werden.

Nach einem Quotensystem, das nach dem Zweiten Weltkrieg eingeführt wurde, darf Montebello jährlich 350 000 Liter reinen Alkohols verkaufen. Gegenwärtig bleibt die Destillerie, die einen Großteil ihrer Produktion nach Frankreich exportiert, deutlich darunter.

Es gehört zu diesem Quotensystem, daß der Absatz von Rhum auch tatsächlich kontrolliert wird – die produzierten Mengen werden dagegen nicht unter die Lupe genommen. Eine Destillerie kann

also ohne weiteres über die Quote hinaus seine Bestände auf-
stocken, um sie auszureifen und irgendwann in der Zukunft auf den
Markt zu bringen. Eine scheinbar einfache und naheliegende
Schlußfolgerung, doch große Mengen an Rhum sachgerecht zu
lagern ist ein kostspieliges Unterfangen, das außerdem einen beträchtlichen Planungsaufwand erfordert. Die Verfügbarkeit einer
ausreichenden Anzahl an Fässern ist dabei nur ein Problem, gut
belüftete Lagerräume das nächste. Das nötige Kapital, ein Produkt
herzustellen und es dann jahrelang einzulagern, macht die Sache
noch schwieriger.

Trotz aller Schwierigkeiten, die ein solches Quotensystem für den
Betrieb einer Destillerie mit sich bringt, wird es bei allen
Destillerien als integraler Bestandteil dieses Geschäfts betrachtet.

Wenn Sie irgendwann in der Zukunft einmal eine Besichtigungs-
tour unternehmen wollen, fangen Sie am besten bei dieser Destillerie an. Auch wenn es nicht die größte in Guadeloupe ist – der
Stolz Alain Marsolles und seiner Söhne funkelt in jeder Flasche
Montebello Rhum.

DISTILLERIE MONTEBELLO
PETIT BOURG, GUADELOUPE

Fermentation: Frischer Zuckerrohrsaft, Gärdauer
    zwei Tage
Brenntechnik: Kupferne Zwei-Säulen-Anlage

Montebello Rhum Blanc
Alkoholgehalt: 50 und 55 %vol
Alter: Ungereift; vor der Abfüllung eine Woche im
    Holzfaß
Anmerkungen: Gebrannt in einer der wenigen
    Zwei-Säulen-Anlagen der französischen Inseln.

Montebello Rhum Vieux
Alkoholgehalt: 42%vol
Alter: Mindestens vier Jahre
Anmerkungen: Jahr der Destillation auf der Halsbanderole; Abfüllung
wahrscheinlich während der letzten sechs Monate. Beachten Sie die
bevorstehende Markteinführung des 10jährigen Rhums aus dieser
Destillerie.

$\mathcal{D}$AMOISEAU

Im Gegensatz zu den wasserbetriebenen Zuckermühlen auf der
bergigen Insel Basse-Terre, ist die tief gelegene Landschaft von
Grand-Terre mit den Grundmauern früherer Windmühlen übersät.
Es sind die Ruinen kleiner Zuckerfabriken, zu denen meist auch
eine Brennerei gehörte.
Die Überreste einer dieser Windmühlen, die ihre Flügel einst den
östlichen Passatwinden zuwandte, liegen neben dem neuen Besucherzentrum der Destillerie Bellevue. Vor dem Ende des letzten
Jahrhunderts, als noch große Nachfrage nach Zucker bestand, er-
setzten Dampfmaschinen diese Windmühle, um die Produktion für
diesen lukrativen Markt zu steigern. 1942 kaufte Roger Damoiseau
die Destillerie. Heute betreiben seine Enkel Jean Luc und Evre die
letzte noch verbliebene Brennerei auf dieser Insel. Im Besucherzentrum und den Außenanlagen vermittelt eine Sammlung techni-
scher Geräte von der Zuckerfabrik und Brennerei aus den letzten
hundert Jahren einen Eindruck von der Entwicklung dieses Unternehmens.
Ein Teil des hier verarbeiteten Zuckerrohrs wird auf den umliegenden Feldern noch immer von Hand geschnitten, wie seit Jahrhunderten. Das meiste jedoch wird, bereits maschinell zerkleinert,
mit Lastwagen aus allen Ecken der Insel herbeigeschafft. Der
Kleinbauer mit seinem Traktor, der seine Ernte vom Anhänger
ablädt, bietet ein ziemliches Kontrastbild neben riesigen Sattel-
schleppern und vor dem Hintergrund dieser modernen Fabrik.
Sobald der Zuckerrohrsaft gepreßt ist, wird er etwa 36 Stunden

lang fermentiert und anschließend sofort in einer einzelnen Brennsäule aus Edelstahl und Kupfer auf etwa 72%vol Alkoholgehalt destilliert. Edelstahl wurde für den unteren Bereich der Säule verwendet, um die dort besonders große Wartungs- und Reparaturanfälligkeit einer ganz aus Kupfer bestehenden Säule zu verringern. Der obere Bereich der Säule besteht aus Kupfer, um den Schwefel zu reduzieren, der bei der Destillation entsteht.

Nach dem Brennvorgang wird der Rhum entweder auf 50%vol herabgesetzt, um ihn auf Flaschen abzufüllen, oder zur Reifung in Eichenfässer gefüllt, die in einem Wellblechgebäude lagern, das auch die Abfüllanlage beherbergt. Damoiseau gehört zu den wenigen Destillerien in Guadeloupe, die »Rhum paille« abfüllen – Rhum, der weniger als die drei Jahre gelagert wurde, die das Mindestalter eines Rhum vieux darstellen.

»Damoiseau Rhum Paille« wird ein Jahr lang gelagert und ist daher logischerweise weicher als der ungereifte Rhum blanc. Er ist auch etwas teurer als das weiter verbreitete weiße Pendant. Zusätzlich zu den regulären Liter- und 70-cl-Flaschen gibt es den Rhum blanc auch in handbemalten Flaschen – ein beliebtes Souvenir.

Je nach Nachfrage und den Lagerbeständen wird der 45%ige Damoiseau Rhum Vieux fünf oder sechs Jahre gelagert. Damoiseau füllt auch einen raren fünfzehn Jahre alten Rhum ab. Wenn Sie die reiferen Rhums der französischen Westindischen Inseln schätzen, könnte dieses voll ausgereifte Destillat Ihren Geschmack treffen.

Als Ergänzung zu dem hier produzierten Rhum agricole füllt die Destillerie auch eine breite Palette an Rhumpunsch ab. Orangen, Passionsfrucht, Kokosnuß, »Planters« und »Kimbe Rand« (letzterer angeblich ein Aphrodisiakum) sind nur ein paar Beispiele der Vielfalt an Sorten, die im Besucherzentrum erhältlich ist.

Die meisten Destillerien der französischen Westindischen Inseln brennen weniger als ein halbes Jahr, und zwar während der Saison der Zuckerrohrernte. Bei Damoiseau wird außerhalb der Erntezeit Melasse fermentiert, die mit Lastwagen aus einer Zuckerfabrik herbeigeschafft wird. Da zu dieser Jahreszeit kein ausgepreßtes Zuckerrohr zu Verfügung steht, wird die Brennerei mit Heizöl betrieben. Der auf diese Weise produzierte Alkohol, Rhum industriel, wird in Tankladungen nach Frankreich verkauft, um dort verschnitten und unter verschiedenen Markennamen abgefüllt zu werden. In Guadeloupe selbst ist jeder Rhum, der mit dem Etikett von Damoiseau verkauft wird, Rhum agricole.

Damoiseau zählt zu den größeren Destillerien von Guadeloupe und zu den beliebtesten touristischen Zielen. Kombiniert mit einem Mittagessen in einem der Restaurants am Meer in Le Moule, kann man bei einem Besuch der Brennerei einen netten Tag verbringen, etwas über die Geschichte der Insel erfahren, sich entspannen und amüsieren. Jean Luc und Evre Damoiseau möchten jedem Besucher, der sich die Zeit nimmt, ihre Destillerie auf der Ostseite von Guadeloupes Schmetterlingsinseln zu besuchen, eine denkwürdige Erfahrung vermitteln.

DAMOISEAU DISTILLERY
GRAND-TERRE, GUADELOUPE

Fermentation: Frisch gepreßter Zuckerrohrsaft, Gärdauer 36 Stunden
Brenntechnik: Einzelner kontinuierlicher Säulenbrennapparat aus
   Kupfer und Edelstahl
Damoiseau destilliert auch Rhum industriel aus Melasse,
   ausschließlich für den Export nach Frankreich.

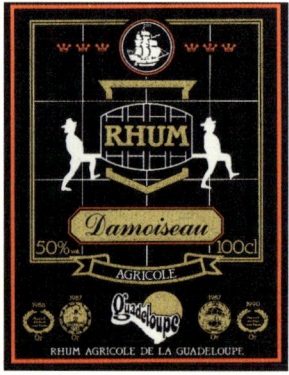

Damoiseau Rhum Blanc
Alkoholgehalt: 50 und 55%vol
Alter: Ungereift
Anmerkungen: Sehr typisch für Rhum agricole aus
   Guadeloupe.

Damoiseau Rhum Paille
Alkoholgehalt: 50%vol
Alter: Ein Jahr
Anmerkungen: Erkennbar weicher als Rhum blanc.
   Derzeit der einzige Rhum paille aus Guadeloupe.

Damoiseau Rhum Vieux

Alkoholgehalt: 45%vol

Alter: Fünf oder sechs Jahre

Anmerkungen: Daneben wird bei Damoiseau auch
ein rarer 15jähriger abgefüllt sowie sehr begrenzte
Mengen von bis zu vierzig Jahre altem Rhum.

Marie Galante

Obwohl die Insel sehr klein ist, hat sich Marie Galante ihre wirtschaftliche Unabhängigkeit bewahrt – es wurde von jeher so wenig wie möglich an Lebensmitteln von den größeren Inseln importiert, und gleichzeitig erarbeitete man sich den Status eines etablierten Zucker- und Rhum-Exportlandes. Als ich zu dieser pittoresken Insel segelte, waren nur drei Destillerien in Betrieb. Zwei weitere hatten ein paar Jahre zuvor dichtgemacht – eine Folge der hohen Kosten für den Erhalt und Betrieb auf einer so kleinen Insel. Kleine Destillerien sind zwar eine bedrohte Art, doch vom Interesse der Touristen her betrachtet, die die Brennereien dieser Insel besuchen, scheint es eine wachsende Nachfrage nach genau solchen Destillerien zu geben, zumindest als touristische Attraktion.

Marie Galante, deren höchster Gipfel gerade mal 130 Meter über dem Meer liegt, ist trockener als Guadeloupe – nur etwa 150 Zentimeter Regen im Jahr. Etwa 95 Prozent des Zuckerrohrs, das hier wächst, wandert in die Zuckerfabrik südlich von St. Louis, an der Nordwestküste gelegen. Dort wird es verarbeitet und geht als Zucker in den Export. Die verbleibenden 5 Prozent werden von den drei Destillerien auf dieser schönen Insel verbraucht.

Rhum wird auf Marie Galante aus frischem Zuckerrohrsaft hergestellt. Ähnlich wie in Guadeloupe, nur in wesentlich kleinerem Rahmen. Auf dieser Insel darf laut Gesetz Rhum mit 59%vol produziert werden. Dieser Alkoholgehalt ist zum Markenzeichen geworden – der Rhum von Marie Galante ist damit einzigartig auf dem Rhum-Markt der französischen Inseln.

Marie Galante versetzt viele Reisende in Erstaunen. Von dem hier gepflegten Lebensstil träumen viele Menschen, und nur wenige können glauben, daß es so etwas wirklich gibt. Diese Insel gehört zu den wenigen Orten, in denen der Anblick von Ochsenkarren ganz selbstverständlich ist, speziell in der Nähe der Destillerien. Das Schicksal hat es gut gemeint mit dieser sonnigen Insel, auf der das Leben in einem gemächlicheren Tempo verläuft.

Der öffentliche Nahverkehr funktioniert am besten vormittags. Also planen Sie Ihre Ausflüge am besten für den Morgen, um den Nachmittag am Strand zu verbringen oder einfach auszuspannen. Vor allem aber sollten Sie versuchen, wenigstens ein paar Tage auf dieser zauberhaften Insel zu verbringen. Ich jedenfalls kann mich immer wieder begeistern für die Gastfreundlichkeit der Menschen, die wunderschönen Aussichtspunkte oder ganz einfach für die Gelegenheit, mich in einer Umgebung zu erholen, die die meisten Besucher als das Paradies schlechthin betrachten.

*P*ÈRE LABAT

Südöstlich von Saint Louis liegt die Destillerie Poisson, direkt an der Minibus-Route nach Grand Bourg. Unter einem Baldachin von Baumkronen spazierend, vorbei an den Überresten des alten Gutshauses, gelangt man auf das Anwesen der bekanntesten Destillerie von Marie Galante.

Unter einem alten Baum ist eine Sammlung von Geräten aus der Vergangenheit arrangiert. Einige dieser Pumpen und Mahlwerke sind erst vor kurzem außer Betrieb genommen worden. Gemessen an der Größenordnung dieser Gerätschaft, muß dies lange Zeit eine Kleinbrennerei gewesen sein.

Das frühere Haupthaus, ursprünglich für die Herstellung von Zucker gedacht, wurde 1860 massiv aus Stein gebaut. 1934 wurde hier eine einzylindrische Dampfmaschine installiert, um die Zuckerrohrpresse zu betreiben und die Kapazität erhöhen zu können. Die Produktion von Rhum agricole und von Zucker haben im Prinzip denselben Ausgangspunkt: im Auspressen von Zuckerrohr. Als die Zuckerpreise fielen und die Arbeitskosten stiegen, wurden viele Zuckerfabriken verkauft oder in Destillerien umgewandelt.

An diesem Ort wurde 1940 erstmals Rhum destilliert, in einer kupfernen Pot Still. Diese Brennblase steht immer noch an ihrem alten Platz, wird aber nicht mehr verwendet. Fünfzehn Jahre nach Beginn des Brennbetriebes wurde der Bau eines ebenfalls kupfernen, säulenförmigen Brennapparates in Auftrag gegeben. Heute stehen hier zwei identische Säulen, mit einer Kapazität von jeweils 200 Litern Rhum pro Stunde. Die Grundmauern und Außenwände der früheren Zuckerfabrik beherbergen die Zuckerrohrpresse, die Gärtanks und die beiden Brennsäulen. Ein Dieselgenerator sorgt für elektrischen Strom, mit dem die Zuckermühle und die Abfüllanlage betrieben werden – eine Einsparung an Arbeitsaufwand für die kleine Brennerei. Dampf für den Brennvorgang wird durch Verbrennen des ausgepreßten Zuckerrohrs erzeugt.

Unter dem Mahlwerk wird der süße Saft über eine im Boden eingelassene Kupferrinne zu einem Auffangbehälter geleitet, gefiltert und weiter zu den Gärtanks geleitet. Bevor man hier Rhum destillierte, wurden über diese Kupferrinne die Zuckertröge befüllt, in denen der frische Saft gekocht und verdickt wurde, um Zucker daraus herzustellen.

Die Vergärung findet in einem dreitägigen Zyklus statt. Am ersten Tag wird einer von acht Edelstahlgärtanks mit Zuckerrohrsaft gefüllt, ein zweiter lediglich bis zur Höhe von etwa dreißig Zentimetern. Am zweiten Tag wird der zweite Kessel ganz aufgefüllt und zusätzlich ein dritter Gärtank wiederum bis zur Höhe von dreißig Zentimetern. Am dritten Tag wird die vergorene Maische aus dem ersten Gärtank destilliert – dieser Kessel wird gereinigt, und das geschilderte Verfahren setzt sich fort wie gehabt.

Nach der Destillation in einer einzelnen Kupfersäule wird das für weißen Rhum bestimmte Destillat bis zur Abfüllung in großen Holzfässern gelagert. Die Destillate für Rhum vieux kommen direkt in ihre Eichenfässer. Im August jedes Jahres werden die Fässer aufgefüllt, um den verdunsteten »Anteil der Engel« zu ersetzen.

Die Brennerei wird von Januar bis Mai oder Juni betrieben, je nach Ernteverlauf, Nachfragesituation und den vorhandenen Lagerkapazitäten. Wie bei den anderen Destillerien auf dieser Insel auch, wird hier das ganze Jahr über jeweils nur so viel abgefüllt, wie abgesetzt werden kann. Die Destillerie heißt Poisson, der Markenname des Rhums, den sie erzeugt, ist jedoch Père Labat.

Poisson, derzeit im Besitz von Rameau Heritiers, produziert jährlich etwa 100 000 Liter 50%igen Rhum, der ausschließlich in

Guadeloupe, Marie Galante, St. Martin und Frankreich abgesetzt wird.

Die Brennerei bietet zwar keine organisierten Besichtigungen an, aber hier sind schon öfters unangemeldete Besucher aufgetaucht – die schließlich von Monsieur E. Renault, dem Brennereimanager persönlich, durch den Betrieb geführt wurden. Eigentlich fehlt jedoch zur Zeit das nötige Personal für geführte Touren. Ich denke aber, daß sich das schon bald ändern wird, da der Tourismus wächst und auch für die Entwicklung dieser Insel immer wichtiger wird.

Bei meinem Besuch auf Marie Galante wurde mir ein köstlicher Cocktail serviert. Ich hoffe, er schmeckt Ihnen ebenso gut wie mir: Pressen Sie den Saft von zwei Passionsfrüchten in ein Glas, geben Sie einen kräftigen Schuß Rhum blanc und etwas Zucker hinzu, und rühren Sie das Ganze auf Eis. Zum Wohl!

DISTILLERIE POISSON
GRAND BOURG, MARIE GALANTE

Gründungsjahr 1860, Beginn der Rhumdestillation 1940
Fermentation: Frisch gepreßter Zuckerrohrsaft, Gärdauer drei Tage
Brenntechnik: Zwei einzelne kontinuierliche
  Säulenbrennanlagen aus Kupfer

Rhum du Père Labat
Alkoholgehalt: 50 und 59%vol
Alter: Vor der Abfüllung für kurze Zeit in großen
  Eichenfässern harmonisiert
Anmerkungen: Der beliebteste weiße Rhum von
  Marie Galante. (Vergessen Sie nicht, daß er wahr-
  scheinlich stärker ist als andere Rhums, die Sie
  sonst trinken.)

Rhum Paille du Père Labat
Alkoholgehalt: 50%vol
Alter: Zwei Jahre
Anmerkungen: Exklusiv für den Export nach Europa; auf dem lokalen
Markt nicht erhältlich. Dieser strohfarbene Rhum ist der einzige
Rhum paille von Marie Galante.

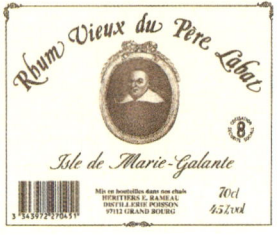

Rhum Vieux du Père Labat
Alkoholgehalt: 45%vol
Alter: Fünf Jahre
Anmerkungen: In limitierter Menge in der
Destillerie abgefüllt.

*B*IELLE

Wie auch immer man nach Guadeloupe gelangt ist, fast jeder
nimmt von dort aus einmal die Fähre nach Marie Galante. Dort
angekommen, ist es von Grand Bourg aus nur eine kurze Busfahrt
durch eine malerische Landschaft zur Destillerie Bielle im Inneren
der Insel. Der Minibus-Bahnhof liegt etwas südlich der Stadtmitte.
Erbaut wurde das an das Destilleriegebäude anschließende zweige-
schossige Gutshaus vom Großonkel der derzeitigen Bewohner, der
Familie Dominique Thiéry. Das Familienoberhaupt kam vor zwanzig Jahren nach Marie Galante und lernte hier das Brennerei-
handwerk. Während er die Destillerie betreibt, leitet seine Frau die
Töpferei, in der Steingut für die besseren Rhum-Qualitäten dieser
Brennerei hergestellt wird.

In seiner kostbaren Freizeit hat Dominique am Strand der Südküste
ein paar schöne Ferienhäuser für Gäste gebaut, die diese einzigartige Insel nicht nur für einen Tagesausflug besuchen. Zum Glück ist
Marie Galante noch nicht touristisch so erschlossen wie andere
französische Inseln, sondern hat sich einen sehr persönlichen Charakter bewahrt.

Rund um die Destillerie findet man die Überreste von Generationen von dampfbetriebenen Pumpen und anderen Geräten zur

Zuckerrohrverarbeitung, die nicht mehr in Betrieb sind. Die ursprünglich mit Dampf betriebene Presse wird heute von Dieselmotor und Getriebe eines ausgeschlachteten Lastwagens angetrieben. Längst wurden elektrische Pumpen eingebaut, die weniger Wartungskosten verursachen und keinen großen Heizkessel benötigen. Heute wird der mit Bagasse (dem ausgepreßten Zuckerrohr) befeuerte Siedekessel nur noch dazu benötigt, Dampf für den Brennvorgang zu erzeugen.

Bielle, inmitten von Zuckerrohrfeldern gelegen, kauft das Zuckerrohr bei örtlichen Anbauern. Voll beladene Ochsenkarren kommen von den Feldern, die früher zu wesentlich größeren Ländereien gehörten. Von Februar bis April ist die beste Zeit für die Ernte – eine Tonne Zuckerrohr wirft dann 90 Liter Rhum ab. Im Sommer und Herbst fällt die Ausbeute bis auf nur noch 65 Liter.

Nach dem Auspressen des Zuckerrohrs wird der Saft 48 Stunden lang in Edelstahltanks fermentiert. Sobald die Vergärung abgeschlossen ist, kommt die Maische in die kupferne Brennsäule. Der berüchtigte Hurrikan »Hugo« hätte diese Säule fast umgeworfen, aber gücklicherweise wurde sie zwischen den tragenden Balken des Gebäudes und umherfliegenden Trümmern eingeklemmt.

Die Kunst des Brennmeisters vollzieht sich ein paar Leiterstufen über dem Boden auf einer Bühne, vor einem mit Kupfer eingerahmten Sichtglas. Durch Regulierung des Dampfes, der unten einströmt, und der Maische, die an der Spitze der zehn Meter hohen Säule eingeleitet wird, trennt der Brennmeister den Alkohol von den unerwünschten Nebenprodukten der Fermentation. Über der erwähnten Bühne, weiter die Leiter hinauf, befindet sich der Kondensator, in dem die heißen Alkoholdämpfe zu Rhum destilliert werden. Von dem süßen Destillat werden auch Bienen angezogen, die eigentlich die tropischen Pflanzen der Insel bestäuben sollten.

In Bielle werden derzeit Rhums abgefüllt, die sieben, acht und zehn Jahre lang in Eichenfässern gereift wurden. Daneben gibt es hier eine große Palette an Punsch aus Orangen und anderen Zitrusfrüchten. Eines der beliebtesten Produkte ist acht Jahre alter Rhum in Steingutkaraffen, die ebenfalls auf dem Anwesen hergestellt werden.

Um die Nachfrage in Marie Galante, Martinique und Frankreich zu befriedigen, wird das ganze Jahr über destilliert, insgesamt etwa 60000 Liter.

Der Großteil der Arbeit findet morgens statt, so daß Sie Ihren Besuch auf einen Vormittag legen sollten. Auch der Nahverkehr ist früh am Tag zuverlässiger.

DISTILLERIE BIELLE
MARIE GALANTE

Fermentation: Frisch gepreßter Zuckerrohrsaft, Gärdauer zwei Tage
Brenntechnik: Kontinuierliche Einzelsäule aus Kupfer

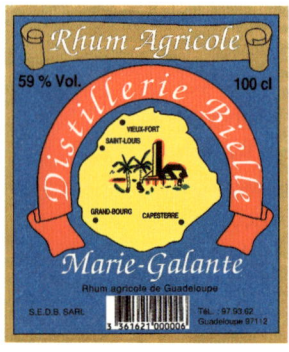

Bielle Rhum Blanc
Alkoholgehalt: 50 und 59%vol
Alter: Ungereift, vor der Abfüllung in großen
    Eichenfässern harmonisiert
Anmerkungen: Dieser Rhum agricole ist auch die
    Basis für eine Vielzahl an Fruchtlikören.

Bielle Rhum Vieux
Alkoholgehalt: 45%vol
Alter: Sechs bis zehn Jahre
Anmerkungen: Diesen speziellen Rhum gibt es in
    einer selbst produzierten Steingutkaraffe.

Bielle Hors-d'Age
Alkoholgehalt: 42%vol
Alter: Mindestens acht Jahre
Anmerkungen: Abgefüllt in eine elegante Halbliter-
flasche, ist dieser Rhum ein klassisches Beispiel für
einen gereiften französischen Rhum – es lohnt
sich, gezielt danach zu suchen.

110

Auf dem Etikett dieses Rhums ist die Adresse 97140 Capesterre angegeben. Also nahm ich von Grand Bourg aus einen Bus nach Capesterre, wo man mir sagte, ich solle in den Bus nach Etang Noir umsteigen. Als ein Bus mit dieser Zielanzeige ankam, fragte ich sicherheitshalber den Fahrer:»Etang Noir?«
»Oui«, sagte er und los ging's – zurück nach Grand Bourg. Als die meisten Leute ausgestiegen waren, sprach mich ein junger Mann aus Dominica auf englisch an. Er fragte für mich noch einmal den Fahrer und fand heraus, daß der Bus erst nach zehn Uhr nach Etang Noir fährt. In fünf Minuten sollte es endlich losgehen. Nach einer weiteren Fahrt durch die Stadt erreichten wir schließlich das höher gelegene Land im Süden der Insel. Kurz vor Etang Noir zeigte mir der Fahrer den staubigen Schotterweg, der zur Destillerie führt, und ließ mich aussteigen.

Das erste, was man von der Destillerie Bellevue sieht, ist das Steingebäude der Windmühle, die im Gründungsjahr 1821 oder kurz danach erbaut wurde. Direkt daneben steht das Brennhaus. Nach der Jahrhundertwende wurde die Windmühle durch eine Dampfmaschine ersetzt und das ursprüngliche Brennereigebäude erweitert, um die neue mechanische Presse und den Siedekessel aufzunehmen.

Nach Einbau dieses Boilers, der Dampf für die Zuckerrohrpresse erzeugte, wurde auch die ursprüngliche Kupferbrennblase ersetzt – durch einen schlanken, kontinuierlich arbeitenden Brennapparat. Um diese hohe Säule unterzubringen, wurde nicht etwa ein Loch ins Dach geschnitten, sondern ein Schacht in den Boden gegraben. Hierdurch konnte ein Teil der alten Verrohrung erhalten werden, und der Einbau des neuen Geräts ging einfacher vonstatten. Im Laufe der Jahre ist durch den laufenden Austausch von Einzelteilen praktisch eine neuen Säule entstanden.

Dahinter, auf alten Steinfundamenten, standen früher Gärbehälter aus Holz – längst ersetzt durch Edelstahltanks. Bevor die hohe Säule installiert wurde, floß die Maische unter Nutzung der Schwerkraft von den höher stehenden Gärbottichen zur Pot Still. **111**

In diesem kleinen Familienbetrieb wird das ganze Jahr über Zuckerrohr von den Farmen rund um das Anwesen verarbeitet und nach dem Pressen zwei Tage lang vergoren. Der Siedekessel wird meist Anfang der Woche angeheizt und Maische zur Brennsäule gepumpt – die Destillation kann beginnen. Auf einer hölzernen Plattform über zwei großen Eichenfässern befindet sich der Kondensator. Das frische Destillat tropft zunächst in einen Auffangbehälter hinter einem Sichtfenster. Kupferrohre leiten den rohen Rhum zu dem Kontrollpult, von dem aus der Brennmeister den Fluß von Dampf, Maische und Kondensat kontrolliert.

Fast jeden Morgen kommen Männer vom Ort auf Motorrädern und bringen diverse Behälter mit. Sie lassen ihre Kanister mit frischem, weißem Rhum auffüllen, aus Flaschen, die unter einem Tisch an der Nordseite des Haupthauses stehen.

Nördlich des Brennereigebäudes befindet sich das verschlossene Lagerhaus, in dem die Destillate für Rhum vieux fünf bis sechs Jahre lang reifen. Dieses Gebäude wurde, wie das ursprüngliche Brennhaus auch, über die Jahre immer wieder erweitert, um die langsame, aber stetige Zunahme der Produktion bewältigen zu können. Vor dem Haupthaus kann man die Rhums verkosten. Daneben werden auch T-Shirts mit dem aufgedruckten Schriftzug der Destillerie und Honig aus eigener Produktion angeboten.

Nicht immer steht hier ein Führer zur Verfügung. Touristen können sich aber gerne auch selbst umsehen und sogar dem Brennmeister praktisch über die Schulter schauen. Auch ohne Führer oder Übersetzer wird hier die Entwicklung der letzten 170 Jahre spürbar.

MAGALDA
CAPESTERRE, MARIE GALANTE

Fermentation: Frisch gepreßter Zuckerrohrsaft, Gärdauer zwei Tage
Brenntechnik: Kontinuierlicher Brennapparat mit einer einzelnen
  Kupfersäule

Magalda Rhum Blanc
Alkoholgehalt: 50 und 59%vol
Alter: Ungereifter weißer Rhum
Anmerkungen: Wird auch zur Herstellung von
  Fruchtlikören verwendet.

Magalda Rhum Vieux
Alkoholgehalt: 50%vol
Alter: Fünf bis sechs Jahre
Anmerkungen: Aromareicher Rhum, in der
  Destillerie ausgereift.

Dominica

Kurz nach Sonnenaufgang des 12. April 1782 wurde vor Dominica die letzte Seeschlacht des amerikanischen Unabhängigkeitskrieges geschlagen. 66 französische und englische Kriegsschiffe waren daran beteiligt. Nur ein Beispiel dafür, daß das Meer rund um diese Insel über lange Zeit von Seestreitkräften aus fernen Ländern kontrolliert wurde. Dennoch war ausgerechnet Dominica das letzte Bollwerk der karibischen Ureinwohner. Mitte des 18. Jahrhunderts verständigten sich Franzosen und Engländer darauf, die zerklüftete Insel weitestgehend den Indianern zu überlassen. Pflanzer aus beiden Ländern kultivierten dennoch weiterhin Land in der Nähe der Küste, wo es fruchtbaren Boden und genügend Regen für die Landwirtschaft gab.

Zwischen Guadeloupe im Norden und Martinique im Süden gelegen, bietet Dominica eine vielfältige Mischung aus französischer und englischer Geschichte. Die Destillation von Rum begann mit der Kolonisierung der Insel durch Frankreich. Damals, im 17. Jahrhundert, betrachteten die französischen Eroberer den Brand aus diesem auf fruchtbaren vulkanischen Böden gewachsenen Zuckerrohr als einzigartig. Heute wird kein Rum dieser Insel mehr exportiert. Die größere Destillerie, Belfast, brennt Rum aus Melasse, Shillingford den ihren aus frischem Zuckerrohrsaft.

Auf Dominica wird viel Obst und Gemüse angebaut und auf andere karibische Inseln verkauft. Auf dem Markt in Roseau ist jeden Morgen die Hölle los. Verpassen Sie darüber aber nicht den kleineren Markt in Portsmouth, der nur jeden Samstagmorgen stattfindet. In den vollgestopften Straßen wird alles verkauft, was die Natur in der jeweiligen Jahreszeit gerade hergibt. Früchte, Gemüse, Blumen, handgeflochtene Körbe, frisches Brot, Fisch… bis hin zu frisch fritierten Krabbenpuffern. Die meisten westindischen Markttage beginnen schon früh am Morgen – wenn Sie hier nicht spätestens um sieben Uhr auf der Matte stehen, haben Sie das meiste verpaßt.

Je mehr Kreuzfahrtschiffe am Dock dieser verschlafenen Stadt anlegen, desto stärker wird Portsmouth sein Gesicht verändern. Lassen Sie sich diesen typisch westindischen Ort nicht entgehen, bevor es zu spät ist.

SHILLINGFORD ESTATES LTD.
DOMINICA

Gegründet im 17. Jahrhundert
Fermentation: Frisch gepreßter Zuckerrohrsaft, Gärdauer fünf Tage
Brenntechnik: Kontinuierlicher Brennapparat – Einzelsäule aus Edel-
    stahl

Soca Rum
Alkoholgehalt: 50%vol
Alter: Ungereift
Anmerkungen: Auf den englischsprachigen Inseln einer der wenigen
    Rums, die aus frisch gepreßtem Zuckerrohrsaft gebrannt werden.

$\mathcal{M}$ACOUCHERIE

Nachdem ich in Portsmouth die Einreiseformalitäten geregelt hatte, erzählte mir jemand, Macoucherie – vor Ort schlicht »die Zuckerfabrik« genannt – liege an einem Fluß südlich des neuen Radiosendeturms. Daraufhin segelte ich mit der Tafia südwärts an der Westküste Dominicas entlang und bemühte mich, anhand meiner Karte die vielen kleinen Ansiedlungen zu identifizieren.

Nach ein paar Stunden, etwa eine Meile südlich von Nero, entdeckte ich die kleine Flußmündung. Obwohl man von dort aus den Schornstein der Destillerie noch nicht sehen konnte, gab es keinen Zweifel, daß das Zuckerrohr und die Kokospalmen zu einem bewirtschafteten Anwesen gehörten. Noch etwas weiter im Süden bot eine kleine Bucht Schutz vor der Dünung. Nahe am Ufer, vor dem Castaways Hotel, ging ich mit meiner Tafia vor Anker.

In der Vorfreude auf den Besuch dieser so berühmten karibischen Destillerie fiel mir das Rudern zunächst leicht. Als ich mich der Sandbank vor der Flußmündung näherte, versuchte ich, das Auf und Ab der sich brechenden Wellen zu nutzen – mit dem Ergebnis, daß ich mich kurz darauf im aufgewühlten Wasser wiederfand. Bestimmt war ich nicht der erste, der auf dem Weg zu dieser Destillerie mit seinem Beiboot gekentert war. Und außerdem – was soll's? Das kühle Wasser war eine echte Erfrischung an diesem heißen Augustnachmittag. Als ich meine Ruder wieder einsammelte, brach sich die nächste Welle über meinem Dingi.

Wenig später, gegen die sanfte Strömung rudernd, fühlte ich mich in eine andere Welt, ja in eine andere Zeit versetzt. Alles um mich herum schien unwirklich. Als der Fluß zu flach wurde, um weiterzurudern, zog ich das Boot auf das sandige Ufer und deckte es mit Palmwedeln zu. Etwas weiter flußaufwärts stieß ich auf eine Brücke und erste Zeichen der Zivilisation – die Destillerie.

Ich hatte Glück, gerade noch Ken George anzutreffen, den Brennmeister, der schon auf dem Sprung war. Der Großteil der Tagesarbeit war getan, es waren nur noch drei Mann dabei, in der wasserbetriebenen Mühle Zuckerrohr zu pressen. Nach drei Pressungen werden die Pflanzenreste hier nicht in der Brennerei verheizt – dafür gibt es genügend Kokosnußschalen und Holz –, sondern als Dünger verwendet.

Der frische Saft wird fünf Tage lang vergoren. Um ein Überhitzen der gärenden Maische zu verhindern, leitet man Flußwasser durch Kühlspiralen in den Fermentationstanks. Als nächstes ließ mich Ken George durch das Sichtfenster schauen, von dem aus er den Brennverlauf kontrolliert. Die kupferne Brennsäule war immer noch heiß von der Arbeit dieses Tages.

So ein Brennmeister hat nun einmal – im wahrsten Sinne des Wortes – einen heißen Job. Aber es ist auch eine sehr befriedigende Arbeit, mit viel Verantwortung sowohl der Destillerie als auch den Zollbehörden gegenüber. Neben seiner praktischen Arbeit muß der Brennmeister über jeden produzierten Tropfen Rum Rechenschaft ablegen, bevor er im ersten Stock des Brennereigebäudes unter Zollverschluß eingelagert wird.

MACOUCHERIE ESTATE
DOMINICA

Fermentation: Frischer Saft, Gärdauer fünf Tage
Brenntechnik: Einzelner säulenförmiger Kupferbrennapparat

Macoucherie Rum
Alkoholgehalt: 40%vol
Alter: 18 Monate
Anmerkungen: Dank Reifung ein schöner Rum, der
den Rhums agricole von den französischen Inseln
ähnelt.

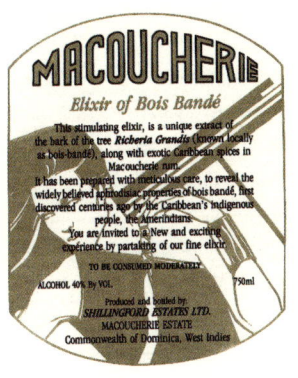

Macoucherie Elixir of Bois Bandé
Alkoholgehalt: 40%vol
Alter: 18 Monate
Inhalt: Verschnitt aus Rum, Bois-Bandé-Baumrinde
und Gewürzen
Anmerkungen: Aromatisiert unter anderem mit
Rinde eines tropischen Baumes. Angeblich ein
Aphrodisiakum. Zumindest sprachen die Männer,
die sich früher im Hafen von Portsmouth unter
dem Mandelbaum trafen, diesem Rum wunder-
same Kräfte zu. Ihre besseren Hälften waren da-
gegen einhellig der Auffassung, daß er weder
Männern noch Frauen auf die Sprünge hilft –
probieren Sie es einfach selbst aus.

Während meiner Zeit in Dominica lag meine Tafia eine Zeitlang in der Prince Rupert Bay vor Anker, gar nicht weit von Portsmouth. Vom Stadthafen aus fährt man etwa eine Stunde mit dem Minibus nach Belfast Estate, nördlich des Canefield Airport. Westlich der Straße sieht man die Überreste eines alten Wasserrades, mit dem vor vielen Jahren eine Zuckerrohrpresse betrieben wurde. Etwas weiter bergab, auf derselben Straßenseite, taucht ein weißes Gebäude auf. Hier waren früher die Küferei und der Brennereibetrieb des Anwesens. Sollten Sie einmal zufällig an diesem Haus vorbeispazieren und das Fenster offenstehen – schauen Sie rein.

Unschwer erkennt man die Werkstatt, in der früher Fässer für die Reifung von Rum geküfert wurden. Heute werden die Fässer im Ausland eingekauft, in Einzelteilen hertransportiert und in der Destillerie nur noch zusammengesetzt. Während meiner gesamten Recherchen habe ich keine einzige Destillerie gefunden, in der Fässer noch selbst hergestellt werden. In den Vereinigten Staaten dürfen die Eichenfässer zur Reifung von Whiskey nur ein einziges Mal verwendet werden. Danach werden sie – vorausgesetzt, sie sind in gutem Zustand – unter anderem an Rumdestillerien in der Karibik verkauft. Im übrigen verwendet man hier auch gebrauchte Fässer aus Kanada und Europa.

Vor ein paar Jahren wurden der Brennkessel und der kupferne Säulenbrennapparat von Belfast stillgelegt. Geschäftsführer R.A.J. Astaphan hat die feste Absicht, sie irgendwann in der Zukunft wieder anzuheizen. Zur Zeit jedoch wird hier nur verschnitten – Rum aus Guyana, Trinidad und Barbados. Die Blends werden unter dem Markennamen Belfast abgefüllt.

Die gesamte Produktpalette von Belfast ist überall auf Dominica erhältlich. Doch weder den Rum von Belfast, noch den von Shillingford kann man außerhalb der Insel kaufen. Obwohl auf den Etiketten fälschlich angegeben wird, daß die Belfast-Rums »auf Dominica destilliert und abgefüllt« wurden, ist es auf dieser Insel natürlich kein Geheimnis, daß sie in Wahrheit importiert werden, und das schon seit geraumer Zeit.

Belfast verkauft Rum nicht nur in Flaschen, sondern auch faßweise. Der starke weiße Rum mit etwa 100 Proof (50%vol) wird an Händler vor Ort abgesetzt. Samstagmorgens in Portsmouth zapfen nicht wenige Rumverkäufer geschäftig aus ihren 150-Liter-Fässern in Flaschen, Glasballons oder Kanister. Dabei geht so mancher Tropfen daneben. Aber daran stört sich hier keiner. Und nach einer Runde Rum ist sowieso alles vergeben und vergessen.

Faßrum wird auch an zahlreiche kleine Läden verkauft und mit verschiedenen Gewürzen der Insel aromatisiert. Es ist immer wieder interessant, einen solchen Rum zu verkosten und die verwendeten Gewürze zu erraten. Manchmal hilft dabei ein Blick in die Flasche. Stangenzimt beispielsweise läßt sich leicht erkennen, bestimmte andere Gewürze schon schwerer. Die Aromatisierung von Faßrum mit Gewürzen trägt übrigens auch dazu bei, einem so starken Sprit die Ecken und Kanten etwas abzuschleifen.

BELFAST ESTATE LIMITED
DOMINICA

Verschnitt und Abfüllung von Destillaten u.a. aus Trinidad, etikettiert mit dem Markennamen Belfast

Red Cap
Alkoholgehalt: 43%vol
Alter: Ungereift
Anmerkungen: Der geschmacklich kraftvollste Rum
  von Belfast.

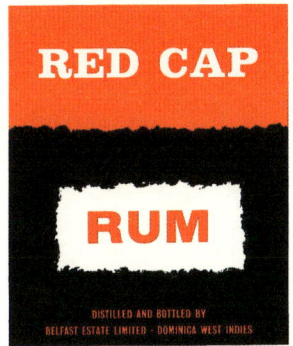

D Special Rum

Alkoholgehalt: 43%vol

Alter: Ein paar Monate in Eichenfässern

Anmerkungen: Die »paar Monate« ergeben
im Vergleich zum Red Cap einen deutlich
weicheren Rum.

Martinique

Die ersten Siedler kamen Mitte der 17. Jahrhunderts nach Martinique. Sie kamen mit Zuckerrohrsetzlingen aus St. Kitts, wo der Anbau der wertvollen Feldfrucht bereits etabliert war. Als eine Epidemie die neue Kolonie bedrohte, wurde der dreißigjährige Dominikanerpriester Jean-Baptiste Labat aus Paris auf die Westindischen Inseln versetzt.

Am 28. Januar 1694 traf er – nachdem er eine achtstündige Seeschlacht mit dem englischen Schiff *The Chester* überlebt hatte – an Bord des französischen Schiffs *La Loire* in St. Pierre ein. Im Gepäck hatte Père Labat die modernsten technischen Geräte, bestimmt zur Produktion von Alkohol in einem von Dominikanermönchen betriebenen Armenhospital. Seine Ankunft bedeutete einen Wendepunkt für die Rhmproduktion auf den französischen Inseln. Bis heute, dreihundert Jahre danach, lassen sich viele lebendige Traditionen auf Vater Labat zurückführen.

Wie auf den anderen französischen Inseln auch, gibt es auf Martinique sowohl weißen Rhum agricole als auch dunklen Rhum vieux. Daneben findet man weitere Klassifikationen, die auf den anderen Inseln weniger gebräuchlich sind. Einige Destillerien drucken den Begriff »Millésimé« auf die Etiketten von Jahrgangsrhums. Ein »Millésimé 1979« zum Beispiel ist also ein gereifter Rhum, der 1979 destilliert wurde. Ein »Hors d'Age« dagegen ist für gewöhnlich ein Verschnitt aus verschiedenen Rhums, der länger als ein normaler Rhum vieux ausgereift wurde und etwas teurer ist als der unverschnittene Rhum vieux. »Très Vieux« bedeutet im Wortsinne »sehr alt«, womit konkret gemeinhin eine Lagerdauer zwischen zehn und fünfzehn Jahren gemeint ist. Diese Qualitäten können unter Umständen teurer als ein Hors d'Age sein, je nach Alter des Verschnitts. Derzeit gibt es keine allgemeingültigen Vorschriften bezüglich dieser Klassifikationen, so daß sie von den Destillerien unterschiedlich verstanden und verwendet werden.

Auf Martinique gibt es mehr Destillerien als auf jeder anderen Insel der östlichen Karibik. Bei einer Karibikreise sollten Sie die Besichtigung zumindest einer Brennerei einplanen – sie könnte zu einem der Höhepunkte Ihrer Reise werden. Mehrere Destillerien verkaufen Alkohol an Firmen in Frankreich, wo er verschnitten und als »Martinique Rhum« abgefüllt wird. Achten Sie beim Studium des Etiketts auf die Worte »Appellation d'Origine Controlée Martinique«. Nur mit dieser Angabe können Sie sicher sein, daß der Rhum aus Zuckerrohrsaft gebrannt wurde und den streng kontrollierten Qualitätsanforderungen von Martinique genügt. Jeder Rhum agricole, der nach dem 31. Mai 1997 abgefüllt wurde, muß diese Appellation auf dem Etikett tragen.

*D*EPAZ

Wenn man, am Strand entlang, den Hinweisschildern von St. Pierre in Richtung DePaz folgt, kann man sich als Fußgänger leicht in diesen Einbahnstraßen verlieren, die so typisch für französische Küstenstädte sind. Verzweifeln Sie nicht – der Fußmarsch den Hügel hinauf lohnt sich.

Kurz vor der Destillerie DePaz wird die Straße etwas steiler – erst von hier aus erkennt man die Schönheit der Berge ringsum. Ein Rahmen, in dem das gepflegte Anwesen der Destillerie und das Gutshaus den nächsten beeindruckenden Anblick bieten. Das runde Besucherzentrum zur Linken ist der richtige Platz, erst einmal tief durchzuatmen und Luft zu schöpfen, bevor man sich auf eigene Faust in der Brennerei umsieht. Der Baustil ist inspiriert von der Architektur einer früheren, von Zugtieren angetriebenen Zuckermühle.

1917 wurde Victor dePaz von seinen Zeitgenossen belächelt, als er fünfzehn Jahre nach Ausbruch des Vulkans Mount Pelée als erster Pflanzer wieder an den Ort des Geschehens zurückkehrte. An den Hängen des Berges pflanzte er neues Zuckerrohr aus und stellte fest, daß die Lava die Böden noch fruchtbarer gemacht hatte. Alles gedieh bestens, und bis heute findet man hier die ertragreichsten Zuckerrohranpflanzungen der Karibik. 1929 kam es wieder zu einem Vulkanausbruch. Diesmal jedoch wurden die Destillerie und die Stadt St. Pierre von den Auswirkungen verschont.

Als die Familie De az Ende des 17. Jahrhunderts von St. Kitts aus hierherkam, war die Landwirtschaft bereits vom Zuckerrohranbau dominiert. Später, mit dem zunehmenden Verfall der Zuckerpreise, verlegte man sich auf der DePaz-Plantage auf den Anbau anderer Feldfrüchte. Heute sind 120 Hektar des Anwesens mit Zuckerrohr bepflanzt, ohne daß auch nur ein Gramm Zucker hergestellt würde – der gesamte Ernteertrag wird zu DePaz Rhum destilliert.

Die Brennerei ist in modernen Wellblechgebäuden untergebracht. Ihrer offenen Bauweise verdanken Arbeiter wie Besucher einigermaßen erträgliche Temperaturen in diesem tropischen Klima. Dank der Metallkonstruktion gibt es hier auch keine Brandgefahr, eine ständige Bedrohung im Geschäft mit leicht entzündlichem Alkohol. Auch wenn man ein Alkoholfeuer mit Wasser löschen kann – selbst ein kleiner Brand kann Schäden verursachen, die den Betrieb für lange Zeit lahmlegen. Das bedeutete einen gravierenden Ausfall gerade für eine Brennerei wie diese, in der ohnehin nur von Februar bis Mai destilliert wird. Das größte Risiko jedoch stellt der Brand eines Lagerhauses dar, in dem die künftigen Gewinne heranreifen – dies wäre eine Katastrophe, die nur wenige Destillerien wirtschaftlich überleben könnten.

In jeder Brennsaison werden auf den Feldern rund um die Brennerei acht- bis zehntausend Tonnen Zuckerrohr geerntet. Vor kurzem wurden zwar Erntemaschinen angeschafft, doch auf unebenem Gelände muß nach wie vor von Hand geschnitten werden.

In einer dampfbetriebenen Mühle werden zehn Tonnen Zuckerrohr pro Stunde ausgepreßt. Dann wird der süße Saft in zwölf, jeweils 30 000 Liter fassenden Fermentationstanks 30 bis 36 Stunden lang vergoren. Um die Maische unter der kritischen Temperatur von 30 Grad Celsius zu halten, wird die Außenhaut der Tanks mit Wasser aus dem Fluß Roxelane berieselt. Die Gärbehälter und der größte Teil der Verrohrung dieser Brennerei bestehen aus Edelstahl. Dies erleichtert die Reinigung und Sterilisation der Geräte zwischen den Brennvorgängen und hält das Wachstum unerwünschter Bakterien in Grenzen. Qualitätskontrolle und Sauberkeit sind wichtige Aspekte bei der Herstellung dieses Rhum agricole.

Sobald die Maische einen Alkoholgehalt von 4,5%vol erreicht hat, wird sie in die Brennsäule geleitet und dort auf 68 bis 70 %vol konzentriert. Wie bei den Destillerien Martiniques üblich, verwendet auch DePaz zum Brennen nur eine einzelne Säule. Um der Nachfrage zu genügen, gibt es davon allerdings, direkt nebeneinander stehend, zwei identische Exemplare. Diese Säulen scheinen aus Edelstahl zu sein, ihr Innenleben enthält jedoch kupferne Bauteile. Die großen, wassergekühlten Kondensatoren bestehen ganz aus Kupfer.

Nach dem Brennen dürfen Destillate, die später als Rhum blanc abgefüllt werden sollen, ein paar Monate lang in Edelstahltanks ruhen. Hierdurch werden sie harmonischer, runder und besser im Geschmack – auch ein guter Eintopf schmeckt ja am zweiten Tag noch besser.

Die restlichen Destillate werden zur Reifung in angekohlte Eichenfässer gelegt. Einmal im Jahr werden diese Fässer mit Rhum desselben Destillationsjahres aufgefüllt, da immer ein Teil des Inhalts durch das leicht poröse Eichenholz verdunstet. Dieser »Anteil der Engel« wird zwar nicht nur bei DePaz regelmäßig ersetzt, doch hier begreift man diesen Vorgang als wesentlichen Teil der Tradition.

DePaz produziert eine Million Liter Rhum im Jahr, obwohl einige andere Rhums von Martinique auf dem lokalen Markt besser verkauft werden. Dafür setzt DePaz um so mehr in Frankreich ab, was erheblich zum Wohlstand dieser Destillerie beigetragen hat.

Wenn Sie nach St. Pierre zurück laufen, gehen Sie den Weg links hinunter durch die Ruinen eines alten Forts und einer Kathedrale – hier war Old St. Pierre bis zum Ausbruch des Mt. Pelée. Dieser Weg ist eine Abkürzung und führt zum Altstadtmuseum am Ufer hinunter.

Wenn Sie von der Meerseite her nach St. Pierre kommen, bilden die Lichter über dem etwas nördlich der Stadt gelegenen Stadion eine Reihe – dazwischen sehen Sie, neben dem Vulkankegel, das große Steinhaus und den Schornstein der Brennerei.

DISTILLERIE DEPAZ
ST. PIERRE, MARTINIQUE

Gegründet 1917

Fermentation: Frisch gepreßter Zuckerrohrsaft, Gärdauer 30 bis 36
   Stunden

Brenntechnik: Zwei einzelne säulenförmige Brennapparate aus Edelstahl mit Kupfer

Rhum Blanc DePaz

Alkoholgehalt: 50 und 55 %vol

Alter: Ungereift

Anmerkungen: Vor der Abfüllung in Edelstahltanks
   harmonisiert.

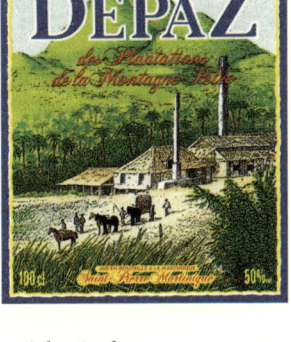

Rhum Paille DePaz

Alkoholgehalt: 50 %vol

Alter: Zwei Jahre in kleinen Eichenfässern

Anmerkungen: Ein gutes Beispiel für den Effekt der
   Reife auf Geschmack und Farbe. Obwohl weicher
   als der Rhum blanc, trägt er weiterhin die Cha-
rakterzüge eines Rhum agricole. Nicht so dunkel und weich wie der
Rhum Vieux DePaz, aber mit Sicherheit einen Versuch wert. Gute
Basis für einen guten »ti punch«.

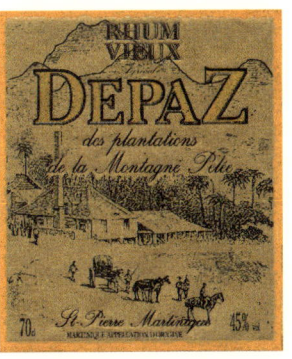

Rhum Vieux DePaz

Alkoholgehalt: 45 %vol

Alter: Vier Jahre

Anmerkungen: Der Großteil dieses
   Rhums wird nach Frankreich exportiert. Für einen gereiften Rhum
   aus Martinique ein gutes Preis-
   Leistungs-Verhältnis. Nicht ohne
   Grund beliebt – sollte man sich
   nicht entgehen lassen.

Rhum Vieux Plantation Millésimé DePaz

Alkoholgehalt: 45%vol

Alter: Vier Jahre

Anmerkungen: Diese Jahrgangs-Rhums (darunter 1979, 1950 oder
auch der seltene 1929er) sind nur in limitierten Mengen erhältlich.

Rhum Vieux DePaz Reserve

Alkoholgehalt: 45%vol

Alter: Verschnitt aus besten Rhums, die vier Jahre
und länger gereift wurden

Anmerkungen: Bezahlbarer Blend aus edlen Destillaten, nur in der Destillerie erhältlich.

ℐ. BALLY

J. Bally Rhum – seit 1924 bekannt für seine eckige Flasche mit
Naturkorken und dem unverwechselbaren Etikett – erfreut sich
einer höchst erfolgreichen Geschichte.

Vom Zentrum von Carbet aus ist der Weg zu der alten Destillerie
gut ausgeschildert. Sie liegt östlich der Küstenstraße, immer bergauf entlang einem Fluß, aus dem die Brennerei früher mit Wasser
versorgt wurde. Das Besucherzentrum mit Laden wurde im alten,
lange Jahre genutzten Brennhaus eingerichtet. Die Holzbalken, die
die ursprüngliche kupferne Brennsäule trugen, existieren noch.
Unter der Decke sieht man den alten Kondensator und einige der
originalen Kupferrohre. Ein Kurzfilm in französischer Sprache
zeigt die Herstellung von Rhum. Für einen geringen Eintritt kann
man auch die Gärten des Anwesens besichtigen.

Die Brennsäule wurde in die Destillerie Simon verlegt, wo Bally
Rhum heute destilliert wird. Bei Bally in Carbet sind nur noch die
Lagerhäuser und die Abfüllanlage verblieben.

Auch wenn man hier keine Brennerei in Aktion mehr erleben kann
– es ist der richtige Ort, um die sehr beeindruckende Sammlung
von Bally Rhums zu verkosten. Freundliche Mitarbeiter erläutern
die verschiedenen Sorten, vom weißen Rhum bis zu den dunklen,

gereiften Qualitäten. Einige Ausstellungsstücke sind seit mehr als einem halben Jahrhundert in der Flasche. Bally füllt auch einen Rhum paille ab, der drei Jahre alt sein soll, sowie einen 6jährigen Rhum vieux.

Eine uralte Flasche Rhum, sagen wir ein Bally von 1924, ist zwar um ein Vielfaches teurer, aber nicht unbedingt besser als ein in unserer Zeit hergestellter Rhum. Nur die Zeit, in der der Rhum vor seiner Abfüllung im Eichenfaß reifen konnte, hat einen Einfluß auf seine Qualität – in der Flasche reift er, anders als etwa Wein, nicht weiter. Fragen Sie, bevor Sie einen Jahrgangs-Rhum kaufen, wie lange der Rhum im Faß gereift wurde. Wenn sich das nicht in Erfahrung bringen läßt, sollten Sie vielleicht lieber etwas anderes kaufen – es sei denn, Ihnen steht der Sinn nach einem teuren Souvenir.

J. BALLY
CARBET, MARTINIQUE

Gegründet 1924
Bally Rhum wird seit 1978 in der Destillerie Simon an der Ostküste der Insel destilliert. Reifung und Abfüllung finden nach wie vor am Ort der alten Destillerie in Carbet statt.
Fermentation: Frisch gepreßter Zuckerrohrsaft,
   Gärdauer 24 Stunden
Brenntechnik: Einzelne Brennsäule aus Kupfer

J. Bally Rhum Vieux
Alkoholgehalt: 45%vol
Alter: Sechs Jahre
Anmerkungen: Gereifter Rhum von Bally ist aus
   verschiedenen Destillationsjahren erhältlich, die
   bis 1924 zurückreichen.

J. Bally Rhum Paille
Alkoholgehalt: 50%vol
Alter: Zwei Jahre
Anmerkungen: Schwerer zu finden als die anderen Rhums von Bally,
aber die Suche lohnt sich.

J. Bally Rhum Blanc
Alkoholgehalt: 50 und 55%vol
Alter: Ungereift, vor der Abfüllung im Edelstahltank
Anmerkungen: Beliebter Rhum blanc in einer charakteristischen ecki-
gen Flasche.

$\mathcal{N}$EISSON

Die Destillerie Carbet Neisson sieht im wesentlichen heute noch so
aus wie vor 75 Jahren, als eine Familie Neisson begann, auf dem
Morne Vert Zuckerrohr anzupflanzen. Von St. Pierre aus fahren Sie
mit dem öffentlichen Bus etwa acht Kilometer weit auf der
Küstenstraße nach Süden und steigen südlich von Carbet aus. Wo
sich die Hauptstraße nach Osten schlängelt, weist ein Schild den
Weg zur Destillerie Carbet Neisson. Ein kurzer Fußmarsch führt
zu einem Schotterweg. Wenn Sie den Rivière du Carbet überque-
ren, sehen Sie die Brennerei rechts hinter einem Zuckerrohrfeld.
Es ist keine große Destillerie mit klimatisiertem Besucherzentrum
und Multimedia-Präsentation. Aber sie ist einen Abstecher wert.
Besonders in der kurzen Brennsaison zwischen März und Juni.
Das Förderband von der Zuckermühle stand still, als ich das erste
Mal in einem August hier war. Ein paar Männer waren mit der
Wartung von Geräten beschäftigt, und ich hatte Glück, jemanden
zu finden, der mir auf englisch erklären konnte, wie hier in der
Rhumsaison gearbeitet wird.
Als ich im Juni 1994, auf dem Weg zu meinem zweiten Besuch,
durch die Zuckerrohrfelder wanderte und aus dem Schornstein
hinter dem Wellblechgebäude mit Dampfmaschine und Zucker-
rohrpresse Rauch aufsteigen sah, kam Hochstimmung bei mir auf.

In der Brennerei wurde auf Hochtouren Rhum destilliert, während schon der nächste Zuckerrohrsaft für die Produktion Ende der Woche gepreßt wurde – die letzte Destillation in diesem Jahr. Man hat selten Gelegenheit, eine alte, einzylindrige Dampfmaschine zu beobachten, die mit hundert Umdrehungen Zuckerrohr preßt. Gleichzeitig tröpfelt neben der kupfernen Brennsäule frisches Destillat in ein Sichtglas.

Rhum wird hier ähnlich hergestellt wie in den anderen Destillerien der Gegend. Abgesehen davon, daß hier die Gärung drei Tage lang dauert, bevor die Maische zur Destillation kommt. Vor sieben Jahren wurde die einzelne Kupferbrennsäule durch eine neue ersetzt. Die alte war mit den Jahren allmählich leck geworden.

Lecks reduzieren die Menge des Kondensats und erhöhen die Brandgefahr – und bei der Destillation entsteht nun einmal brennbarer Alkohol im Überfluß. Wie schon die alte, ist auch die neue Säule aus mehreren Sektionen zusammengesetzt, die außen mit Schellen zusammengehalten werden. Dank dieser Konstruktion kann die Säule für Reinigungs- und Wartungszwecke leicht zerlegt werden.

Die Lebensdauer einer Brennsäule hängt von mehreren Dingen ab: von der Arbeitstemperatur, der Wartungshäufigkeit und der Qualität der Konstruktion. Manche Destillerien arbeiten noch mit Säulen, die fünfzig Jahre und mehr auf dem Buckel haben – doch mit dem Alter steigt natürlich die Reparaturanfälligkeit.

Der frisch gebrannte Rhum wird vor der Abfüllung im großen Eichenfaß gelagert, ein Teil der Produktion in kleineren Eichenholzfässern. Vor der Einführung von Edelstahltanks verwendeten alle Destillerien Eichenfässer unterschiedlicher Größe zur Lagerung ihrer Produkte. Die großen Fässer erfordern einen beträchtlichen Wartungsaufwand – häufig treten Lecks auf, besonders wenn sie nicht voll sind. Auf der anderen Seite verursachen die kleinen Fässer mehr Arbeitsaufwand beim Befüllen und Entleeren.

Der Rhum wird in dieser Destillerie – wie schon angedeutet – nicht in einem professionell organisierten und dekorierten »Besucherzentrum« verkostet und verkauft, sondern in einem schlichten kleinen Büro westlich des Betriebsgeländes. Die freundlichen Mitarbeiter helfen, so gut sie können, und tun alles, um ihren Besuchern ein unvergeßliches Erlebnis zu bereiten.

Noch bevor ich diese Destillerie das erste Mal besuchte, hatte ich die charakteristisch eckigen Neisson-Flaschen in dem einen oder anderen Laden gesehen – voll in den Regalen und leer vor dem Shop, wo sie auf ihre Wiederverwendung warteten. In der Destillerie werden die Flaschen gründlich gespült und anschließend wieder befüllt. Ein hoher Prozentsatz dieser einzigartigen Flaschen wird wiederverwendet, öfter als jede andere Rhumflasche auf Martinique. In den Restaurants und Bars von Carbet ist die rechteckige Flasche, neben einer Wasserkaraffe und einer kleinen Flasche Zuckerrohrsirup stehend, ein gewohnter Anblick.

DISTILLERIE CARBET NEISSON
CARBET, MARTINIQUE

Gegründet etwa 1919
Fermentation: Frisch gepreßter Zuckerrohrsaft, Gärdauer drei Tage
Brenntechnik: Einzelne kupferne Brennsäule

Rhum Blanc Neisson
Alkoholgehalt: 50 und 55%vol
Alter: Ungereift, vor Abfüllung in großen Eichenholzfässern gelagert
Anmerkungen: Der charakteristische Geschmack dieses Rhums hat ihm ausgesprochen treue Anhänger eingetragen.

Rhum Vieux Neisson
Alkoholgehalt: 45%vol
Alter: Verschnitt aus Rhums; bis zu vierzehn Jahre in der Destillerie gelagert
Anmerkungen: Dunkler als andere gereifte Rhums aus Martinique. Schwer zu bekommen – außer vor Ort, wo er als der beliebteste Rhum gilt.

$\mathcal{D}$ ISTILLERIE J. M

Um J. M von St. Pierre aus zu erreichen, muß man die nördlichen Berge von Martinique überqueren. Sobald man bei St. Pierre Seehöhe verlassen hat, geht es steil bergauf, bis nach Morne Rouge. Der Blick, der sich Ihnen jetzt bietet, ist spektakulär. Die kühle Bergluft ist eine willkommene Abwechslung, wenn man von der warmen Küste heraufkommt. Höchstwahrscheinlich wird es etwas regnen, wenn Sie auf der kurvenreichen Paßstraße weiterwandern. Dort, wo es bei Ajoupa Bouillon wieder bergab geht, blühen Blumen aller Art am Straßenrand, und Sie können selbst sehen, weshalb man Martinique die »Blumeninsel« nennt.

Im flacheren Gelände wechseln sich Ananasfelder mit Bananenstauden ab, vor dem Hintergrund des Atlantischen Ozeans. Kurz hinter Basse Pointe, in Richtung Macouba, zweigt eine gut ausgeschilderte Straße nach links ab, zur »Rhumerie J. M« bei Fonds-Preville. Die Destillerie bietet von weitem ein ungewöhnliches, fast futuristisches Bild: nichts als eine Gruppe von Metalldächern in einem Tal, umgeben von hochstehendem Bambus. Bei näherer Betrachtung werden Sie sehen, daß es sich um eine Brennerei handelt, die stolz auf ihre Vergangenheit ist. Der größte Teil der Anfang dieses Jahrhunderts installierten Geräte ist bis heute erhalten geblieben.

1790 trieb der durch dieses Tal fließende Bach das Wasserrad einer Mühle an, in der Zuckerrohr für Jean-Marie Martins Zuckerfabrik gepreßt wurde. Nach dem Pressen kam der süße Saft in sechs runde Zuckerkessel aus Gußeisen. Darin wurde er gekocht und, wenn er einreduziert und immer dicker wurde, in immer kleinere Kessel umgeschöpft.

Die Namen dieser Kessel und Töpfe sind Ausdruck ihrer jeweiligen Größe: La Grande, La Proper, La Lessive, Le Flambeau, Du Feu und La Batterie. Der letzte Topf enthielt den schweren schwarzen Sirup, aus dem man Zucker filtert. Was nach dem Filtern übrigblieb, nannte man »Melasse«. Und daraus wurde »Tafia« hergestellt – Rhum.

Als die Zuckerpreise fielen, wurde Rhum direkt aus Zuckerrohrsaft

131

gebrannt. Rhum wurde zum Hauptprodukt der Destillerie. Da die ausgepreßte Bagasse nicht mehr zum Kochen des Zuckers gebraucht wurde, stand sie an anderer Stelle zum Verheizen zur Verfügung – das Wasserrad wurde durch eine zuverlässigere Dampfmaschine ersetzt.

Jeden April und Mai wird auf den Zuckerrohrfeldern des Anwesens geerntet. Nach dem Wiegen wird das Rohr in der dampfbetriebenen Mühle ausgepreßt. Die einzylindrigen Dampfmaschinen, die man in vielen Destillerien der französischen Inseln findet, sind immer wieder ein beeindruckender Anblick.

Der Saft braucht zwei Tage zum Vergären. Anschließend wird er in einer Brennanlage mit zwei Kupfersäulen – der einzigen ihrer Art, die auf Martinique noch betrieben wird – auf etwa 80 %vol Alkohol destilliert. Das frische Destillat wird mit Flußwasser abgekühlt.

Dann darf der Rhum blanc erst einmal ein halbes Jahr lang im Edelstahltank ruhen – während der Rhum paille für ein Jahr in kleine, nur 200 Liter fassende Eichenfässer aus Frankreich gefüllt wird, in denen er seine strohblonde Farbe annimmt.

Der Großteil der Jahresproduktion von 200 000 Litern wird auf Martinique konsumiert. Ein paar Flaschen dieses raren Brandes kann man auf St. Martin finden, bei Grands Vins de France. Da der Verbrauch an gereiftem Rhum von den französischen Westindischen Inseln kontinuierlich wächst, habe ich keinen Zweifel daran, daß auch J. M zunehmend Beachtung finden wird.

Die Destillerie empfängt Besucher täglich zwischen 9 und 17 Uhr, außer sonntags. J. M ist die nördlichste Brennerei Martiniques – und ein schöner Rastplatz auf einer Inseltour.

DISTILLERIE J. M
MACOUBA, MARTINIQUE

Gegründet 1790
Fermentation: Frisch gepreßter Zuckerrohrsaft, Gärdauer zwei Tage
Brenntechnik: Kontinuierlicher Brennapparat mit zwei Säulen aus Kupfer

Rhum Blanc J. M

Alkoholgehalt: 55%vol

Alter: Ungereift; vor Abfüllung sechs Monate in
Edelstahltanks harmonisiert

Anmerkungen: Der höhere Alkoholgehalt, den die
beiden Säulen liefern, ergibt einen Rhum, der
leichter ist als die anderen Rhums agricoles aus
Martinique.

Rhum Paille J. M

Alkoholgehalt: 55%vol

Alter: Ein Jahr in 200-Liter-Fässern aus Eichenholz

Anmerkungen: Statt mit den üblichen 50%vol wird dieser Rhum paille mit 55%vol
abgefüllt.

Rhum Vieux J. M

Alkoholgehalt: 50%vol

Alter: Mit zehn Jahren einer der am längsten gereiften Rhums aus Martinique

Anmerkungen: Der ganze Stolz der Destillerie –
einem edlen Cognac vergleichbar. Dieser Rhum
wird ausschließlich in der Destillerie verkauft.

S AINT JAMES

Als sich die ersten Siedler auf Martinique niederließen, war
Zuckerrohr bereits die wertvollste Feldfrucht, die in der Karibik
angebaut wurde. Schon in frühen Jahren segelten Schiffe, beladen
mit Zucker und Melasse für die Rumherstellung, von der Zuckerfabrik Saint James in St. Pierre zu nordamerikanischen Destillerien.

1765 begann Saint James selbst, aus den Nebenprodukten der
Zuckerherstellung Alkohol zu destillieren. Noch zwei Jahre zuvor
war es illegal gewesen, Rhum aus den Kolonien nach Frankreich zu

exportieren. Das Unternehmen expandierte, bis der Ausbruch des Mt. Pelée Zuckerfabrik und Brennerei zerstörte. Saint James wurde verlegt und befindet sich seither auf der Ostseite der Insel.

Das 1981 eröffnete Saint-James-Museum an der Hauptstraße von Sainte Marie ist im alten Herrenhaus der »Sainte Marie Sugar Factory« untergebracht. In den Außenanlagen dokumentiert eine Sammlung von Geräten die technische Entwicklung der Zuckerindustrie während der letzten dreihundert Jahre.

Innen, im kühlen Schatten dieser malerischen Villa, werden kleinere Geräte ausgestellt sowie alte Fotografien aus der Zuckerindustrie und dem Brennereigewerbe auf Martinique. In einer schönen Bar im Erdgeschoß kann man diverse Rhums der Insel verkosten. Der Eintritt ins Museum ist frei, und es lohnt sich etwas Zeit dafür zu nehmen – selbst wenn die Brennerei-Rundfahrt, die hier startet, einmal nicht stattfindet.

Die Destillerie nebenan ist ein großes Unternehmen, in dem fast das ganze Jahr über gebrannt wird. Der größte Teil des hier verarbeiteten Zuckerrohrs wächst auf dem Land der Saint James Company, die restlichen 20 Prozent werden bei örtlichen Farmern zugekauft. In der Destillerie wird das Zuckerrohr zerkleinert und in vier dreizylindrischen Pressen weiterverarbeitet. Um die Saftextraktion effizienter zu machen, wird beim Pressen Wasser zugeführt. Die übrigbleibenden Pflanzenfasern werden in einem großen Kessel verbrannt, um Dampf für die Maschinen in der Fabrik zu erzeugen.

In der Saison fließt aus den vier Pressen, mit ihrer Kapazität von 60 Tonnen Zuckerrohr in der Stunde, mehr Saft, als gleichzeitig fermentiert werden kann. Der Großteil wird zwar direkt in die Gärtanks gepumpt. Der Rest jedoch wird gefiltert und anschließend, um ihn lagerfähig zu machen, im Vakuum zu einem Sirup konzentriert. Im Grunde entspricht dies der ersten Stufe der Zuckerherstellung, nur daß der Zucker auf diese Weise nicht kristallisiert. Zu einem späteren Zeitpunkt wird der Sirup zu seiner ursprünglichen Konsistenz verdünnt, bevor auch dieser Saft in die Gärtanks gepumpt wird.

134   Nach 24 bis 36 Stunden Gärung ist sämtlicher Zucker in Alkohol umgewandelt. Die fermentierte Maische, hier auch als »vin« bezeichnet, wird anschließend in einer von sechs einzelnen Brennsäulen destilliert. Der gesamte wasserklare Rohrhum mit 75%vol Alkoholgehalt wird schließlich in 20 Edelstahltanks von jeweils 68 000 Liter Fassungsvermögen geleitet, wo er ein halbes Jahr ruhen darf. Während der Rhum reift, entweicht restliches, bei der Gärung entstandenes Kohlendioxyd, und weitere molekulare Reaktionen finden statt. Auch unerwünschte, bei der Destillation entstandene Geschmacksstoffe verfliegen, wobei der Rhum zunehmend harmonischer und im Duft wie im Geschmack angenehmer wird.

Nach der Ruhephase werden die für weißen Rhum – oder »Grappe Blanche« – vorgesehenen Destillate mit destilliertem Wasser auf einen Alkoholgehalt von 50 bzw. 55%vol herabgesetzt. Für den »Imperial Blanc Saint James« wird der hochprozentige Rhum mit entmineralisiertem Wasser verdünnt.

Ein weiterer Teil der Produktion wird für 18 Monate in eines der 35 000-Liter-Holzfässer (»vats« oder »tuns«) gelegt. Hier nimmt der Rhum eine leicht gelbliche Farbe an. Bestimmte Bestandteile des Destillats werden vom Holz absorbiert, das seinerseits chemische Stoffe abgibt. Bei dieser Reaktion entstehen komplexe Ester, die zur Geschmacksfülle beitragen. Dieser mit 50 bzw. 55%vol abgefüllte Rhum wird unter dem Namen »Rhum Paille Saint James« verkauft.

Schließlich kommt der Rest des produzierten Destillats in kleine, nur 200 Liter fassende Eichenfässer, in denen es drei Jahre lang »schläft«. Nach dieser Zeit verfügt der mit 42%vol abgefüllte »Rhum Vieux Saint James« über eine kräftige braune Farbe und ein reifes Aroma.

In dieser Destillerie wird auch ein »Rhum Saint James Hors D'Age« abgefüllt – ein Verschnitt aus mehreren gereiften Rhums. Hinzu kommt der »Rhum Ambre Saint James«, ein zwei Jahre alter Rhum mit 45%vol Alkoholgehalt.

Alle oben beschriebenen Saint-James-Rhums werden in elegante, eckige Flaschen aus Marseille abgefüllt. Eine erhabene Darstellung der Plantage Saint James auf dem Glas macht diese charakteristischen Flaschen mit dem beliebten Rhum aus Martinique zusätzlich zu einem hübschen Souvenir.

Der Rhum dieser Destillerie wird in einzelnen säulenförmigen Brennapparaten destilliert. Daneben gibt es noch eine Pot Still, in der kleine Mengen »Coeur de Chauffe« gebrannt werden. Ursprünglich mit Holz befeuert, wird die Brennblase heute mit Dampf betrieben, um die Brandgefahr einzudämmen. Dieser Rhum wird ebenfalls aus reinem Zuckerrohrsaft gebrannt, jedoch mit 60%vol abgefüllt. Eine Rarität, die mir nur in der Destillerie selbst begegnet ist.

Saint James ist eine der wenigen Destillerien von Martinique, in der noch nach Juni, dem Abschluß der Zuckerrohrernte, gebrannt wird. Dann wird in den sechs Brennsäulen – sie addieren sich zur zweit-größten Brennkapazität der Insel – Alkohol aus Melasse destilliert. Dieses Produkt ist auf Martinique selbst nicht erhältlich, da es an Abfüller in Frankreich und anderenorts verkauft wird.

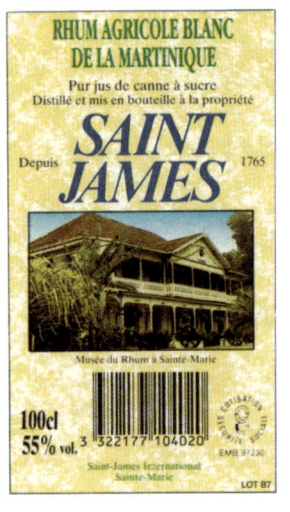

DISTILLERIE SAINT JAMES
SAINTE MARIE, MARTINIQUE

Gegründet 1765
Fermentation: Frisch gepreßter Zuckerrohrsaft,
    Gärdauer 24 bis 36 Stunden
Brenntechnik: Sechs Einzelbrennsäulen

Grappe Blanche Saint James
Alkoholgehalt: 50 und 55%vol
Alter: Ungereift, vor der Abfüllung sechs Monate
    im Edelstahltank
Anmerkungen: Mit destilliertem Wasser auf Trink-
    stärke herabgesetzt; vergleichbar einem Rhum
    blanc agricole.

Imperial Blanc Saint James
Alkoholgehalt: 50 und 55%vol
Alter: Ungereift, vor der Abfüllung sechs Monate im Edelstahltank
Anmerkungen: Mit entmineralisiertem Wasser auf Trinkstärke herabgesetzt.

Rhum Paille Saint James
Alkoholgehalt: 50 und 55%vol
Alter: 18 Monate in Eichenfässern mit einem Fassungsvermögen von 35 000 Litern
Anmerkungen: Hell gelbliche Farbe, im Geschmack dezente Faßnoten.

Rhum Ambre Saint James
Alkoholgehalt: 45%vol
Alter: Zwei Jahre
Anmerkungen: Im Vergleich zu Rhum vieux preis-
    günstiger und geringere Sekundäraromen aus dem
    Holz.

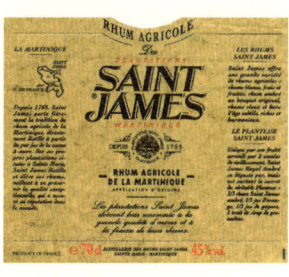

Rhum Vieux Saint James
Alkoholgehalt: 42%vol
Alter: Drei Jahre in kleinen Eichenfässern
Anmerkungen: Einer der beliebtesten Rhums von
    Saint James; mit unüblich niedrigem Alkohol-
    gehalt abgefüllt.

Rhum Saint James Hors D'Age
Alkoholgehalt: 45%vol
Alter: Verschnitt unterschiedlich lange gereifter
    Rhums
Anmerkungen: Sämtliche Anteile im Blend wurden
    länger als drei Jahre ausgereift – einer der besten
    Rhums dieser Destillerie.

137

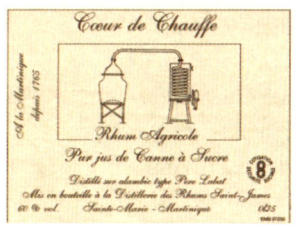

Coeur de Chauffe

Alkoholgehalt: 60%vol

Alter: Ungereift

Anmerkungen: Destilliert in einer traditionellen Kupferbrennblase; ausschließlich in der Destillerie erhältlich, da nur in kleiner Menge produziert.

G. HARDY

Die Ostküste von Martinique hält zahlreiche Überraschungen bereit. Nördlich von Trinité ragt die Insel steil aus dem Atlantik, und schwarze Strände belegen den vulkanischen Ursprung. Weiter im Süden werden die dort wesentlich helleren Strände von Korallenriffen geschützt. Östlich von Trinité, rund um die malerische Küste der Halbinsel, flicken Fischer ihre Netze und Reusen. Vieh weidet auf den abgeernteten Zuckerrohrfeldern, und das Leben hier verläuft gemächlicher als auf dem Rest der Insel. An der Nordseite dieser faszinierenden Halbinsel, gleich hinter dem Ort Tartane, liegt eine Destillerie, die über anderthalb Jahrhunderte dem stetigen Wandel auf der Insel ausgesetzt war und sich doch viele der vergangenen Traditionen bewahrt hat.

An der Straße nach Tartane stehen Wegweiser mit der Abbildung eines Wasserrades und dem Schriftzug »G. Hardy Distillery«. Dort gibt es zwar heute kein Wasserrad mehr, dafür taucht rechts der Straße ein Schuppen aus vor sich hinrostendem Wellblech auf, der eine Kupferbrennblase beherbergt. Nur die Glühbirne, die von einem rostigen Metallträger herunterhängt, erinnert den Besucher daran, daß er sich hier immer noch im 20. Jahrhundert befindet.

Bis vor kurzem wurde das rund um die Destillerie wachsende Zuckerrohr von Hand geerntet, um die Destillerie Jahr für Jahr zwischen Februar und Mai wieder zum Leben zu erwecken. Als ich hier zu Besuch war, wurde allerdings gerade damit begonnen, das Gebäude zu renovieren. Ich hoffe sehr, daß die Kupferbrennblase und die dampfbetriebene Technik erhalten werden – und daß ich sie schon im nächsten Jahr, während der Erntezeit, endlich in Hochbetrieb erleben kann.

Dies ist nicht die einzige Destillerie, die bei meinem Besuch stillgelegt war. Man hat nur selten die Gelegenheit, eine intakte traditionelle Brennanlage in Betrieb zu sehen und die Kunst des Brennmeisters zu beobachten. Ein schönes Bild: Die gesamten technischen Einrichtungen und die Rohrleitungen bestehen aus Kupfer, das im Laufe der Jahre eine dunkelgrüne Patina angenommen hat. Kleine Brennereien wie diese werden heute nicht mehr gebaut – zu hoch sind die Arbeitskosten, die sie mit sich bringen, zu komplex der erforderliche Ausbildungsstand des Personals, zu bescheiden die mengenmäßige Kapazität. Moderne, kontinuierlich arbeitende Brennapparate bestehen meist aus mehr als einer Säule, sind auch mit pflegeleichtem Edelstahl verrohrt und ermöglichen eine weitaus größere Produktion.

Entscheidend für das allmähliche Verschwinden der Kleindestillerien ist der Arbeitsaufwand. Diese winzige Brennerei beschäftigte ganzjährig sechs Mitarbeiter und zusätzlich, während der Brennsaison, weitere 25 Leute – eine sehr arbeitsaufwendige Produktionsweise.

Heute wird hier weißer Rhum von einer anderen Brennerei in der Gegend gekauft, in Fässern gelagert und schließlich entweder als Rhum blanc oder, nach 18 Monaten Reife, als Rhum paille abgefüllt. Als ich G. Hardy besuchte, wurde gerade weißer Rhum für den lokalen Bedarf abgefüllt. G. Hardy Rhum wird vorwiegend auf Martinique vertrieben, daneben in kleinen Mengen auch nach Frankreich exportiert.

Der Rhum vieux, den man im Laden der Destillerie kaufen kann, wurde hier noch selbst produziert. Dieser Rhum lag seit 1975 in Eichenfässern. Selten wird ein Rhum so lange ausgereift – entsprechend ist er auch nicht ganz billig. Farbe, Aroma und die Weichheit dieses Rhums haben mich beeindruckt. Ich wünschte, ich könnte mir Rhum mit so viel Charakter ständig leisten.

Auch wenn der Brennereibetrieb ruht, sind Besucher willkommen. Ich nehme an, daß mit der Destillation schon bald wieder begonnen wird. Die Marke G. Hardy genießt bei Rhumliebhabern auf

Martinique hohes Ansehen, und die Eigentümer dieser einzigartigen Destillerie arbeiten mit enormem Engagement.

Wenn Sie einmal in der Gegend sind, lassen Sie sich diese Destillerie nicht entgehen – als Tribut an die Hingabe, mit der sich die in der Karibik vom Aussterben bedrohte Spezies der Kleinbrenner ihrer Aufgabe widmet. Der Strand bei Tartane bietet hübsche Rastplätze für ein Mittagessen – bringen Sie auch Ihren Badeanzug mit, damit es vollends ein denkwürdiger Tag an der Ostküste von Martinique wird.

DISTILLERIE G. HARDY
TARTANE, MARTINIQUE

Brennereibetrieb stillgelegt; derzeit kauft die Destillerie Rhum agricole und füllt ab

Rhum Blanc G. Hardy
Alkoholgehalt: 50%vol
Alter: Ungereift
Anmerkungen: Auf Martinique ein beliebter Rhum.

Rhum Paille G. Hardy
Alkoholgehalt: 50%vol
Alter: Bei G. Hardy 18 Monate in Eichenfässern
   gelagert
Anmerkungen: Etwas dunkler als andere Rhums
   dieser Kategorie von Martinique. Gute Basisspirituose zum Mixen.

Rhum Vieux G. Hardy
Alkoholgehalt: 46%vol
Alter: Destillat aus 1975, als die Brennerei noch in Betrieb war, wohl
   18 Jahre lang im Holzfaß ausgereift
Anmerkungen: Dunkle, kräftige Farbe; einer der beliebtesten Rhums
   auf Martinique.

Versuchen Sie es.

Nach einer gewissen Zeit auf den französischen Westindischen Inseln hat jeder ein paar Wörter oder Redewendungen aus der französischen Sprache aufgeschnappt – das erleichtert das Reisen und macht Spaß. Eine der einfachsten Gesten, mit denen Sie sich bei den Menschen auf diesen Inseln beliebt machen können, ist der schlichte Gruß »Bonjour«. Selbst wenn Sie sonst kein Wort Französisch sprechen – seien Sie nicht schüchtern. Versuchen Sie's mal, und Sie werden sehen, daß sich die Menschen Ihnen gegenüber anders verhalten. Über die Aussprache brauchen Sie sich keine Sorgen zu machen, das kommt ganz von allein. Außerdem: Schon über das Bemühen freut sich jeder.

Ich habe mich dieser Sprache genähert, indem ich versuchte, französische Etiketten auf Rhumflaschen zu entziffern. Da sich in diesem Buch alles um Rum bzw. Rhum dreht, verstehen auch Sie mittlerweile einige der einschlägigen Begriffe.

»Rhum agricole« zum Beispiel bedeutet: hergestellt aus reinem Zuckerrohrsaft – französisch: »issu du pur jus de canne à sucre«. Eine andere häufig auftauchende Wendung ist »vielli en futs de chene«, gereift in Eichenfässern. »10 ans d'age« bedeutet schlicht zehn Jahre alt. Oft liest man auch »mis en bouteille à la distillerie« – abgefüllt in der Destillerie. Oder »mis en bouteille à la Martinique« – abgefüllt in Martinique.

Ein wichtiges Symbol, dem man häufig begegnet, sieht aus wie zwei miteinander verbundene Kettenglieder und trägt die Aufschrift COTISATION SECURITE SOCIALE. Dies entspricht einer Steuermarke und muß auf allen Flaschen angebracht werden, die in den Export gehen.

Beim Besuch von Destillerien werden Sie feststellen, daß viele englische oder französische Wörter denselben Ursprung haben und auch genauso geschrieben werden, etwa »distillation« und »fermentation«, die ja als »Destillation« bzw. »Fermentation« auch in der deutschen Fachsprache verwendet werden. Die ganz genaue Aussprache ist, wie gesagt, nicht so wichtig. Auch wenn man wie ein Tourist klingt – man hat es wenigstens versucht, und nur das zählt.

Simon

Die südlich von Le Francois an der Ostküste Martiniques gelegene Destillerie Simon, im Jahre 1900 als Zuckerfabrik erbaut, stellt eine interessante Mischung aus Vergangenheit, Gegenwart und Zukunft dar. Um die Jahrhundertwende war der Zuckerpreis noch hoch genug, den Bau einer neuen Anlage in der Nähe der Zuckerfabrik Clément zu rechtfertigen – die Destillerie Simon hatte Glück, die turbulenten Entwicklungen der Vergangenheit zu überleben. Heute wird die große Zuckerrohrmühle nur noch für die Produktion von Rhum agricole betrieben. Auf Martinique wird kein Rhum unter eigenem Namen verkauft – die Destillerie brennt Rhum für zwei bekannte Firmen auf der Insel.

1978 wurde die kupferne Brennsäule der Destillerie J. Bally von Carbet hierher verlegt. Heute wird frischer Zuckerrohrsaft bei Simon vergoren und in der alten Bally-Säule gebrannt, zum beiderseitigen Nutzen. Eine weitere Zusammenarbeit wurde 1988 mit der Destillerie Clément vereinbart: Clément brennt nicht mehr selbst, sondern kauft sämtlichen Rhum bei Simon. Die noch intakte Brennerei von Clément ist Teil eines öffentlich zugänglichen Museums.

Das Zuckerrohr für diesen Rhum stammt aus zwei Quellen. Zwanzig Kleinbauern aus dem direkten Umfeld bringen handgeerntetes Zuckerrohr zur Destillerie. Zusätzlich wird mit Lastwagen maschinell geschnittenes Rohr aus Lamentin bei Fort de France herbeigeschafft. Nach dem Pressen wird der frische Zuckerrohrsaft nur einen Tag vergoren und anschließend in einer von drei Säulen destilliert – je nachdem, wohin das fertige Destillat gehen soll.

Da die Lagerkapazität in der Destillerie begrenzt ist, wird sämtlicher Rhum direkt nach der Produktion in 20 000-Liter-Tanks entweder zu Bally oder zu Clément transportiert, wo er gelagert bzw. abgefüllt wird. Neben der Rhumherstellung für diese beiden bekannten Abfüller produziert Simon weitere 800 000 Liter Rhum agricole jährlich für den Export nach Frankreich, wo er zur Herstellung von Fertigcocktails und Rhumpunsch dient, die unter diversen Markennamen abgefüllt werden.

Bei Simon wird ausschließlich ungereifter weißer Rhum hergestellt. Hinter dem Brennereigebäude liegen große Eichenfässer, sogenannte »foudres«, deren Dauben sich in der langen Zeit, in der sie nicht benutzt wurden, verzogen haben. Wo früher einmal Rhum ausgereift wurde, ist heute nur noch ein Gerätelager. Diesen Teil der Anlage kann man nicht besichtigen – er bietet aber ein typisches Bild für die Entwicklung auf Martinique.

CLÉMENT

Die »Habitation Clément«, 1770 auf dem Gelände einer Zuckerraffinerie erbaut, wurde 1887 von einem gewissen Homère Clément gekauft. Sie war bis 1988 in Betrieb. Danach wurden Land und Gebäude in ein Museum umgewandelt. 1991 trafen hier US-Präsident George Bush und der französische Staatspräsident Francois Mitterrand zu Gesprächen zusammen.

Homère Clément absolvierte sein Studium und promovierte in Paris, von wo er nach Martinique zurückkehrte, um Bürgermeister von Francois zu werden. Am 8. Februar 1900 kam es bei einem Streik in der Zuckerfabrik von Francois zu einer Konfrontation mit dem Militär – zehn der Streikenden kamen ums Leben. Clément intervenierte, erzwang einen Waffenstillstand und konnte schließlich eine friedliche Einigung zwischen den Parteien aushandeln.

Im folgenden Jahr wurde er ins Parlament von Martinique gewählt. 1902, nach dem Ausbruch des Mount Pelée, wurde er zum parlamentarischen Vertreter der Insel in Paris ernannt. Er war ein beliebter Politiker und wurde von vielen als »ungekrönter König von Martinique« angesehen.

Bei Clément wird heute zwar kein Rhum mehr gebrannt, doch die Anlagen sind erhalten geblieben und können auf dem Anwesen besichtigt werden. Weitere Ausstellungsstücke dokumentieren den Sklavenhandel zwischen der Neuen Welt, Afrika und Europa. In einem 30 000-Liter-Faß werden Werkzeuge aus Kupfer ausgestellt, die ahnen lassen, wieviel Arbeit für den Bau und Erhalt dieser großen Gefäße nötig war. Wenn man die Augen schließt, kann man

143

einen Hauch des Rhums riechen, der noch bis 1990 in diesem Faß lag.

Im Besucherzentrum zeigt ein Kurzfilm die Geschichte des Hauses Clément. Außerdem kann man die guten Rhums verkosten, die hier ausgereift und abgefüllt werden. Gegen eine bescheidene Eintrittsgebühr kann man sich bei Clément inmitten der wunderschön angelegten Gärten eines der großen Anwesen des letzten Jahrhunderts entspannen.

CLÉMENT
LE FRANCOIS, MARTINIQUE

Gegründet 1770
Seit 1988 werden die Clément-Rhums ein paar Kilometer weiter bei Simon destilliert. Die Reifung und Abfüllung findet nach wie vor in der Habitation Clément statt.
Fermentation: Frisch gepreßter Zuckerrohrsaft, Gärdauer 24 Stunden
Brenntechnik: Einzelner säulenförmiger Brennapparat aus Kupfer

Clément Rhum Blanc
Alkoholgehalt: 50, 55 und 62%vol
Alter: Ungereift; vor Abfüllung im Eichenfaß harmonisiert

Anmerkungen: Verwendung auch zur Herstellung einer Serie diverser Sorten Rhumpunsch und Liköre auf Zitrusbasis.

Clément Rhum Vieux
Alkoholgehalt: 44%vol
Alter: Sechs, zehn und fünfzehn Jahre
Anmerkungen: Diese Rhums haben Clément weltweit berühmt gemacht. Am Entstehungsort ist Rhum Vieux verschiedenster Jahre erhältlich, unter anderem von 1952, 1970 und 1990.

Bevor Martinique von Frankreich kolonisiert wurde, pflegten spanische Galeonen in der geschützten Galion Bay vor Anker zu gehen, um frisches Trinkwasser aufzunehmen. Ende des 18. Jahrhunderts prägte Zuckerrohr das Bild der Landschaft. Die Plantage Le Galion, die der Familie DuBuc gehörte, erstreckte sich von Trinité bis nach Tartane und Galion.

Im Jahre 1861 nahm Eugène Eustache 1,2 Millionen Francs auf, um den Erwerb der technischen Einrichtungen für die Zuckerfabrik von Galion zu finanzieren. Auf seinen 2344 Hektar großen Ländereien rund um die Baie du Galion pflanzte Eustache Zuckerrohr. Hier wie auf den anderen Inseln konnte man es damals mit nichts so schnell zu Wohlstand bringen wie mit Zucker. Technologische Fortschritte führten zu höherer Ausbeute und gleichzeitig besseren Qualitäten. Neue Fabriken nahmen gigantische Kredite auf, um an den rekordverdächtigen Gewinnen teilzuhaben. In der zweiten Hälfte des 19. Jahrhunderts waren allein auf dieser Insel einundzwanzig Zuckerfabriken in Betrieb.

Fehlspekulationen auf dem Weltmarkt und Fortschritte der Zuckerrübenindustrie führten zu einer Überproduktion und in einen vorhersehbaren Kollaps. 1891, als die Industrie noch ihren Kater von der Boom-Party auskurierte, verwüstete ein schwerer Hurrikan die Insel. Auf diese Katastrophe folgten 1895 eine Dürreperiode und, im Jahre 1902, der schon erwähnte Vulkanausbruch mit der Zerstörung von St. Pierre. Nur ein Drittel der Zuckerfabriken überlebten diese schweren Zeiten bis zum Wiederaufschwung.

Der Erste Weltkrieg brachte einen gigantischen Nachfrageschub mit sich – nach Alkohol für die Produktion von Sprengstoffen. Zuckerrohr wurde nun nicht mehr in Zucker und Melasse verwandelt, sondern ohne Umwege zu hochprozentigem Alkohol destilliert. Da der Wettbewerb beschränkt wurde und ein Teil der industriellen Produktionskapazität wirtschaftlich zusammenbrach, explodierten die Gewinne von Galion.

In der Nachkriegszeit versuchte Frankreich, diesen Industriezweig, der dem Land so nützlich gewesen war, wieder aufzubauen. Da die Zuckerrübenindustrie den Krieg nicht überlebt hatte, gab es einen wachsenden Bedarf nach Rohrzucker. Andererseits war die Hauptindustrie der Insel auch ein Spielball der Politik – für die Produktion von Alkohol und Zucker wurden den Herstellern Quoten auferlegt. In den 20er Jahren stabilisierte sich die Produktion schließlich wieder. Während zahlreiche Kleinbrennereien angesichts der angespannten Konkurrenzsituation ihre Pforten schlossen, schafften es andere, gerade in diesem künstlich regulierten Markt zu prosperieren. Quoten gehören heute noch zum Geschäft mit Rhum und Zucker – manche Destillerie wurde dadurch gerettet, andere zerstört.

Während der Weltwirtschaftskrise der 30er Jahre – als sich Europa und die Vereinigten Staaten auf die Bewältigung innenpolitischer Probleme konzentrierten – wurde die Wirtschaft der Insel erneut hart getroffen: Zwischen 1930 und 1937 sank die Zahl der Kleinbrennereien von 155 auf 120, bis 1939 gar auf nur noch 25.

Seit dem Zweiten Weltkrieg haben diverse Fusionen und Übernahmen schließlich zur Bildung der »Société Anonyme d'Economie Mixte« geführt, die heute Le Galion kontrolliert und die einzige noch verbliebene Zuckerfabrik Martiniques betreibt. Neben Zucker werden hier jährlich fast drei Millionen Liter Rhum industriel produziert.

Zwei der Produkte von Le Galion sind auf Martinique erhältlich, der Löwenanteil der Produktion wird jedoch nach Frankreich exportiert. Leider gibt es derzeit keine geführte Besichtigung der Destillerie. In der näheren Zukunft soll jedoch, während der Erntezeit, die Zuckerherstellung zugänglich gemacht werden.

DISTILLERIE DU GALION
GALION, MARTINIQUE

Gegründet 1861

Diese mit der gleichnamigen Zuckerfabrik assoziierte Destillerie stellt Rhum traditionnel her, also Rhum aus Melasse. Es handelt sich um den einzigen Melasse-Rhum, der auf Martinique vermarktet wird.

Fermentation: Melasse, Gärdauer 24 Stunden

Brenntechnik: Einzelner säulenförmiger Brennapparat aus Kupfer

Rhum Traditionnel Le Galion

Alkoholgehalt: 50 und 55%vol

Alter: Ungereift

Anmerkungen: Der preisgünstigste Rhum von
    Martinique.

Grand Arome Le Galion

Alkoholgehalt: 40%vol

Alter: Vor Abfüllung in Eichenfässern gereift

Anmerkungen: Destilliert aus einer Maische aus
    Melasse und der Vinasse einer vorangegangenen
    Destillation, zehn Tage vergoren. Ein insofern
    einzigartiges Destillat.

$\mathcal{L}$ A FAVORITE

Wenn man vom übervölkerten Fort de France Richtung Gondleau
fährt, vorbei an Chateauboeuf, kommt man in eine Gegend, die
»La Favorite« genannt wird. Beim Überqueren des Flusses sieht
man schon den Schornstein der Destillerie. Ein Hinweisschild an
der Hauptstraße weist den Weg.

Die Brennerei ist in einem Ziegelsteinbau untergebracht, der im Jahr 1842 als Zuckerfabrik errichtet wurde. Wie – mit Ausnahme von zweien – alle anderen Destillerien auf Martinique produziert La Favorite ausschließlich Rhum agricole.

Vom Obergeschoß des Brennereigebäudes aus, direkt über der Zuckerrohrpresse stehend, sieht man den wesentlichen Teil der Antriebsmaschinen dieser großen Rhumfabrik. Geradeaus ein großer, dampfbetriebener Zylinder – der »Muskel« der Zuckermühle. Etwas weiter rechts treiben kleinere Dampfmaschinen Förderbänder an, auf denen die Bagasse zu den Boilern transportiert wird. Andere Dampfmaschinen pumpen die vergorene Maische in die Brennsäulen.

Da die Menge an zu verarbeitendem Zuckerrohr schwankt, müssen die schweren Walzen, zwischen denen es gepreßt wird, beweglich sein. Um den jeweils richtigen Druck einzustellen, wird das Eigengewicht der Walzen gegebenenfalls durch den Druck hydraulischer Zylinder erhöht. Rohrleitungen aus Stahl verbinden diese Zylinder mit den handbetriebenen Pumpen unterhalb der Aussichtsplattform. Mit den schweren Gewichten neben den Pumpen kann der genaue Druck eingestellt werden, der auf die Walzen ausgeübt werden soll.

Wie in den meisten anderen Destillerien von Martinique wird die Fermentation auch hier in weniger als 48 Stunden abgeschlossen. Anschließend wird die Maische in die Brennsäulen gepumpt. Die Destillerie hat im Laufe der Jahre expandiert und verfügt nun über zwei Säulen – eine ganz aus Kupfer, die andere aus Edelstahl mit Kupfer. Die Kondensatoren für beide Säulen bestehen aus Kupfer, wie auch der Großteil der Verrohrung. Zwei Boiler produzieren genügend Dampf für die Befeuerung der erweiterten Anlage.

Der rohe Rhum wird auf 70%vol Alkoholgehalt destilliert und darf sich danach zwei Monate lang in großen Eichenfässern ausruhen, die man hier als »foudres de chene« bezeichnet. Dem Rhum paille wird ein Jahr mehr Zeit gegeben. Späterer Rhum vieux reift in kleinen Eichenfässern im Lagerhaus.

Eines der Probleme, denen sich alle Destillerien gegenübersehen, ist der Mangel an Küfermeistern oder ausgebildeten Facharbeitern für den Zusammenbau und die Pflege der Fässer. Seit der Küfer dieser Destillerie in den Ruhestand getreten ist, wurde es zunehmend schwierig, eine genügende Anzahl an Fässern bereitzuhalten, um soviel Rhum auszureifen wie nötig, um die Nachfrage zu befriedigen und die Destillerie insgesamt profitabel zu halten.

Nachdem ich beim Zusammenbau mehrerer Fässer zugesehen und es auch selbst einmal probiert habe, weiß ich einzuschätzen, wie schwierig diese Aufgabe sein kann. Früher wurde jede Faßdaube mit Werkzeugen von Hand an die nächste angepaßt, ähnlich wie beim Bau eines Schiffsrumpfes aus Holz. Obwohl die Dauben heute maschinell hergestellt werden und untereinander eher austauschbar sind, erfordert es nach wie vor große Könnerschaft, ein Faß so zusammenzusetzen, daß es in den folgenden fünf Jahren oder länger kein Leck bekommt.

La Favorite gehört zu den Destillerien, die die Produktion einer Nachbarbrennerei mit übernommen haben. Wenn es notwendig wird, teure Anlagen zu ersetzen, ist es manchmal wirtschaftlicher, eine andere Brennerei mit der Produktion zu beauftragen, als neue Kredite aufzunehmen. Destillerien, die früher in Konkurrenz zueinander standen, kooperieren nun, um gemeinsam zu überleben. Vor etwa acht Jahren stellte die nur ein paar Kilometer entfernt gelegene Destillerie Etienne ihren Brennereibetrieb ein. Heute wird diese Marke bei La Favorite destilliert und abgefüllt.

Die meisten Verbraucher sind sehr markentreu. Daher kann man einem eingeführten Label oft seinen Markt erhalten, auch wenn dieser Rhum nicht mehr in derselben Destillerie hergestellt wird. So gesehen ist die Auftragsvergabe oft wirtschaftlicher als die Stilllegung der Destillerie mit der Aufgabe der Marke. Manchmal gehen solche Produktionsverlagerungen vollkommen unbemerkt vonstatten.

La Favorite empfängt gerne Besucher während der Zuckerrohrernte, wenn auch der Brennereibetrieb läuft. Ich habe immer versucht, in einigen Destillerien auch gerade dann mit Brennern zu sprechen, wenn nicht produziert wurde. Wenn die Maschinen ruhen, ist es viel stiller in einer Destillerie, und man hat mehr Zeit, bestimmte Vorgänge in Ruhe zu erklären.

DISTILLERIE LA FAVORITE
FORT DE FRANCE, MARTINIQUE

Gegründet 1842
Fermentation: Frisch gepreßter Zuckerrohrsaft, Gärdauer 48 Stunden
Brenntechnik: Zwei einzelne Säulenbrennapparate aus Kupfer

La Favorite Rhum Blanc
Alkoholgehalt: 50 und 55%vol
Alter: Ungereift
Anmerkungen: Wird in der Destillerie auch unter
   dem Markennamen Courville abgefüllt.

La Favorite Rhum Vieux
Alkoholgehalt: 45%vol
Alter: Vier Jahre
Anmerkungen: Ebenfalls mit dem Courville-Label
   erhältlich.

La Favorite Cuvée spéciale de la Filibuste
Alkoholgehalt: 40%vol
Alter: 33 Jahre
Anmerkungen: Der Premium-Rhum von La
   Favorite – und der älteste Rhum, der auf
   Martinique im Handel ist. Eine ganz spezielle
   Rarität.

Saint-Etienne Rhum Blanc und Rhum Vieux
Alkoholgehalt: 50 bzw. 45%vol
Alter: Ungereift bzw. acht Jahre
Anmerkungen: Geschmackliche Unterschiede zu den anderen Sorten von La
   Favorite.

Auf jeder Insel habe ich eine Reihe kleiner Bars besucht. Als ich an einem heißen Nachmittag in Macouba, an der Nordküste von Martinique, auf den Bus wartete, entdeckte ich »Chez Paulette«. Eine Bar schräg gegenüber des Postamts, die kühle Drinks und eine willkommene Erholung von der Tropensonne bietet.

Neben einer stattlichen Bandbreite von Gebäck und Getränken verfügt das »Chez Paulette« über eines der besten Rhum-Sortimente, die ich je in einem so kleinen Laden gesehen habe. Meist findet man an einem solchen Ort nur drei oder vier Marken. Hier fand ich überraschenderweise mindestens sieben verschiedene Rhums und viel Gelegenheit, darüber zu diskutieren, welches der beste Rhum von Martinique sei und warum. Auch wenn Sie kein Französisch verstehen – die Gastfreundschaft der Eigentümerin und die Freundlichkeit der Stammgäste dieser gut bestückten Bar wird Ihnen viel Freude machen.

*D*ILLON

Etwa eine Meile östlich des Kreuzfahrtschiffdocks von Fort de France, direkt hinter dem größten Supermarkt der östlichen Karibik, liegt die Destillerie Dillon. Man kommt leicht hin, selbst wenn man nur für ein paar Stunden auf Martinique ist.

1670 wurde hier eine Zuckerfabrik namens Girardin erbaut. Während des amerikanischen Unabhängigkeitskrieges kaufte der seinem Heimatland stets getreue französische Oberst Arthur Dillon das Anwesen und ließ eine stattliche Plantage anpflanzen. Doch wie sich der Wind manchmal dreht – Colonel Dillon fiel in Ungnade und endete schließlich 1794 am Galgen.

Seine Geschichte, seine Beziehung zu Napoleon und – noch wichtiger auf Martinique – zu Napoleons Frau Josephine … von all dem erfährt man im klimatisierten Besucherzentrum der Destillerie. Ein interessanter Film in französischer Sprache zeigt die Herstellung von Rhum. Man kann ihn sich ansehen, bevor man die Brennerei selbst besichtigt.

In den vergangenen fünfzig Jahren hat sich Fort de France bis vor die Türschwelle dieser Destillerie ausgedehnt. Die Zuckerrohrfelder, die hier früher ringsum wie Unkraut wucherten, gibt es nicht mehr. Heute wird das Zuckerrohr bei 120 Anbauern in der Umgebung gekauft. Ein Teil davon wird immer noch von Hand geschnitten, doch mit steigenden Personalkosten wird von Jahr zu Jahr mehr dieser rückenverschleißenden Arbeit von Maschinen übernommen. Zwischen Februar und Juni werden etwa 16 000 Tonnen Zuckerrohr verarbeitet. Etwas mehr oder weniger, je nach den Erfordernissen der Rhumproduktion und dem Zuckergehalt des Rohstoffs.

Die große, 1934 installierte Zuckermühle macht deutlich, wie wenig sich die Technologie des Zuckerrohrpressens in den letzten sechzig Jahren verändert hat. Bessere Schmieröle für die Mechanik und verbesserte Saftfilter haben genügt, um Pressen wie diese über Jahrzehnte auf dem aktuellen Stand der Technik zu halten.

Im Mühlengebäude mit seinen 22 Edelstahlgärtanks können knapp eine halbe Million Liter Saft auf einmal vergoren werden. Die Fermentation findet unter genauer Temperaturkontrolle statt und ist innerhalb von 48 Stunden abgeschlossen. Von der Oberkante läuft Kühlwasser über die Außenwand jedes Gärtanks, um eine Überhitzung der Maische und ein Absterben der Hefe zu vermeiden.

Wie die meisten Destillerien auf Martinique, setzt auch Dillon Einzelsäulen ein. Die ältere der beiden Säulen, mit denen heute gearbeitet wird, wurde 1920 aus Frankreich importiert, als Ersatz für eine Kupferbrennblase, die schon seit 1869 in Betrieb gewesen war. Als die Nachfrage nach Alkohol stieg, wurde eine zweite Kupfersäule angeschafft. Heute wird mit beiden Kupfersäulen 70%iger Alkohol aus vergorenem Zuckerrohrsaft destilliert.

Nach dem Brennvorgang wird der gesamte Rhum für drei Monate in Eichenfässer gefüllt. Nach dieser Zeit wird der weiße Rhum verdünnt, gefiltert und schließlich in Versionen mit 50, 55 und 62%vol Alkoholgehalt abgefüllt. Der stärkste davon wird meist zum Kochen verwendet und nicht exportiert.

Nach einem Jahr Faßreife wird ein kleiner Teil der Destillate als

Rhum paille abgefüllt. Der ganze Stolz von Dillon jedoch sind die ausgereiften Rhums. Mehr als 2000 Fässer mit reifendem Rhum liegen in den Lagerhäusern – auf Paletten, um sie leichter bewegen zu können. Wie so viele andere Destillerien auf Martinique, werden die Fässer auch bei Dillon ein Mal im Jahr gewogen, um den Verdunstungsverlust der letzten zwölf Monate zu ermitteln. Anschließend werden die Fässer mit Rhum des jeweils selben Produktionsjahres aufgefüllt, um den »Anteil der Engel« auszugleichen. Dank dieses »houillage« genannten Rituals bleiben die Fässer längerfristig gesehen voll, und nur so ist ein maximaler Kontakt zwischen Rhum und Eichenholz gewährleistet.

Bei Dillon werden mehrere gereifte Rhums abgefüllt, als jüngster ein 6jähriger, gefolgt von dem schon teureren 15 Jahre alten »Très Vieux«. Da aus jedem Faß jährlich mindestens acht Prozent des Inhalts verdunsten, stehen von den ältesten Rhums naturgemäß nur noch kleine Mengen zur Verfügung. Der älteste und damit auch teuerste hier abgefüllte Rhum ist eine Qualität, die zwanzig Jahre im Faß war. Ein Teil dieser Produktpalette ist auch anderenorts erhältlich, doch in der Destillerie selbst hat man natürlich die breiteste Auswahl.

Der Großteil der Jahresproduktion von 1,5 Millionen Litern Rhum wird nach Frankreich ausgeführt, ein Teil auch in die USA. Wenn Sie einmal Gelegenheit haben, einen dieser edlen alten Rhums zu probieren, werden Sie verstehen, warum sich Geduld auszahlt.

DISTILLERIE DILLON
FORT DE FRANCE, MARTINIQUE

Gegründet um 1775
Fermentation: Frisch gepreßter Zuckerrohrsaft, Gärdauer maximal 48
  Stunden
Brenntechnik: Zwei einzelne kontinuierliche Brennapparate aus
  Kupfer

Rhum Blanc Dillon
Alkoholgehalt: 50, 55 und 62%vol
Alter: Ungereift, vor Abfüllung drei Monate in
    Eichenfässern harmonisiert
Anmerkungen: Bekannter Rhum auf Martinique,
    gute Basisspirituose zum Mixen.

Rhum Paille Dillon
Alkoholgehalt: 50%vol
Alter: Ein Jahr
Anmerkungen: Produktion nur in kleinen Mengen,
    abhängig von Nachfrage und Kapazität.

Rhum Vieux Dillon
Alkoholgehalt: 45%vol
Alter: Sechs Jahre
Anmerkungen: Beachtenswert die über das für einen Rhum vieux gesetzlich vorge-
    schriebene Maß hinausgehende Reifedauer.

Très Vieux Rhum Dillon
Alkoholgehalt: 45%vol
Alter: Fünfzehn Jahre
Anmerkungen: Außerhalb der Destillerie schwer zu bekommen.

154

C.O.D.E.R.U.M.
Sämtliche Destillerien der französischen Westindischen Inseln sind Mitglieder von C.O.D.E.R.U.M. – eine Schutzorganisation der Rhumproduzenten. Zu den wichtigsten Rechtsfragen, mit denen sich diese Organisation auseinandersetzt, gehören die Absatzquoten auf dem französischen Markt und die Richtlinien für die Abfüllung und Etikettierung.

Die Vorschriften für die Angaben auf den Etiketten unterscheiden sich von denen der anderen Inseln. Obwohl mir ein paar Rhums begegnet sind, die an einem anderen als dem angegebenen Ort produziert wurden, fand ich niemals auch nur ein Etikett, das den Flascheninhalt fälschlich als Rhum agricole ausgegeben hätte. Manche Destillerien verwenden den Begriff »Appellation d'Origine« als Herkunftsnachweis, auch wenn es derzeit keine strengen Richtlinien bezüglich seiner Anwendung gibt.

Wenn Sie eine Flasche mit französischem Rhum öffnen, wird Ihnen vielleicht auffallen, daß das Glas dicker ist als das der Flaschen von anderen Inseln. Handelsgesetzen zufolge müssen diese Flaschen aus Europa importiert werden, während die meisten anderen aus Trinidad stammen. Die derzeit noch gängigsten Flaschengrößen sind 1 Liter und 75 cl – gemäß den neuen Richtlinien in Frankreich wird letztere jedoch durch die Größe 70 cl ersetzt.

⌠ A MAUNY

Viele werden den Namen La Mauny kennen – bei dieser 1749 gegründeten Destillerie handelt es sich um die größte der französischen Westindischen Inseln und mithin den größten Hersteller von Rhum agricole in der ganzen Karibik.

Die Destillerie nördlich von Rivière Pilote ist zu Fuß erreichbar. Man sollte allerdings feste Wanderschuhe tragen. Es gibt zwar auch eine Verbindung mit dem Minibus. Doch interessanter ist der Fußweg, der an einem Fluß entlang durch eine großartige Landschaft führt. Hier gedeihen Brotfruchtbäume, Bananenstauden und

Avocadobäume, und überall blühen bunte Blumen aller Art. Wenn man die Hahnenkampfarena östlich der Straße erreicht, ist man schon fast da.

Die ersten Gebäude, die man von der Destillerie sieht, sind die Abfüllstation und der Verwaltungstrakt, rechter Hand liegt das Besucherzentrum, in dem man Rhum verkosten kann. Die geführten Besichtigungen starten am Empfang neben der eigentlichen Brennerei – nur ein kurzer Fußmarsch den Hügel hinauf, hinter dem alten Brennereigebäude.

Alljährlich zwischen Februar und Juni werden auf der 120-Hektar-Plantage von La Mauny 10 000 Tonnen Zuckerrohr geerntet, weitere 18 000 Tonnen bei Farmern am Ort zugekauft. Das gesamte Zuckerrohr wird noch von Hand geerntet – das bergige Gelände ist zu zerklüftet für die großen Erntemaschinen. Um diese Mengen Zuckerrohr sofort verarbeiten zu können, arbeiten in der Saison vier Pressen rund um die Uhr.

Zur Erhöhung der Zuckerausbeute wird während des Pressens eine wohldosierte Menge Wasser über die Mühlen gesprüht. Bei den meisten Destillerien wird der ausgepreßte Saft in einen Gärtank geleitet, dann der Zuckergehalt gemessen und zu dessen Optimierung schließlich Wasser zugegeben. Hier wird der Zuckergehalt schon auf dem Weg zu den Gärtanks bestimmt, die Zugabe von Wasser wird automatisch kontrolliert.

Zwei Kessel produzieren genügend Dampf für die Pressen, zur Befeuerung der drei Brennsäulen und auch noch zum Generieren der benötigten Elektrizität. Eine Anlage dieser Größenordnung muß sich nicht auf die Stromzufuhr von außen verlassen, es gibt ja genügend Bagasse zum Verbrennen.

Am einen Ende des Betriebsgeländes stehen zur Vergärung des Zuckerrohrsaftes 36 Tanks à 30 000 Liter zur Verfügung. Nach 24stündiger Gärdauer wird die Maische in einer von drei Kupferbrennsäulen von 4%vol Alkohol auf 70%vol destilliert, das Destillat anschließend in Edelstahltanks gepumpt. Zur Qualitätskontrolle werden in verschiedenen Stadien der Produktion, vom Beginn der Fermentation bis zum Abschluß des Brennvorgangs, Proben gezogen und mit Hilfe eines Gas-Chromatographen analysiert.

La Mauny produziert 35 000 Liter Rhum am Tag – mehr als die Jahresproduktion vieler Kleinbrenner.

Destillate, die zur Abfüllung als Rhum blanc bestimmt sind, ruhen drei Monate in 50 000-Liter-Eichenfässern, bevor sie auf Trinkstärke herabgesetzt, gefiltert und mit 50 und 55%vol Alkoholgehalt abgefüllt werden. Für den lokalen Markt wird ein Teil auch mit 62%vol abgefüllt.

Für die Reifung werden Eichenfässer mit 250 Litern Fassungsvermögen verwendet, die aus Frankreich oder Kentucky bezogen werden. Vor der Befüllung mit 62%igem Rhum werden sie innen ausgeschabt und neu angekohlt. La Mauny gehört zu den wenigen Destillerien, die ihre Fässer nach der Montage noch einmal ausbrennen.

Nach dem Rundgang kann man die breite Produktpalette von La Mauny im Destillerieladen mit Verkostungsbar probieren.

DISTILLERIE LA MAUNY
RIVIÈRE PILOTE, MARTINIQUE

Gegründet 1749
Fermentation: Frisch gepreßter Zuckerrohrsaft,
   Gärdauer 24 Stunden
Brenntechnik: Drei einzelne säulenförmige Brennapparate aus Kupfer

Rhum Blanc La Mauny
Alkoholgehalt: 50, 55 und 62%vol
Alter: Ungereift; zur Harmonisierung drei Monate in Eichenfässern mit einem Fassungsvermögen von 50 000 Litern
Anmerkungen: Hergestellt in der größten Destillerie der Insel.

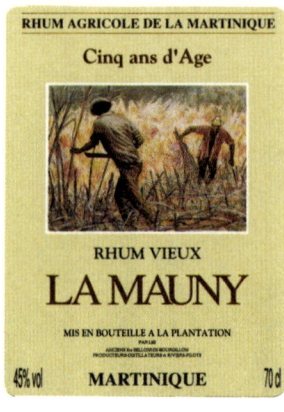

Rhum Vieux La Mauny
Alkoholgehalt: 45%vol
Alter: Fünf Jahre
Anmerkungen: La Mauny ist eine der wenigen
Destillerien, die ihre Fässer nach jedem Ge-
brauch neu ausbrennen, um den Reifungsprozeß
zu fördern.

Rhum Vieux Agricole Hors D'Age
Alkoholgehalt: 43%vol
Alter: Zehn Jahre
Anmerkungen: Einer der ältesten Rhums, die in
größeren Mengen produziert werden – er wäre es
wert, noch einmal zehn Jahre zu warten.

TROIS RIVIÈRES

Etwa acht Kilometer westlich von Sainte Luce liegt das Anwesen
Trois Rivières. Es gehörte ursprünglich zu 5000 Hektar Land, die
1661, unter der Regentschaft Ludwigs XIV., einem gewissen
Nicholas Fouquet überschrieben wurden. Indem er großen Reichtum aufhäufte, weckte Fouquet den Neid des Königs. 1664 wurde
er der Unterschlagung öffentlicher Gelder angeklagt, sein Besitz
konfisziert. Im Jahre 1680 starb er im Alter von 65 Jahren im Gefängnis.
Heute grenzen die 600 Hektar umfassenden Ländereien der Destillerie an die neue Autobahn an der Südküste. Die Destillerie
erreicht man über eine Ausfahrt nach Westen. Weiter südlich
kommt man an eine Kreuzung, an der die alte Küstenstraße mün-
det, inzwischen eine Sackgasse. Auf einem Zaun zwischen Bäumen

ist ein Wegweiser nach rechts. Folgen Sie der alten Landstraße bis hinter Pizza Panoramique. Nach einer Rechtskurve sind Sie schon fast wieder auf der Autobahn – und direkt bei Trois Rivières.

Nur 120 Hektar der eigenen Ländereien sind derzeit mit Zuckerrohr bepflanzt, dessen Ernte 80 Prozent des benötigten Rohstoffs liefert. Der Rest wird von kleinen, unabhängigen Farmern auf dem Land des früheren Großgrundbesitzes angebaut.

Die Ernte findet immer zwischen dem 15. Januar und dem 15. Juni statt. In einer Mühle mit drei Walzen wird das Zuckerrohr ausgepreßt, der Saft in vierzehn jeweils 33000 Liter fassende Gärtanks aus Edelstahl gepumpt. Die Tanks stehen erhöht auf alten Steinfundamenten und können daher per Schwerkraft entleert werden – dies senkt den Bedarf an weiteren Pumpen sowie Energie und den Wartungsaufwand.

Durch Zugabe spezieller Hefen wird die Vergärung innerhalb von nur 24 Stunden abgeschlossen. Anschließend wird die 4%ige Maische in einer von zwei einzelnen Brennsäulen destilliert – pro Jahr insgesamt 1 Million Liter mit 65 bis 72%vol Alkoholgehalt.

Die Destillate werden in Tanks nach Fort de France transportiert, wo sie gelagert und in sechs Kategorien aufgeteilt werden, zur direkten Abfüllung oder zur weiteren Reifung.

Dieses Lagerhaus wirkt wie eine Kathedrale. Fässer statt Säulen, und der Geruch von Weihrauch wird ersetzt durch den Duft von Tannin und reifendem Rhum. Zwischen den mit Moos überzogenen Mauern dieses alten Gebäudes schlummern, in zehntausend Fässern, über zwei Millionen Liter Rhum ihrer Reife entgegen. Wie in allen Destillerien in diesem Buch, werden auch hier einmal verwendete Bourbonfässer zur Reifung eingesetzt. Die Fässer sind aus Eiche gefertigt, der Spundzapfen jedoch aus Pappelholz, das dichter schließt.

1976 kaufte der Getränkekonzern Martini & Rossi drei Firmen: Les Rhumeries Duquesne in Martinique, La Société des Grands Rhums Duquesne (S.G.R.D.) im französischen Bordeaux und Trois Rivières, wo bis 1975 sowohl Rhum industriel als auch Rhum agricole produziert wurden. Aus diesem Erwerb entstand die Firma Duquesne-Trois-Rivières.

Der Name Trois Rivières ist von den Lagennamen des Anwesens entlehnt. Der erste Teil der Firma bezieht sich auf Ange und Augustin-Marie Duquesne, die beide eine Rolle in der Geschichte Frankreichs und Martiniques spielten. Ange Duquesne (1702-1778) war ein bedeutender kanadischer Armeeführer. Im Jahre 1754 unterzeichnete er in Fort Duquesne einen Friedensvertrag mit dem Indianerstamm der Irokesen. Das Fort wurde später in Pittsburgh umbenannt. Der 1765 geborene Augustin-Marie war Hafendirektor von Martinique, bevor er auf dem Freibeuter »La Fortuneand« den Atlantik überquerte.

Vor dem Verkauf wurden die Duquesne-Rhums von der Destillerie Rivière-Salée der Familie Marraud-Desgrottes hergestellt. Bis 1953 gab es hier einen großen Reifekeller – ein Teil des außergewöhnlich lange gereiften Rhums aus diesem Keller wird heute noch vermarktet.

In Fort de France wird der Rhum unter zwei verschiedenen Labels abgefüllt. Obwohl beide Rhums aus derselben Destillerie stammen, ist die Unterscheidung im Hinblick auf die Vermarktungsziele nachvollziehbar: Duquesne-Rhums werden vorwiegend in Frankreich vermarktet, wo 80 Prozent der Destillate unter dem Markennamen Duquesne verkauft werden. Die Marke Trois Rivières hingegen zielt eher auf den lokalen Markt – etwa 80 Prozent davon werden in Martinique selbst abgesetzt.

Von Duquesne werden jährlich, neben der Faßware für Europa, 450000 Flaschen Rhum blanc und Rhum vieux hergestellt. Die Produktionsmenge von Trois Rivières liegt bei etwa 440 000 Flaschen, größtenteils Rhum vieux. Trois Rivières rühmt sich seiner großen Palette an gereiften Rhums.

Obwohl dieser Rhum nicht am Ort der Destillerie ausgereift wird, sind die meisten Sorten der Marken Duquesne und Trois Rivières natürlich im Destillerieladen erhältlich. Ein großes Eichenfaß, in dem früher Rhum ausgereift wurde, dient heute als »Rhum-Boutique«. Hier fand ich zum Beispiel einen sehr preisgünstigen zehn Jahre alten Duquesne Très Vieux Rhum. Achten Sie auf die Altersangabe auf der Halsbanderole dieser sehr speziellen Rhums. Es gibt auch Trois Riviéres Rhum aus den Jahren 1969, 1975, 1979,

1980 und 1982, die allerdings keine zehn Jahre im Faß ausgereift wurden.

Das Lagerhaus und die Abfüllanlage in Fort de France sind nicht öffentlich zugänglich, doch es gibt eine Destillerieführung bei Trois Rivières. Die Schilder und Beschriftungen sind in Französisch, doch selbst wenn Sie diese Sprache nicht verstehen, werden Sie Freude an den historischen Gebäuden und der herrlichen Landschaft rund um die Destillerie haben. Die edlen Rhums, die hier produziert werden, kann man im Schatten des Empfangsgebäudes verkosten, an dem die Führungen starten.

Trois Rivières ist meiner Erfahrung nach die einzige Destillerie, zu der man mit öffentlichen Verkehrsmitteln nur schwer gelangen kann. Bei entsprechender Vorbereitung kann es ein netter Ausflug werden, Sie sollten aber Wasser mitnehmen. Von der Destillerie aus kann man nach Sainte Luce wandern, wo Busse und Taxis auf Touristen warten. Ich will Sie keineswegs entmutigen, falls Sie kein Auto haben. Sie werden diesen Besuch bestimmt genießen.

DISTILLERIE TROIS RIVIÈRES
SAINTE LUCE, MARTINIQUE

Gegründet 1661
Fermentation: Frisch gepreßter Zuckerrohrsaft,
 Gärdauer 24 Stunden
Brenntechnik: Zwei einzelne kontinuierliche
 Säulenbrennapparate aus Edelstahl

Rhum Blanc Trois Rivières
Alkoholgehalt: 50 und 55%vol
Alter: Ungereift; vor Abfüllung in großen
 Eichenfässern gelagert
Anmerkungen: Wird für den Export auch mit
 40%vol abgefüllt.

Rhum Vieux Trois Rivières
Alkoholgehalt: 45%vol
Alter: Fünf Jahre
Anmerkungen: Viele Jahrgänge erhältlich, unter
anderem 1969, 1975, 1980 und 1992.

Rhum Blanc Duquesne
Alkoholgehalt: 50 und 55%vol
Alter: Ungereift
Anmerkungen: Vermarktung vorwiegend in Frank-
reich.

Duquesne Très Vieux Rhum
Alkoholgehalt: 45%vol
Alter: Zehn Jahre
Anmerkungen: Nach dieser Rarität unter den ge-
reiften französischen Rhums sollte man Ausschau
halten.

Viele Destillerien in diesem Buch waren von Bedeutung für die Geschichte und die Entwicklung dieser Inseln. Trois Rivières ist in dieser Hinsicht von besonderem Interesse. 1805, als sich England und Frankreich bekriegten, stationierte der britische Admiral Hood ein Truppenkontingent auf einer strategisch wichtigen Felseninsel südwestlich von Martinique. Der Felsen wurde zu einem englischen Kanonenboot erklärt und »H.M.S. Diamond Rock« getauft.

Achtzehn Monate lang bemannten die Engländer heldenhaft ihren Bootsfelsen und behinderten den Schiffsverkehr entlang der Südküste von Martinique, wo westliche Strömungen und Untiefen ohnehin schon ein sorgfältiges Navigieren erfordern.

Frustriert von ihren erfolglosen Versuchen, die Besatzer von ihrer im Grunde unsicheren Position auf Diamond Rock zu vertreiben, ließen die Franzosen Fässer mit Rhum der Destillerie Trois Rivières den Fluß hinunter ins Meer treiben. Den Rest besorgten die Gezeiten und die Strömung. Schon nach ein paar Stunden dümpelten die Fässer zu Füßen der kriegsmüden Engländer. Am nächsten Tag konnte H.M.S. Diamond Rock geentert werden, ohne auf großen Widerstand zu stoßen.

Die heldenmütigen Franzosen wußten den militärischen Wert und Nutzen derart »einsatzfreudiger« Soldaten richtig einzuschätzen – und schickten die Kriegsgefangenen lieber zurück nach England, anstatt sie für den Rest des Krieges in Lagern zu internieren.

St. Lucia

Auch St. Lucia schaffte, wie seine südlichen Nachbarinseln, in den letzten zwanzig Jahren den Sprung vom Status einer britischen Kolonie zu einem unabhängigen Staat. In der Zeit, als die karibischen Inseln in den Strudel politischer und wirtschaftlicher Veränderungen gerieten, wurde die Fähigkeit der kleinen Destillerien, überhaupt noch Gewinn abzuwerfen, auf eine harte Probe gestellt. Doch in den letzten zwei Dekaden haben sich die beiden Destillerien dieser Insel konsolidiert, nachdem Anfang der 60er Jahre der Zuckerexport durch die Ausfuhr von Bananen abgelöst worden war.

Castries ist eine vor Geschäftigkeit vibrierende Stadt. Auf den meisten Westindischen Inseln finden die Märkte Samstag vormittags statt – in Castries »brummt« es jeden Tag. Von sieben Uhr morgens bis weit in den Nachmittag sitzen die Verkäufer unter bunten Sonnenschirmen und preisen an, was immer gerade Saison hat.

Jeden Tag bringen junge Männer den eben angelandeten Fang von den Fischern am Hafendamm nach oben zu den Ständen. Hier wird er verkauft, neben Koskosnüssen, Mangos, Avocados, Tomaten und zahllosen anderen vor Ort angebauten Früchten, zwischen Gemüsen und Gewürzen. Für Hungrige gibt es gebratenen Fisch und Hähnchen, serviert mit einer scharfen Sauce und einem von Herzen kommenden Lächeln. Anders als sonst in der Karibik, wo die meisten Handarbeiten importiert werden, sind die in Castries angebotenen Korbwaren tatsächlich von den Menschen geflochten, die hier leben.

Ein Bummel durch diese Explosion von Farben, Aromen, Stimmen und Geräuschen endet oft hinter dem Handelshafen. Das Auslieferungslager für Faßrum liegt hinter der Tankstelle an der Manoel Street. Auch ein geschäftiger Ort – hier kann man zusehen, wie Rumfässer für den Transport zu Hotels auf der Insel vorbereitet werden. Ich bleibe hier gerne stehen und bewundere die

Eichenfässer und die Aufschriften auf den Faßdeckeln mit Inhalt und Produktionsnummer des jeweiligen Fasses.

In St. Lucia probierte ich einige mit Gewürzen aromatisierte Rums und war sehr überrascht, wie weich und angenehm etwas so »gepfeffert« Würziges sein kann. Normalerweise liegen diese Rums für ein paar Wochen, während der sie den Geschmack der hineingegebenen Gewürze annehmen und die Schärfe des jungen Alkohols verlieren. Der angenehme Geschmack täuscht allerdings über den hohen Alkoholgehalt dieser aromareichen Mischungen hinweg. Man darf nicht vergessen, daß diese Gewürzrums auf der Basis von Overproof-Rum hergestellt werden und sehr viel mehr Alkohol enthalten als selbst ein kräftiger Cocktail. Mehr als einmal mußte ich der Versuchung widerstehen, mir noch einen dieser wohlschmeckenden Drinks zu gönnen – schließlich wollte ich noch weiter recherchieren, etwa bei der Destillerie …

S T. LUCIA DISTILLERS LIMITED

Über drei Generationen hatte die Familie Barnard in ihrer Dennery Factory Company Rum hergestellt, bevor sie mit der Destillerie Geest zusammenging, um für den wirtschaftlichen Wandel in St. Lucia und der Karibik besser gerüstet zu sein. Als sich die Inselwirtschaft von Zuckerrohr auf Bananen umstellte, sah sich die Dennery Factory Company gestiegenen Kosten und höheren logistischen Anforderungen gegenüber – Melasse, wesentlich für die Rumherstellung auf den englischsprachigen Inseln, mußte nun importiert werden.

Heute hat das Unternehmen St. Lucia Distillers seinen Sitz am Ort der alten Destillerie Geest. Sie gehörte früher zur Zuckerfabrik von Roseau, südlich von Marigot an der Westküste St. Lucias gelegen. Die verlassene Zuckermühle und die anderen übriggebliebenen technischen Anlagen erinnern an die schwierigen Jahre, die auf die besagte landwirtschaftliche Umstellung folgten.

Seit 1972 hat sich das Joint-venture in vielfacher Hinsicht weiterentwickelt. Mitte bis Ende der 80er Jahre wurde die Technik der

165

beiden in die Jahre gekommenen Brennereien ausgetauscht, eine neue Zwei-Säulen-Anlage angeschafft. 1987 wurde die East Caribbean Distilleries Limited gegründet. Ein weiteres Joint-venture mit der Firma Duncan, Gilbey and Matheson International Limited ermöglichte eine Diversifikation: seither können, mit Hilfe moderner Anlagen, auch andere Spirituosen produziert werden. Die Einführung von Gin, Wodka und Brandy öffnete nicht nur neue Märkte für auf St. Lucia destillierte und abgefüllte Produkte, sie öffnete auch die Türen für den faß- oder tankweisen Export von Alkohol nach Europa und Afrika.

Seit kurzem werden – auf Grundlage eines Abkommens zwischen der Firma G and P Darmoy auf Martinique und der neu gebildeten West Indies Liqueur Company – auch die beliebten Liköre der Marke La Belle Creole in St. Lucia hergestellt und abgefüllt – meines Wissens die einzige derartige Kooperation zwischen den französischen Westindischen Inseln und ihren englischsprachigen Nachbarn. Wenn man die fundamentalen Unterschiede im Geschäftsklima der beiden Seiten betrachtet, so muß man sagen, daß diese überraschend vereinbarte Zusammenarbeit einen Meilenstein zum Nutzen all dieser Inseln darstellt.

Auch wenn das Design der La-Belle-Creole-Produkte derzeit neu gestaltet wird, werden Sie sie im Regal sicherlich erkennen. Diese Liköre sind auf Martinique sehr beliebt und finden auch auf den anderen Inseln zunehmend Anhänger.

Laurie Barnard, der Geschäftsführer von St. Lucia Distillers, mußte viele Hürden nehmen, um die in seinen Augen kleine Destillerie zum Erfolg zu führen. Strenge Qualitätskontrollen, wie auch eine Diversifizierung der Produktion und der Vertriebswege, haben dem Unternehmen gut getan. Dennoch: Um im wachsenden Markt konkurrenzfähig zu bleiben, sind noch viele Entscheidungen zu treffen, die das Wohl und Wehe der Destillerie in der Zukunft beeinflussen werden. Die Einführung neuer Produkte etwa erfordert immer auch Investitionen in technische Produktionsanlagen und das Treffen weiterer Vorkehrungen, um eine gleichbleibende Qualität sicherzustellen.

St. Lucia Distillers Limited bietet – verglichen mit Destillerien ähnlicher Größe – die breiteste Produktpalette. Ich nehme zwar an, daß einige dieser Rumsorten Auslaufmodelle sind, um so mehr sollte man aber nach neuen Produkten dieser Brennerei die Augen offenhalten, die wohl auch ins Haus stehen dürften. Derzeit wird eine große Bandbreite abgefüllt, vom frischen weißen Rum bis hin zu gereiften und verschnittenen Produkten.

Wenn Sie einmal hier sind, nehmen Sie sich die Zeit, das neue Besucherzentrum in Castries aufzusuchen, wo all diese Produkte erhältlich sind.

ST. LUCIA DISTILLERS LIMITED
CASTRIES, ST. LUCIA

Gegründet 1972
Fermentation: Melasse, Gärdauer maximal 48 Stunden
Brenntechnik: Zwei-Säulen-Brennanlage aus Edelstahl

Denros Strong Rum
Alkoholgehalt: 80%vol
Alter: Ungereift
Anmerkungen: Rum-Shops vor Ort kaufen diesen
  Rum in 20-Liter-Kanistern und aromatisieren ihn
  mit einer Vielzahl von Früchten und Gewürzen.
  Er wird auch faßweise an viele Hotels und Ferien-
  anlagen auf St. Lucia vertrieben.

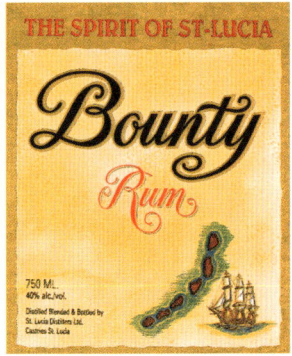

Bounty Rum
Alkoholgehalt: 40%vol
Alter: Ungereift
Anmerkungen: Der beliebteste weiße Rum auf St.
  Lucia, auch in einer bernsteinfarbenen Version
  abgefüllt.

Bounty Crystal White Rum
Alkoholgehalt: 40%vol
Alter: Ungereift
Anmerkungen: Trockener weißer Rum zum Mixen
von Cocktails oder zum Genießen auf Eis.

Buccaneer Rum
Alkoholgehalt: 43%vol
Alter: Ungereift
Anmerkungen: Erscheint im Geschmack schwerer
als Bounty Rum. Obwohl er weniger Farbe hat als
andere schwere Rums, ist er sehr beliebt als
Basisspirituose für Cocktails und die Herstellung
von Fruchtpunsch.

Ron D'Oro Superior
Alkoholgehalt: 43%vol
Anmerkungen: Vorwiegend für den Export nach
England und Kontinentaleuropa produziert.
Dieser Verschnitt ergänzt die anderen dunklen
Rums von St. Lucia.

Le Marquis Rhum
Alkoholgehalt: 50 und 55%vol
Alter: Ungereift
Anmerkungen: Die jüngste Produktentwicklung dieser Destillerie – der Verschnitt
»imitiert« den Geschmack von Rhum agricole.

Kweyol Spice Rum
Alkoholgehalt: 40%vol
Anmerkungen: Eine weitere Neuschöpfung, aromatisiert mit Bois
  Bande.

Old Fort Reserve Rum
Alkoholgehalt: 43%vol
Alter: In der Destillerie in Eichenfässern ausgereift.

Anmerkungen: Kein gewöhnlicher Rum – die verschiedenen Destillate im Verschnitt ergeben den
  weichsten Rum von St. Lucia und den Premium-
  Rum dieser Destillerie. Erhältlich in den meisten
  größeren Läden der Insel. Wenn man schon mal
  da ist, sollte man ihn unbedingt probieren.

Vorsicht, Falle!
Ein anderer auf St. Lucia häufig angebotener Rum läuft unter dem
Markennamen »Lucian Rum«. Das Künstleretikett zeigt einen
Sonnenuntergang über dem Meer, verrät aber nicht, wo der Rum
destilliert und/oder abgefüllt wurde. Mir war die Sache ein Rätsel,
bis ich mir die Flasche näher ansah. Im Boden eingeprägt fand ich
die Worte »Jamaica Liquor Bottle« – eine jamaikanische Flasche
also, wohl auch mit jamaikanischem Inhalt. Ich hoffe, daß der
Importeur das Etikett bald ändert und künftig die Herkunft seines
Rums angibt.

St. Vincent und die Grenadinen

Wenn Sie St. Vincent und die Grenadinen besuchen, werden Sie bestimmt einmal mit der Fähre von Bequia nach Kingstown fahren wollen (nicht zu verwechseln mit Kingston, das liegt auf Jamaika). Die Fähren legen schon um sechs Uhr dreißig morgens ab – die mit den meisten Passagieren an Bord ist die etwas schnellere der beiden. Als ich mit ihr fuhr, kamen wir nach sieben Meilen Fahrt mit wenigstens zwei Bootslängen Vorsprung an und konnten ohne Wartezeit von Bord gehen.

Zehn Gehminuten entfernt von der Anlegestelle, immer an den historischen Gebäuden an der Uferpromenade entlang und gleich hinter dem neuen Markt, liegt linker Hand der Parkplatz für die Minibusse. Zu Zielen auf der Windseite der Insel geht es von der östlichen Seite dieses Platzes aus, leewärts wird auf der Westseite abgefahren. St. Vincent Distillers Ltd. in Georgetown liegt so gesehen etwas nördlich von der Mitte der Insel-Windseite. Als ich nach dem Fahrpreis nach Georgetown fragte, meinte der Fahrer nur: »Keine Sorge, einsteigen!« Die Fahrt mit dem Minibus ist absolut spektakulär.

Ein paar Tage zuvor hatte ich schon einmal vor dieser Küste gesegelt, auf meinem Weg von St. Lucia nach Bequia, und gehofft, unterwegs einen Fisch zu fangen. Während ich versuchte, einen Thunfisch an Bord zu ziehen, war ich, ohne es zu bemerken, sehr nahe an die Insel getrieben worden – auf so viel Schönheit war ich daher einfach nicht vorbereitet. Unterhalb der Straße tost die Brandung gegen steile Klippen. Erst hier oben jedoch entfaltet sich die ganze, scheinbar grenzenlose Kraft dieser vulkanischen Insel. Wenn man auf den nassen Straßen ständig durch Haarnadelkurven fährt, muß man sich immer wieder einreden, daß der Fahrer die Strecke bestimmt schon so oft gefahren ist, daß er sie im Schlaf beherrscht. Einfach entspannt zurücklehnen und die Erfahrung genießen …

Kurz hinter dem Tunnel liegt Georgetown, und kurz hinter dem Stadtzentrum die Destillerie. Vor etwa 65 Jahren baute hier die Firma Bentinck Estate Ltd. eine Brennerei, um sich die ständig verfügbare Melasse der benachbarten Zuckerfabrik zunutze zu machen.

Erst 1963 wurde daraus die St. Vincent Distillers Ltd. Im selben Jahr wurden die früheren Zuckerrohrfelder in Bananenplantagen umgewandelt, die Zuckerfabrik schloß ihre Pforten. Nicht genug, daß man Zucker inzwischen auch aus Rüben herstellen konnte, und zwar mit weniger Arbeits- und Energieaufwand – auch die Weiterentwicklung der Transportmittel und -wege hatte dazu geführt, daß es billiger wurde, Zucker zu importieren, als ihn selbst vor Ort zu produzieren. Seit Schließung der Zuckerfabrik wird die Melasse für die Destillerie aus Guyana eingeführt.

1983 wurde neues Zuckerrohr ausgepflanzt – man hoffte wieder auf preisgünstige Melasse aus heimischer Produktion. Während die Pflanzungen begannen, die Hügel zu überziehen, wurde die alte Zuckerfabrik mit aus Trinidad herbeigeschafften technischen Anlagen neu ausgestattet. Mit frischem Optimismus und der Aussicht auf billigeres Rohmaterial wurde – bei John Dore and Company in England – auch gleich noch eine neue Brennanlage geordert.

Am 11. Juni 1985 tröpfelte schließlich das erste Destillat in den Auffangbehälter der neuen Brennerei. Leider war die Zuckerfabrik nebenan zu diesem Zeitpunkt schon wieder geschlossen – erneut machten sich die Bananenstauden in der Landschaft breit. Heute wird der Bananenanbau, die Wirtschaftslokomotive der letzten dreißig Jahre, zunehmend von Konkurrenz aus dem Ausland bedroht. Und Rum wird wieder zu einer lebensfähigen, stärker sprudelnden Quelle für den Außenhandel, auch wenn die Melasse importiert werden muß.

Hier, in dieser Destillerie, lernte der Brennmeister Fitz-Stephen Pitt sein Handwerk. Er ist verantwortlich für die Mischung der Maische aus Melasse, Wasser und Hefe und für die zwei bis drei Tage dauernde Fermentation in den zehn Edelstahltanks mit einem

Fassungsvermögen von jeweils 19 000 Litern. Durch Rohrleitungen in den Tanks läuft kühles Quellwasser, um die Temperatur im gewünschten Bereich zu halten – auf diese Weise wird keine zusätzliche Energie benötigt und das Flußwasser nicht verschmutzt.

Nach Abschluß der Fermentation wird die »Brix«, wie man die vergorene Maische hier nennt, in die Doppelsäulen-Brennanlage aus Edelstahl gepumpt. Die erste Säule produziert ein Destillat mit etwa 72 %vol Alkoholgehalt, das im Rektifikator auf 89 %vol redestilliert wird. Das abgekühlte Kondensat verläßt die Brennerei mit Zimmertemperatur. Da hier keine ausgepreßten Zuckerrohrfasern zum Verbrennen zur Verfügung stehen, wird der zum Befeuern der Anlage nötige Wasserdampf mit einem dieselbetriebenen Boiler erzeugt.

Als ich diese Destillerie besuchte, gab es keine geführten Besichtigungen. Dennoch wurde ich mit großer Gastfreundschaft empfangen. St. Vincent und die Grenadinen sollte man wirklich besucht haben. Doch wenn Sie einmal dort sind: Kaufen Sie Ihren Rum spätestens am Freitag vormittag – sonst könnte es Ihnen passieren, daß Sie nur noch Importware bekommen. Und das wäre doch zu schade.

Zurück in Admiralty Bay, an Bord der *Second Wind*, fanden wir den »Captain Bligh« sehr angenehm. Später kippten wir noch etwas »Very Strong Rum« in unseren süßen Rumpunsch... Seekrankheit muß so ähnlich sein.

ST. VINCENT DISTILLERS LIMITED
GEORGETOWN, ST. VINCENT

Gegründet 1963
Fermentation: Melasse, Gärdauer zwei bis drei Tage
Brenntechnik: Kontinuierliche Zwei-Säulen-Brennanlage aus
  Edelstahl

Sunset Very Strong Rum

Alkoholgehalt: 84,5%vol

Anmerkungen: Dieser scharfe Rum wird von den
   Leuten vor Ort favorisiert und ist nur Dienstag
   und Freitag morgens erhältlich. Für größere
   Mengen bringen Sie am besten eigene Kanister
   mit.

Captain Bligh

Alkoholgehalt: 40%vol

Alter: Lag mit nur 54%vol Alkoholgehalt bis zu
   zehn Jahre in Eichenfässern.

Anmerkungen: Vor dem Wochenende schwer zu
   bekommen. 1991 und 1992 jeweils zweiter Platz
   bei einer Verkostung karibischer Rums
   (Caribbean Week Rum Testing Competition).

Sunset Red

Alkoholgehalt: 40%vol

Anmerkungen: Ähnlich dem Captain Bligh, jedoch mit zusätzlichen Aromen. Sieger
   bei der Rumverkostung 1993 (Caribbean Week Rum Testing Competition).

Carriacou

Als die *Tafia* einmal vor Windward ankerte, wurde gerade ein Fischerboot kielgeholt, um Reparaturen am Schiffsboden auszuführen. Nachdem diese Arbeiten erledigt waren, wurde Ballast geladen und das Deck mit etwas Farbe nachgestrichen. Das Boot war fast fertig. Am nächsten Morgen versammelte sich die Vier-Mann-Crew wieder an Deck, um letzte Hand anzulegen. Nachdem der jüngste von ihnen – für einen guten Fang – Bug und Laderaum mit Rum »geölt« hatte, reichte er die Flasche dem ältesten. Schweigend sah die Crew zu, wie er etwas Jack Iron auf die Ruderpinne goß, damit das Boot allzeit sicher wieder nach Hause finden möge.

Inzwischen war es zu spät geworden, um noch zum Fischen hinauszufahren. Also setzten sie sich auf das Deck, winkten mir, ich solle hinüberkommen, und tranken auf ihr Glück – ein langes Leben in Carriacou.

Sie hatten zwei Tassen, eine für Jack Iron und eine für Wasser. Nachdem der erste etwas Rum und dann einen Schluck Wasser getrunken hatte, reichte er die beiden Tassen dem nächsten weiter, mit überkreuzten Armen – so konnte der die Tassen gleich in der korrekten Position in Empfang nehmen: Rum in der linken, Wasser in der rechten Hand.

Ein paar Monate später traf ich die Crew der *Margeta* an der Südküste Grenadas wieder. Es hatte den ganzen Tag lang geregnet, und die Männer flickten ein Sonnensegel auf dem Vordeck, als ich hinüberruderte, um zu fragen, ob sie Fisch zu verkaufen hätten.

Wenig später waren wir dabei, Karten zu spielen und unseren Durst zu löschen. Ein paar Limetten wurden aufgeschnitten, der Saft in einen Plastikeimer ausgedrückt. Etwas Zucker dazu, ein großzügiger Schuß Rum und ein paar Tropfen Wasser. Einer schwenkte den Eimer, um das Ganze zu vermischen und den braunen Zucker aufzulösen. Gläser gab es zwar nicht, und wir tranken aus dem Eimer. Doch eins steht fest: Diese Männer wissen wirklich, wie man einen guten Nachmittagscocktail mixt.

JACK IRON

In Carriacou ist der Jack Iron mehr als nur Rum. Er ist der König!
»Jack Iron wird in Carriacou hergestellt. Na ja, eigentlich kommt
er aus Trinidad und St. Bart's. Er wird zwar in Trinidad gemacht,
aber dort ist er teurer. Er wird in Trindad gebrannt, von Leuten aus
Carriacou.« So ungefähr klingen die Geschichten, die man über
diesen Rum erzählt bekommt. Und wie sieht die Wahrheit aus?

Am Strand fand ich einmal ein leeres Jack-Iron-Faß. Die Mar-
kierungen auf dem Deckel: 1993 (das Jahr der Füllung), ALC 79%
(79%vol Alkoholgehalt) und HP (High Proof). Ein ziemlich starker
»König«. Auf anderen Fässern, die ich gesehen habe, war sogar ein
Alkoholgehalt von 80 und 80,5%vol angegeben. Während hochprozentiger Rum im Faß reift, kann der Alkoholgehalt durch Verdunstung schwanken. Doch welcher Alkoholgehalt sich auch
immer schließlich einstellt – Eiswürfel sinken in einem Glas mit
Jack Iron nach unten.

Also, hier nun die wahre Geschichte des Jack Iron. Er wird tatsächlich von Trinidad Distillers Limited destilliert, um auf anderen
Inseln verschnitten zu werden. Da die meisten Verschnitte aus
einem hochprozentigen Basisrum und mehreren leichten bis
schweren gereiften Rums bestehen, gibt es eine stete Nachfrage
nach Overproof-Rum als Verschnittgrundlage. Ein hoher Alkoholgehalt wird auch gewünscht, um die Transportkosten zu minimieren. Dank großer Produktionsmengen kann TDL – eine der größten Destillerien der östlichen Karibik – diesen leichten, hochprozentigen Rum zudem kostengünstiger herstellen und billiger anbie-
ten, als es einer kleineren Destillerie möglich wäre. Obwohl Jack
Iron in Trinidad hergestellt wird, kann man ihn dort nicht kaufen –
außer faßweise, für den Export.

Es gibt unterschiedlichste Jack Irons in den Rumläden von
Carriacou. Manche geben Nüsse, Samen oder Gewürze in die
großen Flaschen, die sie aus dem Faß im Hinterzimmer befüllen.
Ein paar geschäftstüchtige Ladenbesitzer haben eigene Etiketten
und füllen Jack Iron wie einen Markenrum ab, andere dagegen füllen nur ihre leere Flasche auf.

In welcher Form man ihn auch kauft – Jack Iron ist immer ein ziemlich starker Rum. Wenn man in Carriacou einen Rum bestellt, bekommt man grundsätzlich Jack Iron – und zwar pur. Man sollte also schon etwas zum Nachspülen bestellen. Für gewöhnlich nimmt man Wasser, aber Cola ist hier auch sehr beliebt. Seien Sie nicht überrascht, wenn man Ihnen statt eines Glases eine kleine Flasche Rum serviert, das ist hier so üblich. Jede dieser Miniaturflaschen ist auf genau ein Achtel einer normalen Flasche geeicht. Für die meisten Touristen ist das zuviel des Guten, so daß man das Fläschchen meist mit ein paar Freunden teilt. Auch als ich das erste Mal hier Rum bestellte, schaffte ich die kleine Flasche nicht allein – das schien hier niemanden allzusehr zu überraschen, und jeder andere Gast war nur zu gerne bereit, mir ein wenig zu helfen.

Wenn es je einen Zweifel daran gegeben hätte, daß es sich bei Jack Iron um den König von Carriacou handelt, so wäre er spätestens zu der Zeit zerstreut worden, als ich versuchte, nach einer Regatta noch ein paar Flaschen aufzutreiben. Die gesamte Ladung von fünfzig oder mehr Fässern, die man kurz vor der Regatta in Tyrrel Bay gelöscht hatte, war verkauft. Im nächsten Jahr werde ich den König nicht so lange warten lassen.

Die Regatta von Carriacou findet immer am ersten Montag im August statt, die Party beginnt jedoch schon am Freitag davor. In den ersten Jahren erhielt jedes Boot eine Flasche Jack Iron als eine Art Trostpreis. Heute gibt es in jeder Bootsklasse Tausende von Dollars zu gewinnen.

An der Regatta können Frachter und Fischerboote ohne Maschine teilnehmen. Für das Rennen werden zusätzliche Segel angebracht. Bei starkem Wind werden Ballaststeine geladen, bei abflauendem Wind werden sie über Bord geworfen.

Jack Iron
Alkoholgehalt: 80%vol
Alter: Drei Jahre
Anmerkungen: Beachten Sie die
  Farbe dieses dreijährigen Rums in
  Faßstärke.

Nicht jeder, der schon einmal Jack Iron begegnet ist, hat damit einen so »denkwürdigen« Abend erlebt wie der Autor des folgenden Briefes – doch wie gesagt, es handelt sich um einen sehr starken Rum:

Liebe Mary, lieber George Willy,
wir kennen uns ja nun schon seit geraumer Zeit, doch für gestern und letzten Donnerstag möchte ich um Entschuldigung und um Verständnis bitten. Wie Ihr wißt, bin ich im nüchternen Zustand ein höflicher, freundlicher und großzügiger Mensch. Wenn ich allerdings getrunken habe, verwandle ich mich in ein wildes Tier. Um meiner Familie willen ebenso wie Euretwegen bitte ich Euch: Schenkt mir keinen Jack Iron oder sonstwelchen starken Rum mehr ein. Ich lasse diesen Brief polizeilich beglaubigen, um Euch zu zeigen, wie ernst es mir ist ...

Grenada

Die »Insel der Gewürze«: 95 Prozent der Welt-Muskatnuß- Produktion stammt von hier – nicht umsonst steht die Muskatnuß als Symbol sogar im Mittelpunkt der Nationalflagge von Grenada. Doch Muskatnüsse sind längst nicht das einzig Scharfe, das von dieser Gewürzinsel kommt.

Was auch immer auf den Inseln der östlichen Karibik wächst – auf Grenada gedeiht es wahrscheinlich noch besser, dank fruchtbarer vulkanischer Böden und eines ganz besonderen Klimas. Monokulturen waren noch nie ein Problem für diese kleine Inselnation. Kleine, unterschiedlich bepflanzte Felder von Familienfarmen überziehen die Hügel wie ein bunter Flickenteppich, und auch Zuckerrohr sieht man häufig, wenn man über Land fährt. Eine breit gefächerte landwirtschaftliche Basis und null Verbrauchssteuern auf Alkohol haben das Überleben mehrerer Destillerien gesichert, die eine 200jährige Geschichte der Rumherstellung dokumentieren.

Die Palette der Produktionstechniken spannt sich hier von kleinen, spärlich tröpfelnden Pot Stills bis hin zu modernen Zwei-Säulen-Brennapparaten mit einer Kapazität von zigtausend Litern am Tag. Die Destillate werden aus Zuckerrohrsaft, Sirup oder Melasse hergestellt. Rum wird zudem von anderen Inseln importiert, um auf Grenada verschnitten und abgefüllt zu werden.

Auf meinen Reisen bin ich mehreren Schwarzbrennereien begegnet. Auf manchen Inseln erzählte man mir von Brennereien, die angeblich nicht mehr existierten, auf anderen Inseln las ich in der Tageszeitung darüber. Es ist unwahrscheinlich, daß man eine solche Anlage auf einer Inseltour mit eigenen Augen zu sehen bekommt. Wenn man jedoch in kleinen, ländlichen Rumläden gezielt nachfragt – als interessierter Connaisseur, versteht sich –, werden einem plötzlich Rums mit Namen wie »Mountain Dew«, »Forest Reserve«, »Hogo«, »Babash« oder einfach »Local Rum« angeboten. Hierbei handelt es sich zumeist um jungen, weißen Rum, der manchmal mit Gewürzen aromatisiert und, wie Sie sich vorstellen können, grundsätzlich sehr stark ist. Ohne Steuern zu zahlen oder gar im Besitz einer Lizenz zu sein, sind diese Schwarzbrennereien natürlich auch keinen Vorschriften unterworfen, was die Herstellung oder Inhaltsstoffe ihrer Rums angeht.

Wenn Sie in Partylaune sind, sollten Sie einmal den Karneval auf Grenada ins Auge fassen. Am zweiten Augustwochenende kann man beobachten, wie St. George's immer bunter und lebendiger wird – mit lauter Musik und, natürlich, jeder Menge Rum. Kommen Sie ausgeruht. Party Tag und Nacht, nonstop bis Dienstag nachmittag. St. George's ist eine der malerischsten Städte der Karibik. Und im Karneval übertrifft sie sich selbst. Wenn Sie mit einem Boot kommen, sollten Sie in der Lagune ankern. Mit dem Beiboot ist man gleich mitten in der Party und fühlt sich auch dann nicht außen vor, wenn man mal nicht an Land gehen möchte. Wenn Sie einmal in Grenada sind, sehen Sie sich um. Es gibt viel zu entdecken. Unter anderem haben Sie hier die Gelegenheit, die Rumherstellung noch so ursprünglich wie vor Jahrhunderten zu erleben.

RIVER ANTOINE ESTATE

Wenn ich auf einer Insel, die ich noch nicht kenne, die Standorte von Destillerien ausmachen will, gehe ich zunächst in einen Rumladen, spreche mit dem Inhaber und sehe mir die Etiketten der Flaschen an. Von der Destillerie River Antoine hörte ich zum ersten Mal in der Fat Rice Bar in Carriacou.

Ein paar Tage später saß ich auf Grenada in einem Bus, der von Grenville aus nach Norden in Richtung Destillerie fuhr. Die Straße an der Nordostküste war wegen Bauarbeiten gesperrt, so daß ich etwa eine Meile weit in der heißen Nachmittagssonne wandern mußte. Schilder an den offenen Türen von Rumläden priesen »Rivers« an, und so stieg meine Hoffnung, bald in der Destillerie zu sein. Als auf beiden Seiten der Straße Zuckerrohrfelder auftauchten und der Neubau einer Brücke ins Blickfeld kam, spürte ich, daß es nicht mehr weit war. Die Brückenbauer bestätigten mich und deuteten auf einen Trampelpfad, der quer durchs Zuckerrohr nach Westen führte.

Als ich die Dächer der Destillerie sah, fühlte ich mich wie in eine andere Zeit zurückversetzt. Der Eckpfeiler des Kesselhauses gibt stolz das Jahr 1785 an. Nur die Kleidung der rund siebzig freundlichen Mitarbeiter erinnert daran, daß man nicht im 18. Jahrhundert gelandet ist. Auch ein Teil der Gerätschaft wurde offensichtlich erneuert, doch zweifelsohne würden sich auch die ersten Brenner, die vor mehr als zweihundert Jahren an diesem Ort gearbeitet haben, hier heute noch wie zu Hause fühlen.

River Antoine Estate stellt eine ganze Palette landwirtschaftlicher Produkte her, ist aber am bekanntesten für seinen Rum. Zuckerrohr von den eigenen Ländereien wird auf Ochsenkarren zur wassergetriebenen Zuckermühle gebracht. Das gesamte Zuckerrohr wird zweimal von Hand zwischen die drei Walzen der Presse gesteckt, um soviel Saft wie möglich zu gewinnen. Der frisch gepreßte Saft fließt durch eine Holzrinne hinab zum Kesselhaus, wo er in gußeisernen Töpfen über einem offenen, mit getrockneten Zuckerrohrstangen und Holz betriebenen Feuer gekocht wird. Während der Saft von Topf zu Topf geschöpft wird und die süße Flüssigkeit eindickt, wird ein kalkhaltiges Schönungsmittel zugegeben, um unerwünschte Unreinheiten auszufällen und die folgende Gärung zu verbessern.

Nachdem der Saft ein paar Stunden gekocht hat, wird die gedickte Flüssigkeit in eine weitere Rinne geschöpft, durch die sie in die Gärtanks im Obergeschoß des Brennhauses fließt.

Die Gärung stützt sich allein auf die von Natur aus im Saft enthaltenen Hefen und dauert ungefähr acht Tage. Sobald sämtlicher Zucker in Alkohol umgewandelt ist, wird die Maische aus den Betontanks zur Pot Still und den zwei darunter angebrachten Retorten geleitet.

Ein Rest einer vorangegangenen Destillation wird der vergorenen Maische beigemengt, bevor sie über einem direkt unter der Brennblase flackernden Feuer erhitzt wird. Dampf aus dem zweiten Destillierkolben wird im Wärmetauscher kondensiert, das Destillat in ein Sichtglas im Ergeschoß des Brennhauses geleitet.

Ein Hydrometer zeigt den Alkoholgehalt der kondensierten Flüssigkeit. Je nach Alkoholgehalt leitet der Brennmeister das Destillat in eine von drei im Boden eingelassenen Betonzisternen. Ein Teil der klaren Flüssigkeit – Vor- und Nachlauf – ist nicht trinkbar. Er wird jedoch in die Destillierkolben gefüllt, so daß der Alkohol beim nächsten Brenndurchlauf noch einmal zur Destillation kommt. Eine Vorgehensweise, bei der nicht viel Ausschuß übrigbleibt.

Auf einer großen Wandtafel vor dem Sichtglas wird der Flüssigkeitsstand in jeder Zisterne vermerkt und in Gallonen umgerechnet. Hier läßt sich auch ablesen, daß die Tagesproduktion lediglich bei 35 Gallonen, also gut 130 Litern liegt. Brennmeister Godfrey Williams arbeitet das ganze Jahr über, um die Nachfrage einigermaßen zu befriedigen.

Diese Destillerie gehört zu den wenigen, in denen man jeden Schritt der Rumherstellung beobachten kann – ohne, daß großes Trara darum gemacht würde. Nach dem Rundgang kann man einen klaren Rum verkosten, der wahrscheinlich erst am Vortag gebrannt wurde, wenn nicht erst am selben Morgen. Lassen Sie sich von den Plastikbechern oder dem zu warmen Wasser nicht abschrecken. Der Großteil der Arbeit wird hier übrigens morgens geleistet, also kommen Sie früh, wenn Sie die Anlage in Aktion sehen wollen. Und wie heißt es hier in der Gegend? »Sag nicht Rum, sag Rivers.«

RIVER ANTOINE ESTATE
ST. ANDREWS, GRENADA

Gegründet 1785
Fermentation: Frisch gepreßter Zuckerrohrsaft, Gärdauer acht Tage
Brenntechnik: Kupferne Brennblase mit zwei Destillierkolben

Royale Grenadian Rum

(Kurzname in der Umgangssprache: Rivers)

Alkoholgehalt: Bis zu 87%vol – der höchstprozentige kommerziell vertriebene Rum der östlichen Karibik

Alter: Ungereift

Anmerkungen: Scharf schmeckender, roher Rum. Wegen geringer Produktionskapazität und hoher Nachfrage nicht einmal eine Woche alt. Mein Geschmack tendiert eher zu gereiftem Rum, doch wer eine Flasche weißen Rum einmal direkt von der Brennblase mit nach Hause nehmen möchte, findet hier eine der seltenen Gelegenheiten.

$\mathcal{D}$UNFERMLINE

Nur ein paar Meilen südlich von River Antoine liegt Dunfermline. Dieses 1797 gegründete, etwas über 120 Hektar große Gut liefert Rum, Kakao und eine große Zahl anderer landwirtschaftlicher Produkte – so gut wie alles, was man sich nur vorstellen kann.

Wenn Sie den Frühbus nehmen und von St. Goerge's aus durch das Inselinnere fahren, ist es bei der Ankunft in Grenville bereits Zeit für das Mittagessen – fragen Sie nach »Bains« auf der Albert Street; der Blick auf den Atlantik, die kühle Brise und das köstliche Lunch sind es wert, die paar Treppen hinaufzusteigen.

Nach Dunfermline Estate, nördlich von Grenville gelegen, ist es nur noch eine kurze Busfahrt. Lassen Sie Sam's Inn links liegen, biegen Sie danach, kurz vor der scharfen Rechtskurve mit der einspurigen Brücke, links von der befestigten Straße ab. Wenn sich der Feldweg gabelt, führt der linke Pfad direkt zur Destillerie.

Im Schatten der alten Mahagonibäume, die den Weg säumen, stellte ich mir vor, wer hier schon alles vor mir gefahren sein mochte und wie viele Wagenladungen voller Rumfässer hier schon entlanggerumpelt sind. Ein Stück weiter bergab signalisiert eine kleine, wassergetriebene Zuckerrohrmühle die Ankunft bei der Destillerie. Eine Rohrleitung führt den frischen Saft aus der Presse ins steinerne Kesselhaus. Hierin wird der Ausstoß mit Hilfe eines 1500 Liter fassenden Kupfergefäßes gemessen.

Das erste, was ein neuer Mitarbeiter bei Dunfermline lernt, ist das Entfachen und Inganghalten von Feuer unter den Zuckertöpfen. Wenn aus diesen schweren, eisernen Gefäßen Dampf aufsteigt, herrschen in diesem hohen Gebäude leicht Temperaturen von an die 40 Grad Celsius. Ein paar Stunden dieser Arbeit – und ich bin sicher, die »Romantik«, in einer 200 Jahre alten Brennerei zu arbeiten, verdampft zu einer Wolke aus Schweiß. Die einzylindrige Dieselmaschine wirkt im Kesselhaus zwar etwas deplaziert, dafür übernimmt sie aber die Arbeit, den gekochten Saft in die Gärtanks aus Holz und Beton im Obergeschoß des nebengelegenen Brennhauses zu pumpen.

Je nach dem Zuckergehalt des Saftes dauert die Fermentation zehn bis zwölf Tage. Wenn nicht genügend Zuckerrohrsaft verfügbar ist, wird der Maische Melasse zugegeben. Trevor, der Brennmeister, kontrolliert den Gärvorgang mit einem Hydrometer, um festzustellen, wann die Maische brennfertig ist. Sobald dieser Moment erreicht ist, wird der Gärtank in die darunter liegende Pot Still entleert. Die Brennblase von Dunfermline ähnelt stark der bei River Antoine.

Nach dem Sammeln und Hacken von Holz muß der besagte neue Mitarbeiter vor allem das Feuer in Gang halten. Es wird noch vor Sonnenaufgang angefacht, damit die Destillation bis zum frühen Nachmittag abgeschlossen ist. Nach dem Kondensieren des rohen Rums mit Hilfe von Flußwasser fließt das Destillat in das alte kupferne Sichtglas am Boden des Brennhauses. Dieses Sichtglas enthält drei Schwimmer, die in Abhängigkeit vom Alkoholgehalt des Rums in der Flüssigkeit steigen oder sinken. Der Vorlauf, der zur Abfüllung kommende Mittellauf und der Nachlauf werden voneinander getrennt und in drei verschiedenen Zisternen aufgefangen. Mit dem Vorlauf werden die Destillierkolben neu befüllt. Der Nachlauf wird unter die Maische gemischt und mit dem nächsten Brenndurchlauf erneut destilliert.

Dieses Privatunternehmen brennt Rum alljährlich von Ende Februar bis Ende September. Auch wenn sich nur selten Touristen in diese Destillerie verirren – Brennmeister Trevor und sein Assistent Roland haben mir mit Freuden die Anlagen gezeigt und mir geholfen zu verstehen, was den Rum von Dunfermline so einzigartig macht.

DUNFERMLINE ESTATE
GRENADA

Gegründet 1797
Fermentation: Zuckerrohrsaft, Gärdauer zehn bis zwölf Tage
Brenntechnik: Kupferbrennblase

Dunfermline Rum
Alkoholgehalt: 70%vol
Alter: Ungereift
Anmerkungen: Weißer Rum, auf dem Anwesen destilliert, verschnitten und abgefüllt. Etwas weicher als Rivers, der nur ein paar Meilen nördlich gebrannt wird.

Spicy Jack
Alkoholgehalt: 70%vol
Alter: Drei Jahre
Anmerkungen: Etwas dunkler als die anderen dreijährigen Rums von Grenada. Ähnlichkeiten mit Jack Iron von Carriacou, wenn auch mit etwas weniger Alkohol. Auch mit ein wenig Gewürzen aromatisiert.

WESTERHALL ESTATE

Westerhall datiert aus dem Jahre 1800 und ist damit die drittälteste Destillerie Grenadas. Sie liegt westlich von St. David's an der südlichen Küstenstraße und ist mit dem Minibus leicht zu erreichen. Das 28-Hektar-Anwesen produziert Zuckerrohr, Kakao, Zitrusfrüchte, Bananen und Rum. Als ich Westerhall besuchte, war die Eigentümerfamilie Williams gerade dabei, die Destillerie zu renovieren und in ihren Originalzustand zurückzuversetzen.

Die kleine Brennerei war so angelegt, daß Wasser aus dem St. Louis River nutzbar gemacht werden konnte. Man betrieb damit per Mühlrad die Zuckerrohrpresse und nutzte Wasser auch zum Kühlen des Kondensators.

Die kupferne Pot Still, die man schon von der Straße aus sieht, erinnert an die Brennblasen der anderen alten Destillerien Grenadas – abgesehen davon, daß ein moderner Dampfkocher nachgerüstet wurde, mit dem sich die Temperatur besser kontrollieren läßt, als es früher über offenem Feuer möglich war. Von der Brennblase wird der frische Rum ins Erdgeschoß des Brennereigebäudes geleitet, wo er gereift, verschnitten und abgefüllt wird.

In der kühlen, feuchten Dunkelheit unter dem Dach dieses Steingebäudes hängen Fledermäuse schlafend von der Decke. Nachts helfen sie, die Insektenplage unter Kontrolle zu halten. Fledermäuse findet man auch in vielen Lagerhäusern – auch wenn ihre Gegenwart auf manche nichtsahnenden Touristen etwas unheimlich wirkt.

Auch wenn während meines Besuchs kein Rum destilliert wurde, so konnte ich doch wenigstens zusehen, wie fünf verschiedene Rumsorten verschnitten und abgefüllt wurden. Der »Blender« hat nicht nur die Aufgabe des Verschneidens, also des gezielten Mischens verschiedener Destillate zur gewünschten »Cuvée«. Er ist auch verantwortlich dafür, daß die »Rezeptur« des Verschnitts geheim bleibt – eine sehr wichtige Funktion. Das Rumgeschäft ist stark von Konkurrenz geprägt. Daher ist es gar nicht einmal ungewöhnlich, wenn selbst der Geschäftsführer einer Destillerie nicht alle »Geheimrezepte« seines Hauses kennt. Und manchmal, wenn ein

Verschnittmeister stirbt, nimmt er sein Geheimnis mit ins Grab…
Alle Sorten von Westerhall sind unterschiedliche Verschnitte, auch
wenn sie einen ähnlichen Charakter haben und dieselbe Hand-
schrift zeigen.
Neben Rum produziert Westerhall Estate Ltd. Gin und Wodka.
Diese Spirituosen werden teils lokal vermarktet, teils nach England
exportiert.

WESTERHALL ESTATE LIMITED
GRENADA

Gegründet 1800
Derzeit keine Rumdestillation, es werden lediglich Destillate aus
Trinidad verschnitten und abgefüllt.

Rum Sipper
Alkoholgehalt: Mindestens 70%vol
Alter: Ungereift
Anmerkungen: In Holzfässern importiert, was
    diesem weißen Rum einen weicheren Geschmack
    verleiht. Wie der Name schon andeutet, sollte
    man ihn nicht trinken, sondern vorsichtig daran
    nippen.

Westerhall Strong Rum
Alkoholgehalt: 79%vol
Alter: Ungereift
Anmerkungen: Ebenso wie der Rum
    Sipper in Fässern eingeführt, jedoch
    höherprozentig abgefüllt.

186

Superb Light Grenada Rum

Alkoholgehalt: 43%vol

Alter: Ungereifter weißer Rum

Anmerkungen: Verschnitt aus mehreren Importrums. Ähnelt dem
Plantation Rum. Nicht für den Export bestimmt.

Jack Iron

Alkoholgehalt: 70%vol

Alter: Drei Jahre

Anmerkungen: Vergleichbar dem Jack Iron von
Carriacou, jedoch mit niedrigerem Alkoholgehalt.

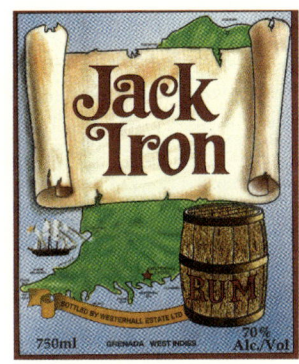

Westerhall Plantation Rum

Alkoholgehalt: 43%vol

Alter: Verschnitt aus bis zu drei Jahre gereiften Destillaten

Anmerkungen: Der Premium-Rum von Westerhall. Auch bei Touristen der beliebteste Rum dieser Destillerie. Kleine Mengen gehen
in den Export.

*C*LARKE'S COURT

Diese größte Destillerie Grenadas ist Teil der Grenada Sugar
Factory Ltd. Hauptanteilseigner ist die Regierung. Die 1937 in
Woodlands im Südosten der Insel erbaute Fabrik produziert
Zucker, Melasse, Rum und vergällten Spiritus.

Fünfhundert Kleinbauern pflanzen und ernten das hier zur
Verarbeitung kommende Zuckerrohr. Da Zuckerraffinerie und
Destillerie zusammengehören, können sie das teure Zuckerrohr
effizient nutzen. Abhängig vom Produktionsplan der Zuckerfabrik,

187

wird zur Rumherstellung frischer Zuckerrohrsaft, konzentrierter Sirup oder Melasse fermentiert. In der Erntezeit, die von Februar bis Juni dauert, wird ausschließlich frisch gepreßter Saft verwendet. Ab Herbst, wenn kein Saft mehr zur Verfügung steht, tritt der länger lagerfähige Zuckerrohrsirup an dessen Stelle.

Je nachdem, woraus die Maische besteht, schwankt die Gärdauer zwischen acht Tagen für Saft und drei bis vier Tagen für den konzentrierten Sirup. Die vergorene Flüssigkeit wird in einem kontinuierlich arbeitenden Zwei-Säulen-Brennapparat destilliert. Jahresproduktion: etwa 450 000 Liter Rum mit 96% vol Alkoholgehalt. Durch diese hohe Reinheit reduzieren sich die geschmacklichen Unterschiede, die man normalerweise bei Vergärung unterschiedlicher Rohstoffe erwarten würde.

Hauptenergiequelle für die Zuckerherstellung sind die getrockneten Reste des ausgepreßten Zuckerrohrs, die sogenannte Bagasse. Der Boiler der Brennanlage hingegen wird mit Heizöl betrieben, da Bagasse nicht das ganze Jahr über zur Verfügung steht.

Feststoffe aus den Brennrückständen werden herausgefiltert und finden in der Papierherstellung Verwendung. So werden nicht nur die Abfallmenge und die Umweltverschmutzung reduziert, es springt auch noch eine kleine Nebeneinnahme für die Destillerie dabei heraus.

Das Hauptprodukt dieser Destillerie nennt sich »Clarke's Court Puree White Rum«. Dieser überall erhältliche Rum ist einer der Stützpfeiler der Wirtschaft von Grenada. Man trinkt ihn pur oder mit einem Spritzer Angostura Bitter, der dem Getränk auch eine ansehnliche Farbe verleiht. Daneben wird meist Wasser oder ein anderes Getränk zum Nachspülen serviert. Dank seines niedrigen Preises ist Clarke's Court mit Abstand der meistverkaufte Rum in Grenada.

Mich hat dieser Rum angenehm überrascht. Ein paar Tropfen Angostura geben diesem Hochprozenter tatsächlich mehr an Geschmack. Wenn Sie diese Mischung trinken, sollten Sie allerdings auf jeden Fall ein Glas Löschwasser in der anderen Hand bereithalten – es fällt schwer, erst dann um Wasser zu bitten, wenn es einem den Atem verschlagen hat. Zumindest würden sich all jene köstlich amüsieren, die gespannt beobachten, wie Sie mit ihrem Lieblingsdrink zurechtkommen.

Clarke's Court füllt auch einen Rum namens »Kalypso White Rum« ab. Er wird, so heißt es jedenfalls, mit »anderem Wasser« verschnitten. Doch erzählen Sie das niemandem, der diesen Rum trinkt – er wird Ihnen garantiert erklären, daß die Qualitäten dieses Rums absolut nichts damit zu tun haben, daß er mit anderem oder etwas mehr Wasser verdünnt wurde. Auf den Inseln ist die Vorliebe für einen bestimmten Rum nun einmal eine sehr persönliche Angelegenheit.

Alle Destillerien in Grenada verwenden die gleichen 75cl-Flaschen. Ein Pfandsystem sorgt hier für Kostensenkung und steten Nachschub an Leergut. Auf Grenadas Straßen sieht man nur selten leere Flaschen herumliegen.

Als ich mich einmal am Grand Anse Beach, südlich von St. George's, von meinen harten Recherchen ausruhte, lernte ich einen Drink namens »Grenadian Shandy« kennen. Hierfür wird einfach ein guter Schuß Clarke's Court in eine Flasche mit karibischem Bier geschüttet. Im Grunde ist es etwas schwierig, diesen Shandy in der Bierflasche zu mixen, doch die Verkäufer am Strand halten sich mit derart nebensächlichen Details nicht lange auf. Wenn man die Flasche hoch angesetzt und ein, zwei Schluck genommen hat, ist der restliche Inhalt gut gemischt. Jedenfalls, auf diese Weise hält so ein kleines Bierchen an einem heißen Strandtag erheblich länger.

GRENADA SUGAR FACTORY LTD.
WOODLANDS, GRENADA

Gegründet 1937

Fermentation: Je nach Jahreszeit unterschiedliche Maischen aus
Zuckerrohrsaft, Sirup oder Melasse; letztere gärt acht Tage, Sirup
drei bis vier Tage

Brenntechnik: Zwei-Säulen-Brennapparat aus Kupfer und Edelstahl

Clarke's Court Pure White Rum

Alkoholgehalt: 69%vol

Alter: Ungereift

Anmerkungen: Der beliebteste weiße Rum in
Grenada. Wird auf der Insel auch zur Herstellung einer Vielzahl aromatisierter Rums verwendet. Ein starker Rum, zu dem meist Wasser
gereicht wird.

Clarke's Court Kalypso White Rum

Alkoholgehalt: 67,5%vol

Alter: Ungereift

Anmerkungen: Etwas leichter als Clarke's Court,
dank »anderen Wassers« im Verschnitt.

190

Clarke's Court Superior Light Rum
Alkoholgehalt: 43%vol
Alter: Sechs Monate in gebrauchten Eichenfässern
aus Jamaika oder Trinidad
Anmerkungen: Die Farbe aus dem Faß wird heraus-
gefiltert

Clarke's Court Dark Rum
Alkoholgehalt: 43%vol
Alter: Sechs Monate in gebrauchten Fässern
Anmerkungen: Mit Karamel koloriert, um dem
Rum eine dunkelbraune Farbe zu verleihen.

Clarke's Court Old Grog
Alkoholgehalt: 43%vol
Alter: Verschnitt aus bis zu zehn Jahre alten Destil-
laten
Anmerkungen: Markteinführung 1996 – das
Premium-Produkt von Clarke's Court

R HUM RUNNER

Wenn man vom Meer her nach St. Goerge's kommt, bietet sich
einem ein Bild wie auf einer Postkarte: eine Altstadt mit roten
Ziegeldächern, Kirchtürmen, engen Sträßchen und bunt bemalten
Gebäuden. Um die Spirituosen Grenadas zu genießen, muß man
nicht einmal an Land gehen. Schwimmende Bars in Ufernähe bieten erfrischende Getränke gegen die Hitze.

An Bord des Tourbootes *Rhum Runner* beispielsweise wird neben anderen Getränken ein eigener Rumpunsch serviert. Dieser traditionelle Mix aus starkem Rum, frisch gepreßtem Limonensaft, natürlichem Quellwasser, Rohrzucker, Muskatnuß und etwas Bitterspirituose wird auf Eis genossen. Vergleichen Sie diesen Drink einmal mit einem französischen »ti punch«. Die Zugabe von Muskat und Bitter macht eine wahrhaft Grenadianische Spezialität von ganz eigenem Charakter daraus. Dieser Punsch wird auch auf Flaschen abgefüllt und an Bord verkauft, wie auch in der Stadt, genauer gesagt im »The Best Liquor Store in Town«.

Die meisten der auf den Inseln abgefüllten Rumpunsch-Sorten habe ich hier nicht aufgeführt – es sind so viele, daß man damit ein weiteres Buch füllen könnte. Dieser spezielle Punsch wird auf der Basis von Clarke's Court Pure White Rum hergestellt und ist weit stärker als die meisten anderen Punsche, deren Alkoholgehalt dem eines durchschnittlichen Cocktails entspricht.

Rhum Runner Rhum Punch
Alkoholgehalt: ca. 40 % vol
Alter: Ungereift
Anmerkungen: Einer der stärksten auf Flaschen
    abgefüllten Rhumpunsche. Basis: Clarke's
    Court Pure White Rum. Abgefüllt an Bord des
    Ausflugsbootes *Rhum Runner*, St. George's.

Mitbringsel

In der Nähe der Anlegestellee des »Rhum Runner« führt die Young Street steil bergauf zur anderen Hälfte dieser Inselhauptstadt. Rechter Hand liegt das Gebäude des Grenada National Marketing Board. Hier werden Obst, Gemüse und zahllose andere Produkte Grenadas verkauft.

Die heimische Tamarindensauce etwa, aus den Früchten des Tamarindenbaumes hergestellt, verleiht unter anderem chinesischen Wok-Gerichten einen angenehmen Beigeschmack. Tamarinde ist auch eine Zutat für Worcestershire-Sauce, wenngleich die hier damit zubereitete Sauce doch ganz anders schmeckt. Eine weitere Delikatesse von Grenada ist Muskatnuß-Gelee, das beispielsweise gut zu Geflügel paßt. Es gibt zahlreiche Produkte aus und mit Muskat in Grenada, dieses jedoch gehört zu meinen Favoriten. Wenn ich auf meiner Tafia unterweegs bin, kann ich nie genug davon bekommen.

Im Grenada Marketing Board stieß ich auch auf »swizzle sticks«, Rührstäbchen, die man auf den französischen Inseln »lele« nennt – mein bevorzugtes Werkzeug, um Cocktails aufzuquirlen. Meist muß man diesen gegabelten Zweig etwas zusammendrücken oder zurechtschneiden, damit er ins Glas paßt – es sei denn, man nimmt ein größeres Glas. Ein solcher, natürlich gewachsener Zweig kann sehr lang sein und auch zum Umrühren großer Eintöpfe verwendet werden.

Das Etikett von »Gerald Bowen's Tradition Specially Spiced Rum«
stach mir ins Auge, als ich im »Food Fair«, einem Lebens-
mittelmarkt in St. George's, einkaufte. Zwei alten Rezepturen fol-
gend, wird der »Tradition« mit orangefarbenem und mit gelbem
Etikett abgefüllt.

Die Flaschen mit orangefarbenem Label verfügen über einen Filter,
der beim Ausschenken die Gewürze zurückhält. Um den Geschmack frisch und lebendig zu halten, kann die etwa halbvolle
Flasche mit neuem Rum aufgefüllt werden. Der Inhalt der gelb eti-
kettierten Flaschen wurde schon vor der Abfüllung gefiltert. Der
»Tradition« läßt sich gut mit Milch (!), Fruchtsaft oder Sodawasser
mischen. Mr. Bowen hat extensive Forschungsarbeit auf dem
Gebiet heimischer Gewürze und anderer Pflanzen dieser Insel
betrieben. Seine Firma »Superior Foods Limited« produziert
nebenbei auch ein 100%iges Mukatnußöl, das zur Herstellung seiner einzigartigen Muskat-Seife verwendet wird.

SUPERIOR FOODS LIMITED
GRENADA

Tradition (orangefarbenes bzw. gelbes Etikett)
Alkoholgehalt: Ca. 50%vol
Alter: Zwei Monate
Anmerkungen: Verschnitt aus Clarke's Court Pure
White Rum, Gewürzen, Baumrinden, Nüssen,
Kräutern, Wurzeln und Meerwasserextrakten.
Abgefüllt mit verschiedenfarbigen Etiketten –
»orange« mit einem Filter im Flaschenhals, der
die festen Gewürzbestandteile zurückhält. Ein
traditioneller aromatisierter Rum von Grenada.

Die zahllosen Gewürzpflanzen, die auf Grenada wachsen, und die vielen Zutaten, die das Meer bereithält, sind Grundlage der größten Vielfalt aromatisierter Rums, die mir je irgendwo begegnet ist. Ich war zwar nicht in jedem Rumgeschäft auf jeder Insel, auf Grenada jedoch entdeckte ich ständig etwas Neues oder Ungewöhnliches.

In einem kleinen Rumladen in St. George's beispielsweise traf ich auf den freundlichen Inhaber, der mir mit Begeisterung alles über seinen einzigartigen Rum erzählte. Er zeigte mir einen Vier-Liter-Glasballon Rum, vollgestopft mit Rindenstücken, Muskatnüssen, Erdnüssen, Tonic-Bohnen, Zimt, Gewürzsamen, Rosmarinzweigen, Seegras, Sternapfelscheiben, Streifen von Lamm und anderem roten Fleisch sowie weiteren, im einzelnen nicht identifizierbaren Zutaten. Nachdem dieses Gefäß offensichtlich meine Aufmerksamkeit erregt hatte, behauptete er, es sei »alles« drin. Ich ließ mir bei der Betrachtung noch ein paar Minuten Zeit, in der Hoffnung, noch den einen oder anderen Inhaltsstoff ausmachen zu können.

Schließlich angelte der kleine Mann einen weiteren Glasballon vom obersten Regalbrett. Er stürzte ihn kurz, um den Inhalt aufzuwirbeln, grinste übers ganze Gesicht und reichte mir die große Flasche mit den Worten: »Hier ist aber wirklich alles drin«. In dem düsteren Laden hatte ich einige Mühe, durch das dicke, farbige Glas den Inhalt zu erkennen. Einigermaßen identifizieren konnte ich nur einen Tausendfüßer, der langsam in sein Bett aus Wurzeln, Kräutern und anderen unidentifizierbaren Objekten zurücksank. In der Tat – hier war wirklich »alles« drin.

Barbados

Captain Thomas Walduck machte eines Tages eine interessante Eintragung über eine seiner Beobachtungen in sein Logbuch: »Bei allen neuen Siedlungen, die Spanier errichten, bauen sie zunächst eine Kirche; das erste, das die Holländer in einer neuen Kolonie bauen, ist eine Festung; die Engländer jedoch, und sei es in den fernsten Winkeln der Welt oder unter den schlimmsten Barbaren, eröffnen als erstes ein Wirtshaus.«

1627 kolonialisierten die Engländer Barbados. Nur zwanzig Jahre später gab es im Hauptort Bridgetown bereits 120 Schenken. Dank seiner Luvlage zur karibischen Inselkette erfreute sich Barbados des bestmöglichen natürlichen Schutzes vor Angriffen von See. Bridgetown wurde bald zum Lieblingsort für Soldaten und Seeleute – hier konnten sie sich am besten von den Unbilden des harten Militärlebens erholen.

Eine der beliebtesten Vergnügungsstätten war ein Rumladen, der einer gewissen Rachel Pringle gehörte. Eines Nachts mußte sie erleben, wie ihr Laden beinahe zu Kleinholz geschlagen worden wäre – von einer Gruppe Marineoffiziere, darunter Prinz William Henry, der damalige Prinz von Wales. Sie wollte ihnen den Spaß nicht verderben und bediente die durstigen Seeleute weiter, bis sie sich schließlich wieder auf den Weg zu ihrem Schiff machten.

Früh am nächsten Morgen mietete sich Rachel ein Boot und präsentierte dem verkaterten Prinzen eine Rechnung für die angerichteten Schäden. Ganz Gentleman, bezahlte der Prinz sofort. Als die Seeleute nachts wieder an Land gingen, war Rachel bereits dabei, über den Ankauf eines Gebäudes zu verhandeln, aus dem später das erste Hotel der Insel werden sollte.

Ein ungenannter Durchreisender, der etwa zur selben Zeit auf die Insel kam, bezeichnete die lokale Spirituosenspezialität – Spitzname: »Kill Devil« – einmal als »scharfen und scheußlichen Schnaps«. Dieser weiße, ungereifte Rum entstammte sicherlich einer kupfernen Pot Still.

Seit dem 17. Jahrhundert hat sich die Technologie der Rumherstellung enorm weiterentwickelt. Gereifter Rum, in der Brennblase destilliert, ist dennoch ein wichtiger Bestandteil vieler Verschnitte von Barbados geblieben. Viele dieser Rums sind schwerer und aromatischer als ihre in diesem Buch repräsentierten Pendants von anderen Inseln. Der Typ des »Bajan-Rums« von Barbados ist etwas ganz eigenes, und in der großen Bandbreite dieser Rums findet jeder etwas, das er so noch nicht probiert hat. Hier fällt es schwer, sich auf einen »Lieblingsrum« festzulegen. Meiner Erfahrung nach ist der beste Rum von Barbados der, den man gerade im Glas hat…

Seit fünf Jahren veranstaltet die Zeitschrift »Caribbean Week« alljährlich eine Vergleichsverkostung, immer auf der Suche nach dem besten Inselrum der Karibik. Für die Destillerien eine Gelegenheit mehr, ihre Produkte der Öffentlichkeit zu präsentieren. (Nebenbei bemerkt: Für die Redakteure der Zeitschrift bietet sich damit aus anderer Perspektive einmal im Jahr eine ganz besondere Gelegenheit…) Auch wenn nicht alle Destillerien teilnehmen – ein interessanter Geschmacksvergleich. Und eine Bühne, um neu auf den Markt kommende Produkte kennenzulernen – unter denen man durchaus auch einmal einen »Testsieger« entdecken kann.

MOUNT GAY DISTILLERIES LIMITED

Der »Refined Eclipse Barbados Rum« ist die angesehenste und bekannteste Sorte dieser Destillerie. Daneben sollte man sich aber auch die anderen Produkte dieser Traditionsbrennerei nicht entgehen lassen. Schon gar nicht, wenn man gerade auf Barbados Urlaub macht. Mount Gay ist stolz auf seine Abstammung aus der Firma »Ensign Abel Gay and Lt. William Gay« – 1663 erwarb dieser William Gay das Anwesen St. Lucy, zu dem bereits damals eine kleine Brennblase gehörte. Näheres aus dieser Zeit ist nicht bekannt, sicher ist nur, daß zumindest seither hier Rum gebrannt wird. Auch wenn sich inzwischen vieles verändert hat – der Stolz der Menschen, die ich in Mount Gay kennengelernt habe, ist tief verwurzelt in der langen Geschichte dieser Destillerie.

Ihr Besucherzentrum liegt am Spring Garden Highway, nur einen hübschen Spaziergang weit vom Kreuzfahrthafen von St. Michael, immer nach Norden am Ufer entlang. Es wurde im Stil eines typischen Bajan-Hauses erbaut, direkt vor dem Lagerhaus und dem Gebäude mit der Abfüllanlage. Hier starten die sehr informativen, geführten Rundgänge.

Nach Besichtigung der Anlagen sind die Besucher eingeladen, in der eleganten Mahagoni-Bar die verschiedenen Rums von Mount Gay zu verkosten. Wer die Küfer bei der Arbeit beobachten möchte, sollte schon morgens kommen. Am Nachmittag lassen sich dafür die verlockenden Spirituosen besser verkosten. Der Eintritt für die Besichtigung und Verkostung ist erschwinglich – eine preiswerte Art, sich die Zeit auf das angenehmste zu vertreiben.

Auf Barbados wird Rum aus Melasse hergestellt, die bis vor kurzem noch auf der Insel selbst produziert wurde. Bei Mount Gay wird sie mit Wasser verdünnt und abgekocht, um sie vor der Fermentation zu sterilisieren. Eine der Voraussetzungen für den charakteristischen Geschmack von Mount Gay Rum ist die eigene Hefekultur. Seit Jahren wird sie im streng bewachten Brennereilabor weitergezüchtet.

Der Gärverlauf der sterilisierten Melasse-Maische wird, nach Untermischen der Hefe, 72 Stunden lang minutiös kontrolliert. Nach Abschluß der Gärung hat sie einen Alkoholgehalt von 6 bis 7%vol und wird in einer von zwei zur Verfügung stehenden Anlagen destilliert.

Bei Mount Gay gibt es sowohl eine Pot Still – ähnlich der 1760 erneuerten Brennblase – als auch einen zweisäuligen Brennapparat, der der ersten, 1832 von Aeneas Coffey erbauten Anlage dieser Art gleicht. Die Pot Still produziert einen schweren Rum mit Aromen, die dem Destillat aus der leistungsfähigeren Coffey-Still abgehen. Dafür kondensiert deren Destillat mit 95%vol Alkoholgehalt und stellt den Großteil im späteren Verschnitt.

Nach der Destillation wird der rohe Rum mit Tankwagen zum Werk in St. Michael transportiert, wo er mit Wasser auf 68%vol herabgesetzt wird, bevor er zur Reifung in Eichenfässer kommt.

Gemäß eines auf Barbados seit 1904 geltenden Gesetzes darf

eine Destillerie ihre Produkte nicht am Ort der Herstellung abfüllen.

Das Lagerhaus von Mount Gay gehört zu den wenigen überhaupt, die für ihren Zweck besonders durchdacht gestaltet wurden. In diesem Klima, in dem Luftzirkulation ein wichtiger Aspekt ist, sorgen kleine Öffnungen in den Wänden für Ventilation. Damit die Luft jedes Faß umströmen kann, werden sie seitlich liegend in Stahlregalen gelagert, die bis unter die Decke reichen.

Zur Reifung werden kleine Fässer mit einem Fassungsvermögen von lediglich 200 Litern verwendet – hierdurch wird die Kontaktfläche zwischen Holz und Destillat maximiert. Diese Fässer werden nur dreimal verwendet, um Verluste durch Leckwerden so klein wie möglich und den Einfluß des Holzes auf Farbe und Geschmack des Rums so groß wie möglich zu halten. Zwischen den mit Moos überzogenen Mauern des Lagerhauses »schlafen« mehr als 4000 Fässer mit Rum. Kurz geweckt werden sie nur alle drei Monate, anläßlich einer Routine-Inspektion, bei der geprüft wird, ob der Reifungsprozeß wie gewünscht verläuft. Wenn man durch diese kühlen Lagerräume spaziert, bekommt man einen unvergeßlichen Eindruck vom Aroma des reifenden Rums – und das ist ohne Zweifel betörender, als nur trocken darüber zu lesen…

Fässer mit Rum, der zwischen zwei und zehn Jahren gelagert wurde, werden in große Tanks entleert – ein Verschnitt entsteht. Wie Sie sich denken können, sind die »Zutaten« und das Mischungsverhältnis geheim. Nachdem sich die Aromen der unterschiedlich lange gereiften Rums vermählt haben, wird der Verschnitt kalt gefiltert, um unerwünschte Bestandteile auszufällen. Dieser Vorgang sorgt dafür, daß Mount Gay Rum weltweit in gleicher Qualität ausgeliefert werden kann und, unabhängig von Temperaturschwankungen auf dem Transportweg, kein Sediment in der Flasche aufweist. Mount Gay ist zwar nicht die einzige Rumdestillerie, die diese Technik anwendet, aber doch eine der wenigen – die Produkte der meisten Brennereien erfreuen sich keiner derart globalen Distribution.

Nach einer Endkontrolle wird der fertige Verschnitt zur hauseigenen modernen Abfüllanlage transportiert, in der stattliche 1500

Kisten am Tag abgepackt werden können. Mount Gay füllt hier fünf verschiedene Rums ab. Neben dem beliebten, zwei Jahre alten »Refined Eclipse« vor allem auch den »Premium White Rum«, dann den »Barbados Sugar Cane Brandy« und einen »Extra Old Barbados Rum«.

Die meisten Produkte von Mount Gay werden in Literflaschen oder aber in der Größe 75 cl abgefüllt. Wenn Sie die verschiedenen Produkte dieser berühmten Destillerie verkosten, achten Sie auf die rauchige Holznote, den süßen Vanillton und den dezenten Bittermandelgeschmack, die zu den Markenzeichen von Mount Gay geworden sind.

Auf jedem Etikett von Mount Gay sehen Sie den Schriftzug »A.Y. Ward«. Audrey Ward war über viele Jahre der Brenn- und Verschnittmeister des Hauses. Einem Gerücht zufolge war er der Vater von annähernd einhundert Kindern. Der große Gästekreis bei seiner Beerdigung (alles Erben?) reichte von alteingesessenen Bürgern bis zu Säuglingen im Arm ihrer Mütter. Und dabei waren noch nicht einmal alle anwesend – einige seiner Kinder sollen zu spät zur Trauerfeier gekommen sein. Ein Blick ins örtliche Telefonbuch unter »W« beseitigt auch die letzten Zweifel über Dichtung und Wahrheit bezüglich des Rufs von Audrey Ward.

Vielleicht ist Ihnen aufgefallen, daß für Mount Gay in den letzten Jahren zunehmend geworben wurde und wird. Die Familie Ward hält immer noch 40 Prozent der Anteile am Unternehmen, der Löwenanteil wurde jedoch von Rémy Martin übernommen. Für den internationalen Getränkekonzern hat sich der Einstieg in diese weltweit expandierende Marke als gute Investition erwiesen.

MOUNT GAY DISTILLERIES LIMITED
ST. MICHAEL, BARBADOS

Gegründet 1663
Fermentation: Drei Tage
Brenntechnik: Eine traditionelle Brennblase und eine Zwei-Säulen-
Anlage aus Kupfer

Mount Gay Eclipse Barbados Rum

Alkoholgehalt: Versionen mit 43 und 77%vol

Alter: Zwei Jahre

Anmerkungen: Das bekannteste und beliebteste
  Produkt der Brennerei. Dieser Verschnitt aus
  Destillaten kontinuierlicher und diskontinuierlicher Destillation hat Mount Gay berühmt
  gemacht.

Mount Gay Premium White Rum

Alkoholgehalt: 43%vol

Alter: Zwei Jahre

Anmerkungen: Weißer Rum mit leichtem Körper,
  durch Filterung entfärbt.

Mount Gay Barbados Sugar Cane Brandy

Alkoholgehalt: 43%vol

Alter: Verschnitt aus bis zu fünf Jahre alten
  Destillaten

Anmerkungen: Nicht überall erhältlich, aber das
  Suchen und den Versuch wert. Auf manchen
  Auslandsmärkten als »Sugar Cane Rum« etiket-
  tiert.

Mount Gay Barbados Extra Old Rum
Alkoholgehalt: 43 % vol
Alter: Verschnitt aus bis zu zehn Jahre alten Destillaten
Anmerkungen: Der Premium-Rum von Mount Gay. Lassen Sie sich
diesen außergewöhnlichen Verschnitt ausgereifter Rums aus der Pot
Still und dem kontinuierlichen Brennapparat dieses Hauses nicht
entgehen. Er bietet ein gutes Beispiel dafür, welch hohe Qualität bei
geduldiger Reifung herauskommen kann.

Es gab eine Zeit, als die Destillerien noch Küfer beschäftigten, um
ihre eigenen Fässer herzustellen. Längst ist es billiger, statt dessen
gebrauchte Fässer zu importieren. Dennoch ist die Mitarbeit eines
Küfermeisters bis heute und auf unabsehbare Zeit unverzichtbar für
die Herstellung von edlem Rum.

Die Importfässer werden zerlegt angeliefert und müssen neu zusammengesetzt werden. Ihr Fassungsvermögen schwankt zwar zwischen 165 und 250 Litern, ihre Bauweise jedoch ist sehr ähnlich.
Normalerweise besteht ein solches Faß aus etwa 27 Dauben, 6 Faßreifen sowie Deckel und Boden aus flachen Latten. Holzzapfen halten das Ganze oben und unten zusammen.

Die Faßdauben sind nicht alle gleich breit. Sie werden in ihrer
ursprünglichen Reihenfolge gebündelt, um das erneute Zusammensetzen zu erleichtern. Wenn Sie sich einmal ein Faß anschauen,
werden Sie feststellen, daß breitere und schmälere Dauben im
Wechsel aufeinanderfolgen.

Die Metallreifen sind zwischen Fässern gleicher Größe austauschbar. Analog zur bauchigen Faßform gibt es sie jeweils in drei Größen. Beim Zusammensetzen verwenden die Küfer manchmal ein
Stück Zuckerrohrblatt, um die Spalte zwischen Dauben oder dem
Holz und einem Faßreifen abzudichten. Mount Gay gehört zu den
wenigen Destillerien, wo man noch beim Zusammensetzen der
Fässer zusehen kann.

Nach dem Zusammenbau wird jedes Faß mit Wasser gefüllt. Das
trockene Holz quillt auf und macht das Faß wasserdicht – vor der
Füllung mit wertvollem Rum.

WEST INDIES RUM REFINERY LIMITED

Nördlich von Bridgetown am Meer liegt die West Indies Rum Refinery – seit 1893 einer der Pioniere der wissenschaftlich kontrollierten Rumherstellung. Mit Ausnahme des Rums von Mount Gay stammt sämtlicher auf Barbados destillierter Alkohol aus dieser Destillerie. Hergestellt werden Destillate für heimische wie auch andere Abfüller weltweit, ohne Abfüllung eigener Produkte.

Von der fünftägigen Vergärung angefangen wird hier jeder Produktionsschritt strengstens kontrolliert. Im hauseigenen Labor wird mit ein wenig Melasse innerhalb von 24 Stunden die benötigte Hefe gezüchtet, um die Vergärung in den großen Stahltanks zu beschleunigen.

Der Großteil der vergorenen Maische wird in einer Vier-Säulen-Anlage auf 95 %vol Alkoholgehalt destilliert – »leichter« Rum –, der Rest in einer dampfbeheizten Pot Still auf etwa 75 %vol – »schwerer« Rum.

Da der Rum hier aus Melasse destilliert wird und es keine Bagasse als Brennmaterial gibt, wird der Dampf für die beiden Brennapparate mit Heizöl erzeugt. Bequemerweise liegt eines der größten Tanklager von Barbados gleich nebenan.

Nach der Destillation wird der Rum entweder gleich an die Abnehmer ausgeliefert oder, zur Reifung, in den Lagerhäusern neben der Brennerei eingelagert. Auf dem Deckel jedes Faßes wird der Alkoholgehalt des Destillats vermerkt, der Name des Eigentümers, das Datum der Füllung und, zur Identifikation, eine Partienummer. Zusätzlich werden die Fässer mit gelben beziehungsweise schwarzen Bändern markiert – schwarz steht für Rum aus dem kontinuierlichen Brennapparat, gelb für Rum aus der Brennblase.

Besonders reiner Alkohol aus dieser Destillerie wird auch als Wodka oder, mit Wacholderbeeren aromatisiert, als Gin abgefüllt. Weitere Produkte, die auf Basis des hier destillierten Alkohols hergestellt werden, sind etwa »Malibu Coconut Rum«, der bekannte »Gilbey's Gin« sowie »Chelsea Gin«.

Für ein Qualitätsprodukt sind qualitativ hochwertige Rohstoffe eine Grundvoraussetzung. Einer davon ist Wasser. Im Falle von Barbados trägt die Insel selbst zur hohen Güte des Wasers bei: Korallenbänke, die den Großteil dieser Insel tragen, filtern das Grundwasser, bevor es als reines Quellwasser auch der Rumherstellung dient.

$\mathcal{H}$ANSCHELL INNISS LIMITED

Dieses Unternehmen wurde 1884 von Valdemar Hanschell gegründet. Wie alle Rumabfüller auf Barbados – ausgenommen Mount Gay – bezieht auch diese Firma ihre Destillate von der West Indies Rum Refinery. Verschnitt und Abfüllung der unterschiedlichen Blends, die samt und sonders den Markennamen »Cockspur« tragen, finden bei Hanschell Inniss in Fontabelle, nördlich von Bridgetown statt. Von hier aus wird der Rum in alle Welt verschifft, je nach Zielmarkt in Tanks oder bereits auf Flaschen.

Wie die meisten Destillerien, so importiert auch die West Indies Rum Refinery einmal verwendete Whiskey-Fässer aus den USA. Am Tag meines Besuchs wurden gerade Fässer aus Kentucky zusammengesetzt, die am nächsten Tag gefüllt werden sollten. Vor dem Zusammenbau wird die angekohlte Innenseite der Dauben ausgeschabt.

1989 kam Hanschell Inniss, anläßlich des 350. Jahrestages des ersten Parlaments der Neuen Welt, mit einem besonderen Blend namens »1639« heraus. Man sagte mir damals, dieser Rum würde schon in näherer Zukunft, sobald die Lagervorräte an Destillaten für seine Herstellung erschöpft seien, nicht weiter produziert. Wenn man jedoch weiß, wie populär dieser Rum geworden ist – nicht nur auf Barbados, sondern auch an Bord der *Tafia* –, so kann kein Zweifel daran bestehen, daß der »1639«, wenn die Regale schließlich irgendwann leergefegt sind, durch einen neuen zweijährigen Blend ersetzt wird.

Cockspur wird auch in Großbritannien, den USA, Kanada, Deutschland, Japan und Schweden abgefüllt. Vielleicht finden Sie nicht alle hier vorgestellten Blends. Doch halten Sie die Augen immer nach neuen Produkten offen – dank eines im Juli 1993 ein-gegangenen Joint-ventures mit dem Getränkekonzern Inter-national Distillers and Vintners finden diese Rums immer weitere Verbreitung. Obwohl mehrere Abfüller ihre Destillate von der West Indies Rum Refinery beziehen, sind deren Endprodukte kaum miteinander vergleichbar – zu groß sind die Unterschiede zwischen den verwendeten Fässern und zwischen den verschieden kompo-nierten Verschnitten.

Das Cockspur-Label ist mir schon in Bars und den Regalen karibi-scher Getränkeläden begegnet, bevor ich in Barbados ankam. Hier jedoch fand ich mehr Sorten davon, als ich erwartet hatte. Es war zwar eine Menge Arbeit, für dieses Buch zu recherchieren – immer-hin bin ich mehr als 3000 Meilen gesegelt und Hunderte von Meilen über Land gereist. Die Freude daran, neue Rums zu ent-decken, hat jedoch immer alle Anstrengung wieder wettgemacht. Und es hat bestätigt, daß es nur eine Art gibt, eine Insel und ihren Rum wirklich kennenzulernen: indem man selbst hinfährt.

Schade, daß es bei Hanschell Innis kein Besucherzentrum gibt, in dem Touristen diese schönen Rums kennenlernen könnten. Doch immerhin sponsort das Unternehmen Ausflugs- und Besichti-gungsfahrten, die unter dem Motto »Where De Rum Come From« (»Woher der Rum kommt«) stattfinden. Touristen können sich mittwochs am Hotel abholen lassen und bekommen eine Art Show geboten, mit Information, gutem Essen und Musikuntermalung durch eine Steel-Band.

Bei meinem zweiten Besuch auf Barbados machte ich die Lunch-Tour mit, die gegenüber der West Indies Rum Refinery in Brighton startet. Seien Sie möglichst früh da, um bei einer der ersten Grup-pen dabeizusein. Nach Besichtigung der Destillerie können Sie sich im Schatten der Veranstaltungszelte auf ein großartiges Bajan-Buffet stürzen. Und jede Menge Rumpunsch genießen.

Ein Ausflug, der jedem Spaß macht. Bringen Sie aber einen Hut mit: Die Mittagssonne über Barbados ist unerbittlich. Hier können Sie übrigens auch alle Cockspur-Sorten verkosten und am Schluß eine kleine Flasche Cockspur Five Star Rum mit nach Hause nehmen.

HANSCHELL INNISS LIMITED
FONTABELLE, BARBADOS

Gegründet 1884
Verschnitt von Destillaten der West Indies Rum Refinery, Abfüllung
unter dem Markennamen Cockspur.

Cockspur Five Star Fine Rum
Alkoholgehalt: 40%vol
Alter: Verschnitt aus bis zu zwei Jahre alten
    Destillaten
Anmerkungen: Wird goldfarben oder als weißer
    Rum abgefüllt; letzterer wird gefiltert, um die
    durch Faßreife bedingte hellgoldene Farbe
    wieder zu entfernen.

Cockspur Old Gold Reserve
Alkoholgehalt: 43%vol
Alter: Verschnitt aus bis zu fünf Jahre alten
    Destillaten
Anmerkungen: Ein edler Rum, fast zu schade zum
    Mixen.

Cockspur Very Special Old Rum (V.S.O.R.)
Alkoholgehalt: 43%vol
Alter: Verschnitt aus bis zu zehn Jahre alten
    Destillaten
Anmerkungen: Der Premium-Rum von Hanschell
    Inniss. Eine Seriennummer auf der Rückseite
    jedes Etiketts garantiert die Echtheit.

Als ich hier ankam und die Gebäude aus dem 17. Jahrhundert sah, wußte ich, daß dies ein sehr interessanter Besuch werden würde. Tradition und Stolz auf das Handwerk waren überall spürbar.

Während ich im südlichen Teil der Gemeinde Christ Church durch die Zuckerrohrfelder wanderte, wurden dort gerade Rennpferde ausgeritten. Die Ställe neben dem Gutshaus der Zuckerrohrplantage Hopefield sind auf dem neuesten Stand der Technik – kein Wunder, daß dieser Rennstall den renommierten Cockspur Gold Cup öfter als jeder andere gewonnen hat.

R. L. Seale & Co. haben auf Barbados, der Bajan-Insel, zweifelsohne eine der großen Erfolgsgeschichten dieses Jahrhunderts geschrieben. Das zu 100 Prozent in Bajan-Besitz befindliche Unternehmen ist heute der drittgrößte Abfüller auf Barbados. Der Eigentümer, David Seale, gehört zur Inselprominenz. Sein »Reich« ist kleiner als das von Cockspur oder Mount Gay – doch seine Firma ist bekannt für ihre charakteristischen Bajan-Produkte, die zum Aushängeschild der Insel avanciert sind. Außerdem verkauft Seale auf Barbados selbst mehr Rum als seine gigantischen Konkurrenten.

1996 wurde der Bau einer neuen Destillerie in Auftrag gegeben. Es wird allerdings noch einige Jahre dauern, bis der neue Rum lange genug gelagert hat, um das Etikett eines alten Rums tragen zu dürfen. Bis dahin wird auch weiter Rum von der West Indies Rum Refinery bezogen und in den modernen Anlagen von Hopefield verschnitten und abgefüllt.

Nicht weit von hier, in St. Philips, wurde der erste Rum auf Barbados gebrannt – von den Gebrüdern Stade, die aus Deutschland eingewandert waren. 1909 führte die Firma »Erstin Sanford and Friends« ihre Marke »E.S.A. Field« ein, die heute zu den in Hopefield abgefüllten Marken zählt – dieses hier auch kurz »Stade's« genannte Produkt ist der auf der Insel bei weitem meistverkaufte weiße Rum.

Die West Indies Rum Refinery reift, im Kundenauftrag, auch Rum aus. Spätestens nach sieben Jahren jedoch muß der Kunde die bestellten Fässer abnehmen. Im Juli 1993, als Seale die Firma Alleyne Arthur & Hunte Ltd. übernahm, gehörten über tausend Fässer mit zehn Jahre oder länger gereiftem Rum zu den Aktivposten. Als ich Hopefield besuchte, wurden diese ausgereiften Bestände gerade zum Kauf angeboten. Wer hätte nicht gern ein paar Fässer alten Bajan-Rums?

Immer noch unter dem Namen Alleyne Arthur werden die Marken »Old Brigand« und »Special Barbados Rum« hier abgefüllt. »Doorly's«, eine weitere Seale-Marke, gilt als selbstverständlicher Bestandteil in jeder Feintrinkerbar auf Barbados. Alle »Doorly's«-Rums werden unter der Firma »Martin Doorly & Co. Ltd., Bridgetown« exportiert.

»Doorly's Harbor Policeman« ist ein sehr beliebter Blend, der sowohl (mit dem hier abgebildeten Etikett) in Standardflaschen als auch in handbemalte italienische Glas-»Skulpturen« in der Form eines Hafenpolizisten vergangener Zeiten abgefüllt wird. Bevor ich Barbados verließ, hörte ich übrigens, dessen historische Uniform solle wieder eingeführt werden. Wenn Sie nach einer solchen Flasche für Ihre Sammlung suchen, sollten Sie es im Lebensmittelladen »Big B's« versuchen – hier ist sie vermutlich ein paar Dollar biliger als in anderen Läden.

Bevor der neue Hafen gebaut wurde, ankerten die großen Schiffe in der Carlisle Bay. Waren wurden von dort aus mit Leichtern oder kleinen Segelbooten an Land gebracht. Die Leichterschiffer wurden nach der Menge der vom oder zum Schiff transportierten Waren bezahlt. Da die Schiffkapitäne, um Liegegebühren zu sparen, vorzugsweise die schnellsten Crews engagierten, war das Geschehen immer von hektischer Konkurrenz geprägt. Es war nichts Ungewöhnliches, wenn viele Frachter vor Anker lagen und die Flußmündung zum quirligsten Ort von ganz Barbados wurde. Der Bootsverkehr war so dicht, daß er von einem Beamten der Königlichen Hafenpolizei von Barbados dirigiert werden mußte.

Es kann schon mal vorkommen, daß man auf diesen Inseln unwill-
kürlich und ohne es gleich zu bemerken doch etwas mehr Rum
trinkt, als einem nachträglich guttut. Vor allem dann natürlich,
wenn es sich um sehr guten Rum handelt. Schlaf ist das beste
Heilmittel. Auch ein Glas Wasser und eine Aspirin vor dem
Zubettgehen können helfen. Doch manchmal reicht auch das nicht
aus. Wenn Sie morgens mit schwerem Kopf aufstehen und noch
etwas wackelig auf den Beinen sind – keine Sorge, es handelt sich
um eine vorübergehende Erscheinung. Wozu gibt es schließlich das
schlichte, aber wirkungsvolle Rezept von »Doctor Frankie«: zwei
Glas Rum mit Cola (eines für den Patienten, eines für den
»Doktor«) und anschließend mit dem Taxi nach Hause. In schweren Fällen kann eine doppelte Dosis vonnöten sein, am besten
jedoch erst nach einer Mütze Schlaf verabreichen.
Eine Heilmethode, die jeden schnell wieder auf die Beine bringt –
außer man besteht darauf, sich nach Einnahme der »Medizin«
selbst hinters Steuer zu setzen.

R. L. SEALE & CO. LIMITED
CHRIST CHURCH, BARBADOS

Verschnitt und Abfüllung verschiedener
Markenrums.

Stade's White Rum
Alkoholgehalt: 43% vol
Alter: Gefilterter, ungereifter Rum
Anmerkungen: Der bei weitem meistverkaufte
   weiße Rum auf Barbados. Überall erhältlich, in
   nahezu jeder beliebigen Flaschengröße. Die
   Bajans trinken ein Glas Wasser dazu oder ge-
   nießen den Rum auf Eis mit einem Spritzer
   Bitterspirituose.

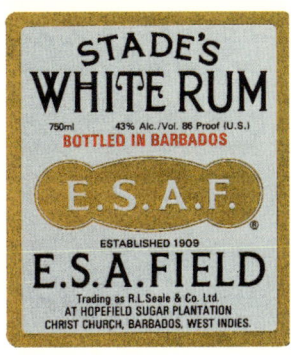

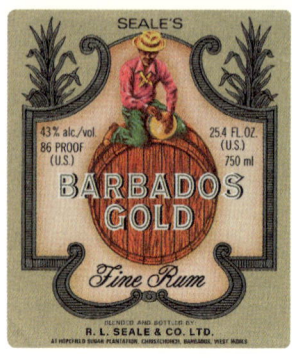

Barbados Gold Fine Rum
Alkoholgehalt: 43%vol
Alter: Verschnitt aus bis zu fünf Jahre alten
    Destillaten
Anmerkungen: Erster Preis der Caribbean Week
    Rum Testing Competition 1993.

Special Barbados Rum
Alkoholgehalt: 40%vol
Alter: Verschnitt aus weniger als fünf Jahre gereif-
ten Rums
Anmerkungen: Abgefüllt unter dem Label Alleyne
Arthur, vorwiegend für den Export nach Europa
bestimmt.

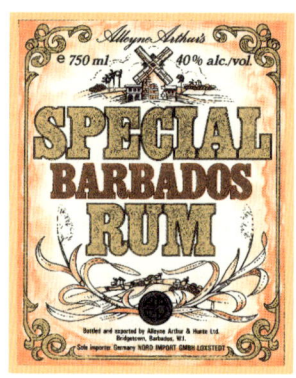

Old Brigand White / Black
Alkoholgehalt: 40%vol
Alter: Verschnitt aus weniger als fünf Jahre ge-
    reiften Rums
Anmerkungen: Die weiße Version wird gefiltert, die
    dunkle (»Black«) mit Zuckercouleur gefärbt. Für
    Exportmärkte werden beide auch mit anderem
    Alkoholgehalt abgefüllt.

Old Brigand Black Superior
Alkoholgehalt: 40%vol
Alter: Verschnitt aus bis zu dreizehn Jahre alten
  Rums
Anmerkungen: Obwohl vornehmlich für den Export
  hergestellt, ist dieser Rum auch in Barbados
  erhältlich. Schwer zu finden, aber die Suche lohnt.

Doorly's Fine Old Barbados
Alkoholgehalt: 40%vol
Alter: Verschnitt fünf Jahre gereifter Rums
Anmerkungen: Auch unter dem Namen »Doorly's
  Five Year Old« bekannt.

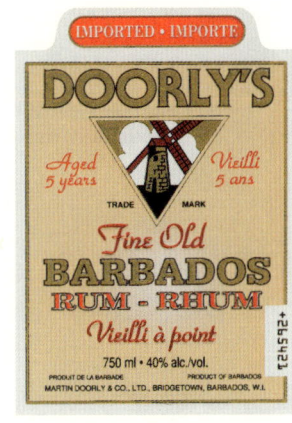

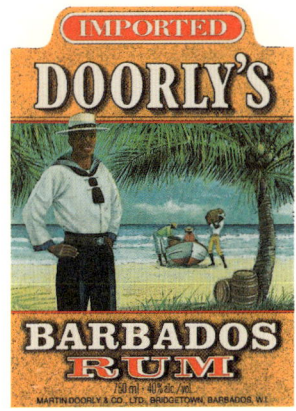

Doorly's Macaw
Alkoholgehalt: 40 und 75,5%vol
Alter: Ungereift
Anmerkungen: Macaw wird in einer
  weißen und einer dunklen Version
  abgefüllt. Letzterer ist koloriert
  und wird gerne für Rumpunsch
  verwendet.

Doorly's Harbour Policeman
Alkoholgehalt: 40%vol
Alter: Unbekannt
Anmerkungen: In der handbemalten Glasflasche ein
  beliebtes Souvenir von Barbados.

$\mathcal{M}.$ E. R. BOURNE & COMPANY, LIMITED

Der kleinste Abfüller in Barbados – eigentlich ein Großhandelshaus
für Lebensmittel – zeichnet nur für einen einzigen Rum verantwortlich, der etwas stärker ist als die anderen weißen Rums dieser
Insel.

M. E. R. BOURNE & COMPANY, LIMITED
CHRIST CHURCH, BARBADOS

XXXX Superior White Rum
Alkoholgehalt: 47%vol
Alter: Unbekannt
Anmerkungen: Ein leichter weißer Rum, zu dem
Wasser getrunken wird.

Trinidad und Tobago

Auf seinen späteren Reisen segelte Columbus immer weiter südlich, um immer Neues in der Neuen Welt zu entdecken und zu erforschen. Kurz vor Südamerika, bei leichter Brise, halfen die Äquatorialströmung und der Amazonas, seine Schiffe wieder auf nördlichen Kurs zu bringen. Als er den »Serpent's Mouth« erblickte, wußte Columbus, daß eine große Bucht vor ihm lag. Die drei Berggipfel steuerbord kündigten eine weitere, nördlich gelegene Insel an.

Die Seeleute schlugen Trommeln, um die Ureinwohner an den Strand zu locken und sie in Feststimmung zu versetzen. Die Indianer interpretierten diese Klänge allerdings als Kriegserklärung und zwangen die Eindringlinge zur Weiterfahrt. Erst 1532 ging hier mit Don Antonio Sedeno der erste spanische Conquistador an Land – beim Fischerdorf Cumucarapo, dem heutigen Mucarapo.

Im folgenden Jahrhundert zog der fruchtbare Boden immer mehr Pflanzer an. Bei dem leichten Wind, der um diese Inseln herum herrscht, und angesichts der engen Passagen – der sogenannten Bocas, die in die offene karibische See führen – wurden die nahezu wehrlosen, schwer beladenen Frachtschiffe zu einer schnellen Beute für französische Kaperschiffe. Die schwierige Navigation in diesen Gewässern war darüber hinaus auch einer der Gründe für die späte wirtschaftliche Entwicklung von Trinidad. Im Mai 1796 traf schließlich die »H.M.S. Lebra« ein, um die kleinen Inseln bei den Bocas von Piraten zu befreien. Und unter dem Schutz der britischen Krone begann sich der Handel auszuweiten.

Auf der nur wenige Meilen nordöstlich gelegenen Nachbarinsel Tobago wurden Kakao, Tabak, Baumwolle und Zuckerrohr angepflanzt. Piraten, Freibeuter und die Seestreitkräfte der europäischen Mächte – alle wollten plötzlich den Reichtum von Tobago kontrollieren. In Europa machte ein neues Wort für Erfolg die Runde: »so reich wie ein Tobago-Pflanzer«. Ende des 18. Jahrhunderts dominierte der Zuckerrohranbau die kleine Insel, auf der 1793 bereits rund zwei Millionen Liter Rum produziert wurden.

Ich war durch die Nacht von Grenada hergesegelt und machte mein Boot in Chaguaramas fest, um dort die Zoll- und Einreiseformalitäten zu erledigen. Bei dieser Gelegenheit mußte ich auch den Zweck meines Besuches angeben: »Recherchen zu Rum aus Trinidad und Tobago.« Die Dame vom Amt sah mir tief in die Augen und bemerkte dann mit fester Stimme: »Vorsicht vor dem Puncheon.«

Als ich sie verständnislos ansah, wiederholte sie ihre Ermahnung noch einmal. »Vorsicht vor dem Puncheon.« Ich hatte keine Ahnung, wovon sie eigentlich sprach, versicherte aber, daß ich mich ganz bestimmt vor dem »Puncheon« in acht nehmen würde. Wer weiß, vielleicht war es ja eine ernst zu nehmende Warnung.

ANGOSTURA BITTERS LIMITED

Die charakteristische Flasche ist ebenso bekannt wie der Name des Produkts. Die ereignisreiche Geschichte des Angostura Bitter nahm ihren Anfang in Venezuela.

1820 schloß sich der 24jährige Arzt Dr. J. G. B. Siegert aus purer Abenteuerlust dem südamerikanischen Freiheitskämpfer General Simon Bolivar an. Vier Jahre später war Dr. Siegert Chefarzt des venezuelanischen Militärkrankenhauses, wo er eine Mixtur aus tropischen Kräutern, Gewürzen und Alkohol perfektionierte – als Tonikum und Allheilmittel gegen die Entkräftung durch allerlei Tropenkrankheiten, denen sich die europäischen Streitkräfte im südamerikanischen Dschungel gegenübersahen.

Die auf einem Geheimrezept basierende Mixtur hieß ursprünglich »Dr. Siegert's Aromatic Bitters«. Später bekam sie den Namen der Stadt am Orinoco-Ufer, in der das Hauptquartier von Bolivars Befreiungsarmee lag. Soldaten und Schiffsmannschaften, die aus Südamerika zurückkehrten, verbreiteten die vielseitige Bitterspirituose über die ganze Welt. Zwangsläufig wuchs die Nachfrage nach dieser magenstärkenden und belebenden Rezeptur, die auch als Bestandteil von Mixgetränken immer wichtiger wurde. 1850 quittierte Dr. Siegert den Militärdienst, um sich ganz auf die Herstellung seiner aromatischen Spirituose zu konzentrieren.

In der von Revolution geprägten Atmosphäre des Jahres 1875 verlegten Dr. Siegerts Söhne das Familienunternehmen von Venezuela auf das zu den britischen Westindischen Inseln gehörende Trinidad.

Das Rezept für das weltbekannte Produkt Angostura ist eines der am strengsten gehüteten Geheimnisse der Karibik. Immerhin läßt sich sagen, daß – auch wenn es der Name vermuten läßt – keine Angostura-Rinde verwendet wird.

1936 ging Robert W. Siegert, der Urenkel des Gründers, neue, wissenschaftlich fundierte Wege in Richtung Erweiterung der Produktion und Verbesserung der Qualitätskontrolle. Schon bald darauf begann man damit, eigenen Rum und Alkohol für die Verwendung in dem berühmten Bitter zu destillieren.

Die Angostura-Fabrik an der East Main Road – östlich eines Betriebes zur Verarbeitung von Kokosnüssen – kann man kaum übersehen. Die Brennanlage mit ihren fünf Säulen erinnert eher an eine Ölraffinerie als an eine Rumbrennerei. Aber schließlich gibt es zwischen beiden Verfahren ja auch Ähnlichkeiten.

Angostura verwendet Melasse aus Trinidad, einem der führenden zuckerproduzierenden Länder der Region. Nach einer Laboruntersuchung wird das Rohmaterial in die Gärtanks hinter der Brennanlage gepumpt. Unter Verwendung der hauseigenen Hefekultur wird die Vergärung innerhalb von vierundzwanzig Stunden abgeschlossen. Nur die Destillate aus der ersten und der letzten der fünf Säulen – mit einem Alkoholgehalt zwischen 75 und 95 % vol – werden aufgefangen und zu Rum verschnitten. Durch Kombination von leichten mit schweren Destillaten läßt sich eine ganze Bandbreite verschiedener Blends herstellen.

Der frisch destillierte Rum wird in Edelstahltanks harmonisiert, bevor er weiter gereift, abgefüllt oder tankweise verschifft wird. Der Inhalt der zu Tausenden hier lagernden Rumfässer wird jährlich inspiziert. Ein Teil dieses gereiften Rums wird auch an Destillerien und Abfüller auf anderen Inseln verkauft, die ihn in ihren Verschnitten einsetzen.

215

Obwohl hier keine öffentliche Besichtigung angeboten wird, wurde ich dem leitenden Ingenieur John Georges vorgestellt, der mich durch den Betrieb führte und mir zeigte, was diese Destillerie zur modernsten in der östlichen Karibik macht. Fast jeder Schritt der Produktion wird mit Hilfe von Sensoren kontrolliert, die zur Auswertung und Aufzeichnung der Meßdaten mit Computern verbunden sind. So läßt sich beispielsweise das Temperaturprofil des Gärverlaufs erfassen und darstellen. Schon beim ersten Anzeichen eines möglichen Problems kann das System eine Warnung ausgeben. Ein ungewöhnlicher Anstieg der Gärtemperatur etwa kann aus einem Mangel an Kühlwasser resultieren, er kann aber auch auf ein schwerwiegenderes Problem mit der Maische hinweisen.

Nicht nur Rohmaterial und Rum, auch das beim Verschneiden verwendete Wasser wird im Labor unter die Lupe genommen. Filterung und Entmineralisierung sind hier wesentliche Bestandteile der Qualitätskontrolle und -sicherung. Nach dem Verschneiden wird sämtlicher Rum gefiltert. Anschließend werden Stichproben genommen und der Rum nochmals getestet.

Rum wird hier unter der Firma Trinidad Distillers Limited produziert – eine 100%ige Tochter der Angostura Holdings, die Rum für Angostura Bitters Ltd. und Fernandes Distillers (1973) Ltd. herstellt. 1973 erwarb Angostura Holdings die Anlagen und den Namen der direkt benachbarten Destillerie.

Bei meinen Recherchen stellte ich mit Überraschung fest, wie viele Leute mir erzählten, daß sie nichts anderes trinken als entweder Angostura oder aber Fernandes Rum. Obwohl beide aus derselben Brennanlage stammen, stellen sie doch sehr unterschiedliche Blends dar.

Die Marke Fernandes zeichnet sich durch ihre große Vielfalt aus. Der Alkoholgehalt einiger ihrer Blends kann je nach Exportland leicht variieren.

All diese Rums werden in Trinidad abgefüllt, stellen jedoch nur einen kleinen Teil der Gesamtproduktion dar. Angostura verkauft auch Faßrum, der überall auf der Welt abgefüllt wird.

ANGOSTURA BITTERS LIMITED
TRINIDAD

Gegründet 1875
Fermentation: Melasse, Gärdauer 24 Stunden
Brenntechnik: Kontinuierliche 5-Säulen-Brennanlage aus Edelstahl und Kupfer

Old Oak (Angostura)
Alkoholgehalt: 43%vol
Alter: Unbekannt
Anmerkungen: Die führende Marke in Trinidad und Tobago. Ein leichter, aromatischer Rumverschnitt in einer weißen und einer goldfarbenen Version. Der Old Oak Gold wird mit Zuckercouleur gefärbt. Beide Sorten sind in Literflaschen wie auch in Flaschen mit 75 cl bzw. 37,5 cl erhältlich.

Royal Oak (Angostura)
Alkoholgehalt: 43%vol
Alter: Unbekannt
Anmerkungen: Der Premium-Blend aus dem Hause Angostura. Aus Gründen der Farbkonstanz ein wenig mit Karamel koloriert. Diese weiche, ausgereifte Spirituose wird ausschließlich in 75-cl-Flaschen abgefüllt.

Forres Park Puncheon Rum (Fernandes)
Alkoholgehalt: Mindestens 75%vol
Alter: Unbekannt
Anmerkungen: Ein klarer, leichter Rum. Beliebt als hochprozentige Basis für Punsch und Cocktails. Nicht vergessen: »Vorsicht vor dem Puncheon.«

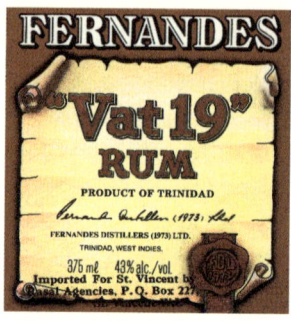

Vat 19 (Fernandes)

Alkoholgehalt: 43%vol

Alter: Unbekannt

Anmerkungen: Verschnitt aus gereiften Rums.
Einer der am meisten geschätzten Rums der östlichen Karibik. Seine natürliche Farbe wird mit
etwas Karamel verstärkt.

Black Label (Fernandes)

Alkoholgehalt: 43%vol

Alter: Unbekannt

Anmerkungen: Etwas teurer als der Vat 19. Ein cha-
rakteristisch leichter Rum, der häufig als
Cocktailbasis eingesetzt wird. Auch auf der
Schwesterinsel Tobago weit verbreitet.

White Star (Fernandes)

Alkoholgehalt: 43%vol

Alter: unbekannt

Anmerkungen: Weich und leicht im Körper. Ein Verschnitt gereifter leichter und
schwerer Rums, mit Karamel koloriert.

Ferdi's (Fernandes)

Alkoholgehalt: 43%vol

Alter: Unbekannt

Anmerkungen: Premium-Blend aus sehr lange
gereiften, leichten wie schweren Destillaten. Ein
Rum »mittleren« Typs, dunkle, satte Farbe.

Crystal White Rum (Fernandes)

Alkoholgehalt: 43%vol

Alter: Unbekannt

Anmerkungen: Sehr leichter Rum, wasserklar.

Es war nicht schwierig, Caroni als eine der Destillerien von Trinidad zu identifizieren – sie zu finden war da schon schwieriger. Ich entdeckte die gleichnamige staatliche Zuckerfabrik auf einer Landkarte und ging davon aus, die Destillerie liege in der direkten Nachbarschaft. Als ich aus dem Bus gestiegen war, fand ich jedoch heraus, daß ich nur zur Hälfte recht hatte: Die Brennerei war zwar neben der Zuckerfabrik erbaut worden, letztere war allerdings schon vor Jahren an einen zwanzig Meilen entfernten Ort verlegt worden.

Bei der Zuckerfabrik hatte man im Jahre 1918 mit der Destillation von Rum begonnen, zunächst in einer gußeisernen Brennblase. 25 Jahre später wurde sie durch eine Coffey Still aus Holz ersetzt. 1957 übernahm die Firma Caroni Limited das »Esperanza« genannte Anwesen, dessen Ein-Säulen-Anlage anschließend zu Caroni verlegt wurde. Als die Nachfrage nach Caroni Rums gestiegen war und weiter zunahm, wurde 1980 ein Brennapparat mit vier Säulen bestellt. Diese neue Anlage steigerte nicht nur die Produktionskapazität, sondern verbesserte auch die Qualität insbesondere der leichteren Rums aus diesem Hause. Die verschiedenen technischen Veränderungen und Erweiterungen in diesem Jahrhundert spiegeln gleichzeitig das Marktwachstum, aber auch den sich ständig wandelnden Geschmack der Verbraucher wider.

Nach der Jahreszeit der Zuckerrohrproduktion (die sich über die ersten sechs Monate des Jahres erstreckt) geht hier die Rumbrennerei los. Durch das Entziehen eines Großteils des Zuckers aus dem Zuckerrohr werden andere organische Bestandteile und Mineralien in der Melasse konzentriert. Diese kann nach dem Verdünnen mit Wasser vergoren werden. Um die Alkoholausbeute zu erhöhen, wird der Maische zuvor jedoch Ammoniumsulfat untergemischt. Solche Zugaben von Chemikalien sind allerorten Routine für die Brennmeister – dennoch haben es viele, mit denen ich bei meinen Recherchen gesprochen habe, rundheraus abgelehnt zuzugeben, daß sie auch nur irgend etwas beimengen, um die Gärung zu beschleunigen.

Nachdem die Maische drei Tage lang vergoren wurde, wird sie in einer modernen Vier-Säulen-Anlage destilliert. In der ersten Säule wird der Alkohol auf etwa 50 bis 60%vol konzentriert. Ein kleiner Teil dieses Destillats wird kondensiert und zwei Jahre faßgereift, um dann als Bestandteil eines schweren Rumverschnitts zum Einsatz zu kommen.

Der Löwenanteil jedoch wird nach dem Kondensieren in die zweite Säule geleitet. Hierbei wird Wasser zugegeben, wodurch sich die unerwünschten Ester und Aldehyde besser abziehen lassen. Das verbleibende Kondensat aus dieser Säule wird dann, im Rektifikator, ein drittes Mal destilliert. Der größte Teil des zur Verwendung kommenden, hochprozentigen Neutralsprits entsteht in dieser dritten Säule, in der auch Fuselöle und Isobutylalkohol entfernt werden. Der Rest wird in die letzte und kleinste Säule geleitet – deren auskondensiertes Endprodukt wird teils gereift und als Geschmacksgeber in Blends verwendet, teils aber auch der zweiten Säule wieder zugeführt, wodurch die Effizienz des gesamten Prozesses erhöht wird.

Auf den verschiedenen Produktionsstufen entstehen unterschiedliche Destillate, aus denen hier eine ganze Bandbreite verschiedener Rumsorten verschnitten wird. Innerhalb dieser Produktpalette decken die Puncheon Rums das »leichte« Ende ab. Die übrigen Sorten enthalten gereifte Bestandteile.

In Trinidad entsteht Rum unter Zollverschluß. Über die gesamte Produktion muß minutiös Buch geführt werden. Zur Kompensation von Mengenverlusten während der Reifung – durch Verdunstung, zu einem kleinen Teil aber auch durch undichte Fässer – erlauben die Finanzbehörden den Destillerien, etwa bei einem fünf Jahre gereiften Rum 19,5% der ursprünglichen Destillatmenge buchhalterisch abzuschreiben. Wenn man bedenkt, daß tatsächlich aber 8 bis 12% pro Jahr entweichen, ist das ein schwacher Trost.

Um den echten Schwund zu minimieren, wird der Rum, bevor er zur Reifung ins Faß kommt, auf etwa 80%vol Alkoholgehalt reduziert. Darüber hinaus werden die Fässer regelmäßig auf ihre Dichtigkeit überprüft und im jährlichen Turnus mit Destillat aus demselben Produktionsjahr wieder aufgefüllt – dieses Verfahren entspricht dem der sogenannten »Houillage« auf den französischsprachigen Inseln.

Der Großteil der weit über zwei Millionen Liter Rum, die hier im Jahr produziert werden, wird ungereift und in Form von Neutralsprit nach Europa, Kanada und in den karibischen Raum exportiert. Daneben gehen auch gereifte Rums als fertige Verschnitte zur Abfüllung unter anderen Labels in den Export.

CARONI (1975) LIMITED
TRINIDAD

Gegründet 1918
Fermentation: Melasse oder frischer Zuckerrohrsaft, Gärdauer drei
  Tage
Brenntechnik: Moderner Vier-Säulen-Brennapparat

Caroni Puncheon Rum
Alkoholgehalt: 75%vol
Alter: Ungereift
Anmerkungen: Ein klarer, weißer, leichter Rum.

Stallion Puncheon Rum
Alkoholgehalt: 78%vol
Alter: Ungereift
Anmerkungen: Der stärkste Rum, der hier für den
  lokalen Markt abgefüllt wird.

Felicite Gold

Alkoholgehalt: 43 %vol

Alter: Verschnitten mit drei Jahre faßgereiftem Rum

Anmerkungen: Farbe mit Zuckercouleur korrigiert.

White Magic Light

Alkoholgehalt: 43 %vol

Alter: Verschnitten mit drei Jahre faßgereiftem
Rum

Anmerkungen: Die durch die Faßreife bedingte
Färbung wird mittels Filterung durch Aktivkohle
entfernt.

Caroni Special Old Cask Rum

Alkoholgehalt: 43 %vol

Alter: Bis zu zehn Jahre alte Destillate im Verschnitt

Anmerkungen: Der Premium-Rum von Caroni
wird wegen seiner Farbe auch als »roter Rum«
bezeichnet.

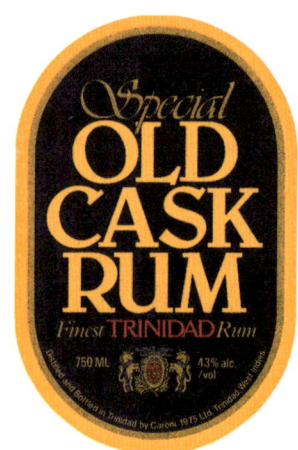

Im Zuge meiner Recherchen lernte ich nicht nur einige der edelsten Spirituosen der Welt kennen, sondern auch ein paar der nettesten Leute auf der Welt. Ich hoffe, Sie haben selbst einmal die Gelegenheit dazu und ergreifen sie beim Schopf – mit etwas Gelassenheit werden Sie positiv überrascht sein.

Es heißt ja oft, daß in dieser Weltgegend die Uhren anders gehen. Die Mentalität der Menschen, ihre Behäbigkeit, wirkt auf manche wie eine andere Form von Gleichgültigkeit – doch es handelt sich schlicht um eine andere Einstellung zum Leben, einen eigenen »Way of Life«. Man sollte sich hier nur Gedanken um Dinge machen, die wirklich wichtig sind, und sich ansonsten einfach treiben lassen – erst dann kann man seine Zeit auf einer dieser Inseln wirklich genießen.

Ein Taxifahrer, der im Schatten einer Palme in seinem Wagen schlief, wurde von einem Mann geweckt, der all dies noch nicht wußte, denn er war erst vor kurzem in diesem Paradies angekommen. So gab er dem gähnenden Taxifahrer auch gleich ein paar gute Tips: Wenn er, statt zu schlafen, Taxi fahren würde, könnte er sich bald ein zweites Taxi leisten, einen Fahrer einstellen, noch mehr Geld verdienen, ein drittes Taxi… und so weiter, und so weiter.

»Und dann«, gähnte der Taxifahrer, »könnte ich mich endlich ein bißchen ausruhen«. Sprach's und zog sich seinen Strohhut wieder über die Augen.

Puerto Rico

Im Jahre 1509 gründete Gouverneur Ponce de Leon die erste europäische Siedlung – die Spanier hofften, Gold zu finden, das Gerüchten zufolge überall in der Karibik in Strömen fließen sollte. Zu jener Zeit stand bereits fest, daß San Juan keineswegs voll des begehrten Edelmetalls war – doch der geschützte Hafen wurde zu einem wichtigen Umschlagplatz für das Gold auf seinem Weg von der westlichen Karibik nach Spanien. Mit der Zeit begann das Zuckerrohr, das Kolumbus auf seiner zweiten Reise mit nach Puerto Rico gebracht hatte, auf den Böden und im Klima der Insel immer besser zu gedeihen – und so sollte in den nächsten dreihundert Jahren nicht das Gold, sondern der Zucker zum Wirtschaftsfaktor Nummer eins werden.

Seit Puerto Rico 1899 in amerikanischen Besitz kam, hat die Wirtschaft der Insel mehr als nur einen Fehlstart erlebt. Das an der Südküste gelegene Ponce war der Standort der ersten Zuckerrohrfabrik und blieb über viele Jahre das industrielle Zentrum der Insel. Nach dem Zweiten Weltkrieg haben sich die Entwicklungsbemühungen jedoch in Richtung auf andere Exportindustrien und den Tourismus hin verlagert.

Auch wenn das Zuckergeschäft von Jahr zu Jahr weiter an Boden verliert, kann man außerhalb der Stadt San Juan immer noch das Grün des Zuckerrohrs entdecken, das sich über die ganze Insel verbreitet hat. Obwohl die Zuckerrohrproduktion stetig schrumpft, wächst andererseits die Produktion von Rum – oder »ron«, wie ihn die spanisch sprechenden Insulaner nennen. Die Destillerien waren gezwungen, Melasse aus anderen zuckerproduzierenden Ländern einzuführen (im wesentlichen aus dem karibischen Becken), um der wachsenden Nachfrage nach Rum gerecht zu werden.

Heute gibt es nur noch zwei Destillerien auf der Insel, die in Betrieb sind: Bacardi in San Juan sowie Serrallès in Ponce. In den letzten beiden Jahrzehnten haben mehrere andere Brennereien ihre Pforten geschlossen, nachdem die zugehörigen Markennamen von

Konkurrenten übernommen worden waren. Eine Destillerie, die früher selbst zu produzieren pflegte, kauft heutzutage Alkohol von Bacardi, um diesen nur noch selbst zu verschneiden und unter eigenem Etikett abzufüllen – Barrilito.

Anders als auf vielen anderen Inseln ist es in Puerto Rico vorgeschrieben, Rum vor der Abfüllung mindestens ein Jahr lang im Eichenfaß zu lagern. Nach in den USA geltenden Richtlinien hat sich eine Altersangabe auf dem Etikett außerdem auf den jüngsten im Verschnitt enthaltenen Anteil zu beziehen. Obwohl viele Rums aus Puerto Rico weit über die Mindestlagerdauer hinaus gereift werden, trägt allerdings keines ihrer Etiketten eine Altersangabe – mit zunehmender internationaler Verbreitung von Rum und im Hinblick auf Marketingüberlegungen dürfte sich dies aber in absehbarer Zeit ändern, was ich übrigens auch von Rums der anderen Inseln annehme.

Sämtlicher Rum wird in Puerto Rico aus fermentierter Melasse destilliert. Typisch für den Rum von dieser Insel ist auch, daß er leichter ist als auf anderen Inseln zur Abfüllung kommender Rum. Die während der Faßreife angenommene Farbe vieler Blends wird zwar mit Karamel geschönt oder vertieft, allerdings setzt man diese sogenannte Zuckercouleur nur sehr sparsam ein, um den Geschmack nicht nachteilig zu beeinflussen.

*B*ACARDI CORPORATION

Der Hauptsitz der Bacardi Corporation in San Juan ist bekannt als größte Destillerie der Welt. Die malerische Fahrt durch den Hafen vermittelt einem ein interessantes Bild vom historischen Old San Juan einerseits und einer enormen Entwicklung andererseits, die San Juan zur größten Metropole in der östlichen Karibik gemacht hat. Einmal an Bord der Fähre nach Catano, sind es nur noch ein paar entspannende Minuten bis zur Destillerie und dem Besucherzentrum von Bacardi.

Firmengründer Facundo Bacardi Masó handelte in der zweiten Hälfte des 19. Jahrhunderts mit Weinen und Rumverschnitten. Auf der Suche nach leichteren Rums als denen, wie sie in Pot Stills gebrannt wurden, installierte Bacardi die erste Coffey Still auf Kuba und begann, sich für sein neues, tatsächlich leichteres Produkt einen Namen zu machen. Nachdem das Unternehmen zu stattlicher Größe herangewachsen war, wurde es 1958 von Don Secuto Bacardi an seinen heutigen Standort verlegt – als Reaktion auf die politisch instabile Lage auf Kuba. Eine Entscheidung, die mit dazu beigetragen hat, daß die Bacardi Corporation zu einem Unternehmen von internationaler Bedeutung aufsteigen konnte.

Heute ist Bacardi eine Bilderbuchdestillerie im Hinblick auf technischen Fortschritt und Effizienz. In der Vier-Säulen-Brennanlage können rund zwei Millionen Gallonen hochprozentigen Alkohols destilliert werden – täglich. Um die hierfür nötige Menge an Dampf und Energie umweltfreundlich produzieren zu können, wurde eigens ein innovatives System konstruiert.

Der nach der Vergärung übrigbleibende Bodensatz wird in einen geschlossenen Tank geleitet, in dem anaerobe Bakterien den Großteil der organischen Abfälle in Methangas umwandeln, das als Brennmaterial zum Einsatz kommt. Da die Destillerie kontinuierlich arbeitet und nur während der periodischen Wartungsarbeiten stillsteht, sind die Methanspeicher relativ klein im Verhältnis zur erzeugten Menge an Gas.

Die geringen Mengen an Restabfällen, die sich nicht in Gas umwandeln lassen, werden als Dünger verwendet. Bacardi hat zwar beträchtliche Summen in dieses System investiert, es trägt dafür aber auch entscheidend zum Gewässerschutz in der angrenzenden Bucht bei und ist heute Teil eines auf Dauer angelegten Umweltprogramms.

Zur Zeit werden bei Bacardi sechs verschiedene Rums destilliert und abgefüllt, daneben eine Reihe von Likören auf Rumbasis. Der Bacardi Superior White ist ein Verschnitt aus einjährigen Destillaten, dessen Farbe herausgefiltert wurde. Der Superior Gold wird aus zwei Jahre gelagerten Rums verschnitten – es gibt ihn als »Light« (entfärbt) und in der »Dark«-Version (farbverstärkt). Bacardi Black ist ein Verschnitt aus bis zu vier Jahre alten Rums, dessen Farbe ebenfalls korrigiert wurde. Der Anejo ist ein weicherer Blend aus bis zu sechs Jahre gereiften Destillaten, dessen Geschmack man die zusätzliche Reife deutlich anmerkt. Der Premium-Rum von Bacardi, der »Reserve«, besteht ebenfalls aus bis zu sechs Jahre alten, im Durchschnitt jedoch höherwertigen Rums. Der vor einigen Jahren eingeführte Bacardi 1873 wird mit dreijährigen Rums verschnitten und erinnert in seiner Art an edlen Scotch Whisky. Alle genannten Rums werden mit 40%vol Alkoholgehalt verschnitten.

Bei Bacardi Limon handelt es sich um einen neuen, 35%igen Blend aus einjährigem Rum, der mit Grapefruit, Zitrone und Limette aromatisiert wurde. Kürzlich kam zudem der Bacardi Spice auf den Markt – ein Blend aus goldfarbenen Rums, aromatisiert mit Zimt, Muskat und anderen karibischen Gewürzen, der durch seine extreme Weichheit und seinen herausragenden Geschmack beeindruckt, ob als Mixbasis oder pur auf Eis genossen. Ein Rum, der von Beginn an gut angenommen wurde und auf den Märkten sicherlich seinen Weg machen wird.

Wenn man den gut 50 Hektar großen Bacardi-Komplex betritt, läßt man die so nahe, geschäftige Metropole San Juan weit hinter sich, überwältigt von der weitläufigen Parklandschaft. Am großen Besucherzentrum starten fahrplanmäßig Elektro-Miniaturzüge zu geführten Besichtigungstouren durch das Brennereigelände.

Angesichts der schieren Größe ist es unmöglich, alles anzuschauen. Daher beschränken sich die Touren auf Punkte, die von historischer Bedeutung sind, wie auch auf die diversen Stufen der Rumherstellung. Von der Brennereianlage geht es weiter zu den Gärtanks und zu geschmackvoll gestalteten Produkt-Displays. Zurück im Besucherzentrum, kann man Rums auch verkosten und im Bacardi Rum- und Andenkenladen shoppen gehen. So eine Besichtigung beinhaltet kaum Fußmärsche, sie ist eher ein entspannender Abstecher aus der Geschäftigkeit der nahen, großen Stadt.

BACARDI CORPORATION
SAN JUAN, PUERTO RICO

Gegründet 1873

Fermentation: Melasse, Gärdauer 24 Stunden

Brenntechnik: Kontinuierlicher Vier-Säulen-Brennapparat aus
Edelstahl

Bacardi Superior White

Alkoholgehalt: 40%vol

Alter: Ein Jahr

Anmerkungen: Verschnitt aus 1 Jahr alten, leichten Rums, deren Farbe
durch Filterung entfernt wurde.

Bacardi Superior Gold (Light, Dark)

Alkoholgehalt: 40%vol

Alter: Zwei Jahre

Anmerkungen: Light-Version entfärbt, Dark-Version farbverstärkt.

Bacardi Black

Alkoholgehalt: 40%vol

Alter: Verschnitt aus bis zu vier Jahre gereiften Destillaten

Anmerkungen: In manchen Ländern neuerdings unter dem Namen
Bacardi Select vertrieben.

Bacardi Spice

Alkoholgehalt: 40%vol

Alter: Verschnitt aus goldfarbenen, gereiften Rums

Anmerkungen: Einzigartiger Blend, mit Gewürzen aromatisiert.

Bacardi 1873

Alkoholgehalt: 40%vol

Alter: Blend mit drei Jahre alten Rums

Anmerkungen: Erinnert dank der Verwendung ungewöhnlich weicher
Destillate an Scotch Whisky.

Bacardi Anejo
Alkoholgehalt: 40%vol
Alter: Blend aus bis zu sechs Jahre alten Rums
Anmerkungen: Weicher Verschnitt aus gereiften Rums, kräftige Farbe.

Bacardi Reserve
Alkoholgehalt: 40%vol
Alter: Blend aus bis zu sechs Jahre alten Rums
Anmerkungen: Höherer Anteil älterer Destillate. Der Premium-Rum
  von Bacardi.

*E*DMUNDO B. FERNÁNDEZ, INC.

Ron del Barrilito gehört zweifelsohne zu den Schätzen von Puerto
Rico. Diese Marke ist zwar alles andere als die größte der Insel, sie
ist jedoch zumindest all jenen ein Begriff, die das Thema Rum ernst
nehmen. Eine Tour durch die Rum-Insel Puerto Rico wäre unvollständig, ohne diese Spirituosen wenigstens verkostet zu haben.

Nach seinem Abschluß auf einer Ingenieursschule in Frankreich
kehrte Pedro B. Fernández 1871 auf die Hacienda Santa Ana in
Bayamon zurück, um wieder bei seiner Familie zu leben, deren
Vorfahren Ende des 18. Jahrhunderts aus Spanien eingewandert
waren. Auf dem Grundbesitz der Familie wurde Zuckerrohr angebaut und, wie überall zu jener Zeit, gehörte auch eine kleine
Destille zum Anwesen.

Damals stellten viele Leute Rum her. Die geheimen Zutaten und
ein besonderes Reifungsverfahren jedoch machten den Blend des
Senor Fernández zu etwas ganz Besonderem. Seine Freunde nannten seinen Rum nur »ron de barril« – Rum aus dem Faß. 1880
begann Pedro Fernández, seinen Rum auch kommerziell zu vermarkten. Und seither hat sein einzigartiger Blend einen festen Platz
im Herzen der puertoricanischen Rumliebhaber. Noch heute empfehlen die Einheimischen jedem Touristen, unbedingt die Hacienda
zu besuchen, auch wenn dort nur noch einige wenige der ursprünglichen Gebäude stehen.

Es ist herzerfrischend, so nahe bei der vor Wachstum berstenden Inselmetropole San Juan diese stille Oase der Geschichte zu entdecken. Das Erdgeschoß der 1827 erbauten, neben dem nach dem Zweiten Weltkrieg errichteten Lagerhaus gelegenen Windmühle dient heute als Bürogebäude. Da das gesamte Umland im Wachstum der Stadt aufgegangen ist und dort längst kein Zuckerrohr mehr wächst, wird hier nicht mehr selbst gebrannt, sondern die Destillate von Bacardi bezogen und anschließend nach Hausrezept verschnitten.

Barrilito ist meines Wissens der einzige Blender, der den Rum bereits vor der Reifung verschneidet. Als weitere Besonderheit kommt hinzu, daß die Fässer hier mit etwa 500 Litern Fassungsvermögen ungewöhnlich groß sind und weder zur Befüllung noch zum Entleeren von der Stelle bewegt werden. Wenn eines der 3000 Fässer nahezu leer ist, wird es aus dem nebengelegenen Verschneideraum nachgefüllt – mit Destillat von annähernd demselben Alkoholgehalt, mit dem es Jahre später abgefüllt wird.

Die Geheimnisse dieser Blends werden von der Eigentümerfamilie streng gehütet. Es ist aber interessant festzustellen, daß hier für die Reifung nicht die sonst in der Karibik üblichen Whiskyfässer zum Einsatz kommen, sondern gebrauchte Weinfässer aus Europa.

Abgefüllt werden lediglich zwei Sorten. Zum einen der nach dem Ende der Prohibition eingeführte Blue Star mit seinem blauen Etikett und zum anderen der in Dunkelblau etikettierte Three Star. Die drei Sterne befinden sich auf der Halsbanderole über dem bekannten Etikett, das Kennern seit vielen Jahren den wahren, echten puertoricanischen Rum signalisiert. Beide Etiketten sind Beleg für die frankophile Ader des Gründers und zeigen einen Engel, der die Götter des Olymp mit edelsten hochgeistigen Getränken versorgt. Die Initialen »P« und »F« stehen für den Gründervater Pedro Fernández. Daneben finden sich auf den Etiketten auch die Abbildungen diverser bei Ausstellungen gewonnener Silber- und Goldmedaillen.

Jährlich werden nur 11 000 Kisten von diesen Spirituosen verkauft, und dies fast ausschließlich auf der Insel selbst. Doch ein großer Teil dieses guten Rums geht anschließend doch noch ins Ausland –

im Gepäck von Puertoricanern, die in die USA und nach Kanada ausgewandert sind und zu Besuch auf ihrer Heimatinsel waren.

Ich hatte die seltene Gelegenheit, Rum zu verkosten, der seit der Errichtung des Lagerhauses im Jahre 1946 im Faß gelegen hatte. Für mich der erste Rum, der älter war als ich selbst – er übertraf meine Erwartungen. Doch ich hätte nicht überrascht sein müssen, schließlich kannte und schätzte ich den Three Star schon seit Jahren. Er kann schwer aufzutreiben sein, also nehmen Sie genügend mit, wenn Sie einmal vor Ort sind.

Um diese freundliche Anlage zu besuchen, nehmen Sie den Highway 5 von Bayamón in Richtung Catano und fahren bei Kilometer 1,6 ab. Westlich der Autobahn sehen Sie Hinweisschilder und die ersten Bäume, die bereits zur Hacienda gehören. Geöffnet ist montags bis freitags von 8–11.45 Uhr und von 13–16.45 Uhr. Geschäftsführer Manuel B. Fernández und sein Bruder Edmundo werden Sie herzlich willkommen heißen.

EDMUNDO B. FERNÁNDEZ, INCORPORATED
BAYAMÓN, PUERTO RICO

Gegründet 1880
Verschnitt und Abfüllung von Rum der Marke Barrilito.

Barrilito Two Star
Alkoholgehalt: 43 %vol
Alter: Verschnitt aus mindestens drei Jahre alten Rums
Anmerkungen: Der Zwei-Sterne-Barrilito schmeckt am besten auf Eis
mit ein wenig Wasser.

Barrilito Three Star
Alkoholgehalt: 43 %vol
Alter: Verschnitt aus mindestens sechs Jahre alten Rums
Anmerkungen: Der dritte Stern signalisiert einen ausgereifteren
Geschmack – einer der Schätze von Puerto Rico.

Im 16. Jahrhundert war nicht jeder spanische Conquistador auf der Suche nach der sagenumwobenen Goldstadt El Dorado. Ponce de Leon war vielmehr fixiert auf die Idee einer »Quelle der Jugend«. Nachdem er als erster Gouverneur von Hispaniola gedient und große Flächen des Landes mit Zuckerrohr kultiviert hatte, verließ er die Karibik, um seine Suche nach Unsterblichkeit anderenorts fortzusetzen. Seine ganz persönliche Quelle der Jugend versiegte dennoch – aber sein Name lebt weiter: eine der schönsten Städte der Insel wurde nach ihm benannt. Ponce ist die zweitgrößte Ansiedlung von Puerto Rico, und man sollte nicht versäumen, sie zu besuchen. Diese Stadt an der Südküste ist ruhiger, viel weniger hektisch als San Juan und verdient mehr als einen kurzen Blick aus dem Fenster eines Rundfahrtbusses.

Östlich von Ponces Flughafen Mercedita sieht man auf den Ziegelschornsteinen der Destillerie Serrallès die verblaßte Aufschrift »Don Q«. In der zweiten Hälfte des vergangenen Jahrhunderts kam Sebastian Serrallès aus dem spanischen Katalonien auf die Insel, wo er ein kleines Stück Land erwarb – die Hacienda Teresa. Damals war es üblich, ausgekratzte Reste aus den Zuckertöpfen zu vergären und in einer kupfernen Brennblase zu einem rauhen Rum zu destillieren. So entstand nur eine kleine Menge Rum, die mit Landarbeitern und Freunden geteilt wurde.

1865 – Ponce war zu einem Handelszentrum avanciert und die Nachfrage nach Rum gewachsen – wurde ein säulenförmiger Brennapparat aus Frankreich angeschafft. Der Rum der Hacienda erwarb sich zusehends Anerkennung und wurde in Ponce bald sehr bekannt. 1890 ging der Gründer zurück nach Barcelona und überließ das wachsende Unternehmen seinem in Puerto Rico geborenen Sohn Don Juan Serrallès Colón.

Bis heute wurde die Tradition des Hauses Serrallès von der einen zur nächsten Generation weitergegeben. Viele der heute 375 Mitarbeiter sind Nachfahren der Menschen, die das Unternehmen vor über hundert Jahren aufgebaut haben.

Als der Brennereibetrieb während der Prohibition ruhte, konzentrierte sich die Familie auf die Herstellung von Zucker. Im wieder aufblühenden Markt nach Ende der Prohibition – der gute Ruf von Serrallès war bei den Rumliebhabern ungebrochen – wurde die Brennerei an ihren heutigen Standort verlegt und, in Anspielung auf Don Quixote, der Markenname »Don Q« eingeführt. Heute ist dieser Name in Puerto Rico geradezu ein Synonym für Rum.

Die Ebene zwischen der Karibik und den Bergen, die sich im Inneren der Insel in Ost-West-Richtung erstrecken, bot die richtige Kombination von Böden, Regenmenge und klimatischen Eigenschaften, um zum Zentrum der puertoricanischen Zuckerindustrie zu werden. Während dieses Geschäft in den letzten beiden Jahrzehnten geschrumpft ist, wächst nun die Produktion von Rum.

Bis vor kurzem wurde die Melasse für den Serrallès-Rum von der benachbarten Zuckerfabrik bezogen. Inzwischen wird sie auf dem Weltmarkt gekauft und kommt per Tankschiff in den Hafen von Ponce. Die hauseigene Hefekultur wird mit Sorgfalt kultiviert und der geklärten Melasse-Maische vor der 36stündigen Gärung zugegeben. Seit Eröffnung der Brennerei 1935 wurde auf eine mittlerweile sechssäulige Anlage erweitert. Während der Fermentation und der Destillation werden Temperatur, Druck und Durchfluß ständig genau kontrolliert, um verschiedene Destillate herzustellen, die später zu unterschiedlichen Rums verschnitten werden.

Seit den Tagen von Sebastian Serrallès ist die Produktionskapazität auf rund 200 000 Liter am Tag gestiegen. In den Lagerhäusern von Mercedita und denen von Puerto Rico Distillers in Camuy ruhen und reifen fast eine halbe Million Fässer Rum. Als Ergänzung der Rumherstellung wird auch Neutralsprit gebrannt, der zur Produktion von Wodka, Gin, Anisette und anderen Likören dient.

Mit dem Erwerb der Firma Puerto Rico Distillers Inc. vom kanadischen Getränkekonzern Seagrams im Jahre 1985 sicherte sich Serrallès Produktionsanlagen in Camuy und in Arecibo an der Nordküste der Insel – und konnte den Umsatz mehr als verdoppeln. Der Brennereibetrieb der genannten Anlagen ruht zwar, doch in Camuy werden sowohl die Lagerhäuser als auch die Abfüllanlage genutzt.

In Mercedita werden die eigenen Sorten Don Q White, Don Q

Gold und der Premium-Rum El Dorado verschnitten und abge-
füllt. Hinzu kommen die Marken Palo Viejo, Ron Llave, Ron
Granado, Runrico sowie, in Camuy, Captain Morgan (letzterer in
Seagram-Lizenz).
Serrallès betreibt zwei Fabrikverkaufsstellen unter dem Namen La
Cava – eine in der Anlage von Mercedita, die andere in Miramar an
der Nordküste. Beide bieten die ganze Produktpalette, die von
Serrallès hergestellt oder vertrieben wird. Importiert werden von
der Firma Weine, Scotch Whisky, Bourbon, Brandy und viele ande-
re Spezialitäten.

SERRALLÈS
PONCE, PUERTO RICO

Gegründet um 1865
Fermentation: Melasse, Gärdauer 36 Stunden
Brenntechnik: Kontinuierliche Sechs-Säulen-Anlage aus Edelstahl

Don Q (White / Gold)
Alkoholgehalt: 40%vol
Alter: Verschnitt gereifter Rums
Anmerkungen: Don Q White ist der meistverkaufte Rum in Puerto
    Rico. Wie viele andere Rums wird er durch Filterung entfärbt,
    während die Sorte Gold vor der Abfüllung leicht mit Zuckercouleur
    farbverstärkt wird.

El Dorado
Alkoholgehalt: 40%vol
Alter: Verschnitt aus leichten, bis zu fünf Jahre gereiften Rums
Anmerkungen: Die Premium-Sorte von Serrallès ist ein reifer, aber
    dennoch leichter Rum.

Dominikanische Republik

Die Dominikanische Republik – nicht zu verwechseln mit Dominica – umfaßt die östlichen zwei Drittel der kaum 100 Meilen westlich von Puerto Rico gelegenen Insel Hispaniola. Das an der Südküste gelegene Santo Domingo ist der älteste Hafen der westlichen Hemisphäre. Er wurde schon früh zu einem Zentrum für die Erforschung der Neuen Welt – ein Status, den die Stadt nach der Plünderung durch Francis Drake im Jahre 1586 nie wieder erreicht hat. Im 17. Jahrhundert besetzten französische Freibeuter das westliche Drittel dieser fruchtbaren Insel und begannen damit, Sklaven zu »importieren«, die auf den Zuckerplantagen arbeiten mußten. Anfang des 18. Jahrhunderts kontrollierten die Franzosen die ganze Insel und benannten sie in Saint Dominigue um.

1804 wurde in Haiti – als Folge eines Sklavenaufstandes, der die meisten Plantagen vernichtete – die erste »schwarze Republik« der Welt ausgerufen. Fünf Jahre später, als die Spanier die Kontrolle über die Dominikanische Republik (die erst 1844 unabhängig werden sollte) wiedererlangt hatten, wurde die Insel geteilt. Die Destillerien der Dominikanischen Republik sind zwar nicht so berühmt für ihren Rum wie die im benachbarten Haiti, dennoch lassen sich hier verschiedene weniger bekannte Schätze der Karibik entdecken. Mehrere Brennereien stellen Rum für den heimischen Markt her, wovon drei auch exportieren, wenngleich nur in geringem Umfang.

Rum ist bis heute, wie so vieles auf den Inseln, ein Spiegelbild der Vergangenheit. Wenn eine Brennerei mehr Rum produziert, als sich in wirtschaftlich schweren Zeiten absetzen läßt, wird der Überschuß ganz einfach im Faß gelagert. Bei einer anhaltenden ökonomischen Schwächeperiode kann es also vorkommen, daß sich größere Mengen an ausgereiftem Rum ansammeln. Das Resultat sind oft zehn oder mehr Jahre gelagerte Rums, die zu einem sehr niedrigen Preis auf den Markt gelangen.

Mit der Zunahme des internationalen Handels im karibischen

Raum werden die Rumexporte in der Zukunft voraussichtlich weiter wachsen und die Lagerbestände an altem Rum kontinuierlich abgebaut.

Wenn Sie einmal die Dominikanische Republik besuchen, stoßen Sie mit Sicherheit auf einige ungewöhnlich gute Rums. Ich habe bei fast jedem meiner Besuche irgend etwas Neues entdeckt und freue mich jedes Mal darauf, wieder hinfahren zu können.

In Puerto Plata an der Nordküste kann man vom Hafen aus zur Abfüllanlage von Brugal spazieren. Wer länger Zeit hat, kann einen Ausflug in die Bergstadt Santiago machen und die Destillerie Bermúdez besichtigen.

J ARMANDO BERMÚDEZ & COMPANY, C.X.A.

Als J Armando Bermúdez 1852 begann, mit einer kleinen Brennblase Rum zu destillieren, war Zucker das Hauptexportgut dieses karibischen Staates. Trotz einer durch schwindende Zuckerausfuhren ausgelösten Wirtschaftskrise der Dominikanischen Republik hat es die Familie Bermúdez in Santiago geschafft, die Destillation edler Rums über fast anderthalb Jahrhunderte aufrechtzuerhalten.

Heimische Melasse wird drei Tage lang vergoren, bevor die Maische in einer 1927 angeschafften Vier-Säulen-Anlage aus Kupfer und Edelstahl zur Destillation kommt – eine der ältesten Anlagen ihrer Art auf den Inseln.

Nach dem Brennvorgang wird das frische Destillat mit nur 55 % vol Alkoholgehalt in gebrauchten Eichenfässern aus England gelagert. Die Kombination geringer Faßstärke und kleiner Fässer trägt zur Ausbildung des besonderen Charakters dieser feinen Rums bei.

Anschließend an die Reifung werden sechs verschiedene Rumsorten komponiert und abgefüllt. Wie bei vielen Brennereien gehört dazu ein Overproof-Rum – dieser 151-Proof-Rum wird neun Monate gereift und ist dank seiner Sanftheit auch eine gute Basis für Rumpunsch. Die Sorten Blanco (weiß) und Dorado (goldfarben) reifen drei Jahre und sind überall in der Dominikanischen

Republik erhältlich. Der Anejo Selecto ist ein weicher Blend aus edlen sechsjährigen Bermúdez-Destillaten. Der achtjährige Don Armando und der zwölf Jahre alte Premium-Rum Aniversario sind schon schwerer aufzutreiben, da sie nur in limitierter Menge hergestellt werden – aber die Suche lohnt sich. Besonders bei den älteren Rums spürt man im Geschmack ein Vanillearoma, das auf die lange Reife im Eichenholz zurückzuführen ist.

Der Vertrieb dieser Rums beschränkt sich auf die Dominikanische Republik, St. Martin, Spanien, Italien, Honduras, Ecuador und Peru. Auf diesen Märkten ist jedoch nicht die gesamte Palette verfügbar – also besucht man die Destillerie in Santiago am besten selbst.

Besichtigungstouren können über örtliche Reiseveranstalter gebucht werden.

J ARMANDO BERMÚDEZ & COMPANY, C.X.A.
SANTIAGO, DOMINIKANISCHE REPUBLIK

Gegründet 1852
Fermentation: Melasse, Gärdauer 3 Tage
Brenntechnik: 4-Säulen-Anlage aus Kupfer und Edelstahl

151 Proof
Alkoholgehalt: 75,5%vol
Alter: Neun Monate
Anmerkungen: Starker Rum, gut als Basis für Rumpunsch oder zur
   Verwendung in der Küche. Wird nicht exportiert.

Bermúdez Blanco
Alkoholgehalt: 43%vol
Alter: Drei Jahre
Anmerkungen: Bei 55%vol faßgereift, vor der Abfüllung gefiltert.

Bermúdez Dorado Rum

Alkoholgehalt: 43%vol

Alter: Drei Jahre

Anmerkungen: Goldfarbener Rum – die Farbe ist Ergebnis des niedrigen Alkoholgehalts, mit dem das Destillat im Faß reift.

Anejo Selecto

Alkoholgehalt: 43%vol

Alter: Sechs Jahre

Anmerkungen: Weicher als Dorado oder Blanco – in der Dominikanischen Republik unbedingt danach Ausschau halten.

Aniversario

Alkoholgehalt: 43%vol

Alter: Zwölf Jahre

Anmerkungen: Dieser Premium-Rum wird manchmal auch als »1852« bezeichnet. Man sollte ihn bewußt genießen.

B RUGAL

Wer Puerto Plata besucht, findet die in Ufernähe gelegene Abfüllanlage von Brugal mühelos. Als ich Ende der 80er Jahre einmal mit der Tafia hierher segelte, wurden mehrstündige Besichtigungstouren durchgeführt, wann immer ein Kreuzfahrtschiff im Hafen eingelaufen war. Anschließend öffnete sich die schwere Metalltür am Ausgang des Gebäudes, und die Touristen strömten heraus, um Rums in einer Vielzahl von Fruchtcocktails zu probieren.

Damals tauchten ständig Segler aus dem Yachthafen an dieser Ausgangstür auf, um sich der feuchtfröhlichen Verkostung anzuschließen. Es dauerte nicht lange, und wir kannten unsere Gastgeber beim Vornamen. Es schien keinen zu stören, daß wir die lange Besichtigung nicht mitgemacht hatten und ausschließlich der hervorragenden Fruchtpunsche wegen gekommen waren, die hier an der Bar gleich hinter dem Ausgang frisch zubereitet wurden.

Mit drei Rums von Brugal machte ich mich besonders vertraut, aber es gibt noch mehr. Seit damals freue ich mich jedes Mal, wenn ich Brugal-Produkte in den USA entdecke. Meine Recherchen konnten nicht alles, was ich über diese Destillerie gehört habe, bestätigen. Ich hoffe aber, Sie werden diese Rums probieren, wenn Sie einmal darauf stoßen.

Brugal betreibt außerhalb von Santo Domingo eine Brennerei, in der vergorene Melasse mit Hilfe eines kontinuierlich arbeitenden, säulenförmigen Brennapparates destilliert wird. Gereift und abgefüllt wird der Alkohol in Puerto Plata. Wenn Sie die Abfüllanlage besichtigen möchten, wenden Sie sich an den Empfang oder einen der Aufseher.

BRUGAL DISTILLERY
SANTO DOMINGO, DOMINIKANISCHE REPUBLIK

Fermentation: Melasse
Brenntechnik: Kontinuierliche Brennsäule

Brugal White Label
Alkoholgehalt: 43 % vol
Alter: Drei Jahre
Anmerkungen: Leichter, aber aromatischer weißer Rum. Gut mit
    Limettensaft und etwas Zuckerrohrsirup.

Brugal Gold Label
Alkoholgehalt: 43 % vol
Alter: Drei Jahre
Anmerkungen: Hell goldfarben; sehr beliebt, wo auch immer er
    erhältlich ist.

Brugal Anejo
Alkoholgehalt: 43 % vol
Alter: Über drei Jahre
Anmerkungen: Nicht so verbreitet wie die oben erwähnten Sorten,
    mit der Flasche im goldfarbenen Netz aber sehr attraktiv.

$\mathcal{B}$ ARCELÓ

Neben Bermúdez und Brugal ist Barceló ein dritter Erzeuger in der Dominikanischen Republik, der Rum destilliert, ausreift und abfüllt. Leider konnte ich nur wenige zuverlässige Informationen über diese Destillerie zusammentragen. Fest steht jedoch, daß einige der Barceló-Rums die Suche lohnen. Diese Produkte werden in gedrungenere Flaschen abgefüllt als andere Rums und nur nach St. Maarten und in ein paar andere Länder exportiert. Wie die meisten Rums der Dominikanischen Republik sind auch diese international nicht sehr verbreitet.

In diesem Zusammenhang sollte ich auch zwei weitere Destillerien erwähnen: Macronix und Carta Viejo. Weder von der einen, noch von der anderen habe ich jemals Rum außerhalb der Dominikanischen Republik entdeckt. Beide destillieren ausschließlich für den Verbrauch auf dem lokalen Markt. Beide verfügen aber sicherlich über Bestände an ausgezeichneten Rums – ich freue mich schon jetzt darauf, sie auf meiner nächsten Reise in dieses schöne Land zu entdecken.

BARCELÓ & COMPANY, C. POR A.
SANTO DOMINGO, DOMINIKANISCHE REPUBLIK

Fermentation: Melasse
Brenntechnik: Kontinuierliche, säulenförmige Brennanlage

Ron Barceló Anejo
Alkoholgehalt: 40%vol
Alter: Ein bis drei Jahre Reife im Eichenfaß
Anmerkungen: In der Karibik der am weitesten verbreitete Rum der Dominikanischen Republik. Ein guter Rum, der stellvertretend für die Qualität der auf dieser Seite Hispaniolas hergestellten Rums steht.

Ron Barceló Imperial
Alkoholgehalt: 38%vol
Alter: Bis zu sechs Jahre Reife im Eichenfaß
Anmerkungen: Seit Markteinführung 1980 Barcelós Premium-Rum.
   Limitiert auf etwa 8000 Flaschen im Jahr.

Ron Barceló Gran Anejo
Alkoholgehalt: 40%vol
Alter: Ein bis vier Jahre
Anmerkungen: Eine etwas länger gereifte Version des Anejo.

Jamaika

Die ersten Exporte von jamaikanischem Rum waren Verkäufe an die Proviantmeister der Königlich Britischen Marine zur Verpflegung ihrer Offiziere und Mannschaften. Anläßlich von Seeschlachten wurden, zusätzlich zur Tagesration, Extra-Rationen ausgegeben – vor der Schlacht, um den Kampfesmut anzuheizen, danach als Belohnung für heldenhafte Taten.

Dem rauhen weißen Rum wurde damals auch nachgesagt, eine größere medizinische Wirkung zu haben als andere Arzneien jener Zeit, und so wurde er von den Schiffsärzten großzügig verordnet. Bis in das späte 19. Jahrhundert hinein fanden sämtliche Operationen ohne Betäubung statt – abgesehen von einer großen Menge Alkohol, die der Patient trinken durfte, bevor der Arzt zum Skalpell griff.

Für Plantagenbesitzer bedeutete die Rumbrennerei neben dem Zuckerrohranbau einen willkommenen Zusatzgewinn. Was ihnen jedoch noch wichtiger war: Die Möglichkeit, billigen Rum zu kaufen, hielt die Marine in erreichbarer Nähe und die Piraten davon ab, die Insel heimzusuchen.

Wohin auch immer in der Karibik man reist – der Einfluß Jamaikas ist überall spürbar. Die Reggae-Musik beispielsweise hat sich von dort aus auf nahezu alle anderen Inseln ausgebreitet. Bob Marleys Musik hört man auf jedem Radiosender, in jedem Taxi oder Bus. Man sagt, auch die ersten dunklen Rums hätten von Jamaika gestammt – längst erfreut sich brauner Rum auf der ganzen Welt großer Beliebtheit.

In Jamaika gibt es viel zu sehen. Kühle Wasserfälle in den Bergen sind in den heißen Tropen ein unwiderstehlicher Anziehungspunkt, und wohin man auch kommt, wird man mit einem Lächeln empfangen. Rum ist hier natürlich ein ebenso unverzichtbarer Bestandteil des Lebens wie Reggae oder die wunderschönen Strände. Die jamaikanischen Brenner stellen eine große Vielfalt an Rum her. Wenn Sie einmal dort sind, probieren Sie einmal selbst, um herauszufinden, weshalb Rum von Jamaika weltberühmt geworden ist.

Seit dem 17. Jahrhundert wird Rum auf der ganzen Insel in kleinen Brennblasen destilliert. Nach dem Zweiten Weltkrieg hatten viele karibische Inseln mit großen wirtschaftlichen Problemen zu kämpfen. Die Zuckerindustrie wurde besonders hart getroffen, insbesondere wegen der Konkurrenz durch den Rübenanbau sowie die Anpflanzung riesiger Zuckerrohrfelder und den Bau moderner Zuckerraffinerien im südlichen Florida. Viele Jamaikaner arbeiteten in diesen Fabriken, da sie in der Heimat nur schwer oder gar keine Arbeit fanden.

Anfang der 60er Jahre verstaatlichte die jamaikanische Regierung die Zuckerindustrie, was im übrigen auch auf vielen anderen Inseln passierte. Heute wird der Großteil des jamaikanischen Rums von zwei Destillerien erzeugt – Wray & Nephew und National Rums of Jamaica.

Ich habe verschiedentlich gelesen, daß die dunklen Rums von Jamaika aus Zuckerrohrsaft hergestellt werden, der zu lange gekocht wurde oder den man sogar hat anbrennen lassen. Dazu muß man aber wissen, daß jedes Destillat, das aus einer Brennanlage fließt, grundsätzlich so klar wie Wasser ist. Die Farbe eines Rums (oder jeder anderen Spirituose) kann naturgemäß ausschließlich ein Ergebnis der Faßreife und/oder der Zugabe von Karamel (Zuckercouleur) sein. Die Färbung des Rums hat mit der Farbe des Rohmaterials vor der Destillation überhaupt nichts zu tun.

Die jamaikanischen Bestimmungen lassen es zu, daß Rum mit aus Rohrzucker hergestelltem Karamel farbverstärkt wird. Andere Zusätze sind nicht erlaubt. Dennoch findet man auch hier hochprozentige Rums, die mit aller Art Kräutern oder Gewürzen aromatisiert wurden.

Vor ein paar Jahren wurden einige Fässer Rum, die aus dem Wrack eines gesunkenen Schiffes stammten, in Port Royal an Land gebracht. Das Schiff war 1692 während eines Seebebens untergegangen und hatte seither, von Sand bedeckt, am Meeresgrund geruht. Nun kamen die fast dreihundert Jahre alten Rums zur Versteigerung. Ich selbst habe diese Raritäten zwar nicht verkostet, aber aus verschiedenen Quellen gehört, es habe sich keineswegs um eine so samtweiche Spirituose gehandelt, wie man sie vielleicht erwartet hätte.

Die Tatsache, daß die Fässer über so lange Zeit dem Salzwasser ausgesetzt waren, hat natürlich den Reifungsprozeß beeinflußt. Der Rum konnte unter diesen Umständen zwar nicht verdunsten, doch der langjährige Kontakt mit dem Holz hat dem Destillat natürlich sehr ausgeprägte Sekundäraromen verliehen. Trotzdem dürfte dieser ganz spezielle Rum immerhin besser geschmeckt haben als 1692, im Jahr seiner Entstehung.

WRAY & NEPHEW

Nicht die größte Destillerie Jamaikas, aber doch ein unverzichtbarer Bestandteil des kulturellen Erbes dieser Insel. 1825 begann Mr. Wray mit dem Verschneiden von Rum aus verschiedenen Brennereien. Heute besitzt und bereibt das von ihm gegründete Unternehmen drei Brennereistandorte, an denen weltberühmte Rums hergestellt werden.

Die Maische aus jamaikanischer Melasse gärt 48 Stunden, bevor sie in traditionellen Pot Stills oder modernen dreisäuligen Anlagen destilliert wird. In den letzten anderthalb Jahrhunderten wurde die Brenntechnik ständig weiterentwickelt – unter Beibehaltung der traditionellen Qualitätsmaßstäbe. Nach der Destillation wird der Rohalkohol in einem modern ausgestatteten Labor sorgfältig analysiert.

Bevor die Destillate zur Reifung in einmal gebrauchte amerikanische Eichenfässer kommen, werden sie mit Wasser verdünnt – dies trägt dazu bei, den Verdunstungsschwund zu minimieren und andererseits den Einfluß des Holzkontakts auf Farbe und Geschmack des Rums zu maximieren. Die Endprodukte werden zu genau bemessenen Anteilen aus Destillaten der Pot Still und solchen aus kontinuierlichen Brennanlagen komponiert. Diese Technik des Verschneidens verleiht den Rums von Wray & Nephew einen ganz eigenen Charakter.

Wray & Nephew stellen eine ganze Palette an Rums her, die mit dem Label »Wray and Appleton« auf den Markt kommen. Der weltweit meistverkaufte Overproof-Rum, White Overproof, wird in Jamaika mit Wasser getrunken, das meist separat dazu serviert wird. Mischen Sie einen Teil Rum mit vier Teilen Wasser. Oder experimentieren Sie selbst, bis Ihnen das Mischungsverhältnis gefällt.

Bei dieser Gelegenheit werden Sie vielleicht feststellen, daß man ein solches Experiment sehr bald abbrechen muß, wenn man nicht gerade an Overproof-Rum gewöhnt ist. Von diesem 126-Proof-Rum heißt es, mit ihm könne man böse Geister vertreiben. Wray & Nephew zufolge werden 90 Prozent dieses Rums in Jamaika selbst konsumiert – diesen jamaikanischen »Wein« bekommt man hier an jeder Ecke.

Der nach dem Firmengründer benannte C. J. Wray Dry ist ein leichter, weißer Rum, der erst sorgfältig gereift und schließlich mit Hilfe von Holzkohle entfärbt wurde. Man kann ihn auf Eis trinken, aber auch gut mit Tonic oder Fruchtsäften aufgießen. Er ist der leichteste Rum, der von Wray & Nephew abgefüllt wird.

Jamaika ist berühmt für seine dunklen, körperreichen Rums. Wray & Nephews brauner Rum nennt sich Coruba. Sein voller Geschmack macht sich gut in jedem Punsch, dieser Rum ist aber auch eine beliebte Basis für die tropischen Cocktails, deretwegen allein schon Jamaika eine Reise wert ist.

In der Destillerie Appleton wird seit 250 Jahren Rum gebrannt. Bei den Sorten Special White und Gold der Marke Appleton handelt es sich um mittelschwere gereifte Rums, Verschnitte aus Pot- und Coffey-Still-Destillaten.

Der Appleton Estate V/X (für »Very eXceptional«) ist ein rarer Blend aus Rums, die in kleinen Fässern ausgereift und in großen Fässern verschnitten und noch einmal »vermählt« werden, damit sich die einzelnen Aromabestandteile harmonisch miteinander verbinden können. Dieser vollmundige Rum verdankt seinen Charakter vor allem auch den Anteilen an gereiften Pot-Still-Destillaten und der Qualität des Quellwassers auf dem Anwesen. Kenner schätzen den Appleton Estate 12-Year-Old als sehr weichen

Verschnitt aus mehr als 12 Jahre gereiften Rums, der in seiner Art einem edlen Cognac vergleichbar ist. Trotz langer Faßreife zeigt dieser besonders alte Rum keine übermäßig ausgeprägten Holznoten, die dem Geschmack einer so ausgereiften Spirituose auch abträglich sein können.

Neu im Sortiment ist der Appleton Estate 21-Year-Old. Dieser Rum ist ganz im Einklang mit den Traditionen entstanden, die das Haus Appleton zum größten Produzenten gereifter Rums in Jamaika gemacht haben, und wurde zu einem wahren Genuß komponiert.

Die Rums von Wray & Nephew werden in sechzig Länder rund um den Globus exportiert. Neben Flaschen wird auch Faßrum verkauft, an Abfüller, die hohen Qualitätsvorstellungen und Anforderungen gerecht werden.

Der Fremdenverkehr ist in Jamaika mehr als nur ein wachsender Industriezweig. Appleton kann man von Montag bis Samstag täglich von 9 bis 16 Uhr besuchen. Zu den geführten Besichtigungen gehören Vorführungen des Zuckerrohrpressens und des Verschneidens von Rum. Natürlich kann man hier auch nach Herzenslust verkosten. Bei Buchung und Hintransport hilft jede Hotelrezeption.

WRAY & NEPHEW
KINGSTON, JAMAIKA

Gegründet 1825
Fermentation: Melasse und Zuckerrohrsaft, Gärdauer 48 Stunden
Brenntechnik: Kupferne Brennblasen sowie kontinuierliche
    Brennapparate mit 2 bzw. 3 Säulen

White Overproof
Alkoholgehalt: 63 % vol
Alter: Ungereift
Anmerkungen: Spitzname »Jamaican wine« (jamaikanischer Wein).
    Der meistverkaufte Overproof in Jamaika.

C. J. Wray Dry Rum
Alkoholgehalt: 40%vol
Alter: In kleinen Fässern gereift
Anmerkungen: Der leichteste weiße Rum dieses Hauses.

Coruba
Alkoholgehalt: 40%vol
Alter: In kleinen Fässern gereift
Anmerkungen: Dunkler Rum mit vollmundigem Geschmack, dank
hoher Anteile an Pot-Still-Rum.

Appleton Special Rum (White / Gold)
Alkoholgehalt: 43%vol
Alter: In kleinen Fässern gereift
Anmerkungen: Die Sorte White wird mittels Filterung entfärbt.
Verschnitt aus Pot-Still- und Coffey-Still-Destillaten.

Appleton Estate V/X
Alkoholgehalt: 43%vol
Alter: In kleinen Fässern gereift
Anmerkungen: Blend aus bis zu zwölf Jahre gereiften Pot-Still- und
Coffey-Still-Destillaten. Überraschend weich und gut zum Mixen
geeignet, aber auch pur auf Eis.

Appleton Estate 12-Year-Old
Alkoholgehalt: 43%vol
Alter: Verschnitt aus 12 bis zu 20 Jahre gereiften Rums.
Anmerkungen: Diesen reifen Blend sollte man sich nicht entgehen
lassen. Nur wenige Großdestillerien stellen einen solchen Rum her.

Appleton Estate 21-Year-Old
Alkoholgehalt: 40%vol
Alter: Der jüngste im Verschnitt enthaltene Anteil hat 21 Jahre
Faßreife hinter sich
Anmerkungen: Der erst kürzlich auf den Markt gekommene, neue
Premium-Rum von Wray & Nephew.

Auch die Firma National Rums of Jamaica betreibt, unter dem Dach der National Sugar Company Ltd., eine Destillerie. Der Alkohol aus deren mehrsäuliger Anlage wird an verschiedene Abfüller auf der Insel verkauft, die daraus Marken wie Denrose Overproof, Gilbert Overproof, Conquering Lion Overproof herstellen, um nur einige zu nennen. Die meisten dieser Rums sind nur wenige Jahre gereift, haben aber ihre Liebhaber in Jamaika und den wenigen Exportländern.

Leider ist es mir nicht gelungen, an zuverlässige Informationen über Myer's Rum zu gelangen. Über diesen weltberühmten, fast überall erhältlichen Rum kann ich lediglich sagen, daß seine Farbe offensichtlich mit Karamel beträchtlich verstärkt wurde. Ansonsten hätte der Rum fünfzig Jahre oder noch länger im Faß liegen müssen – und dann wäre er längst verdunstet.

Haiti

Haiti gehört zu den kleineren rhumproduzierenden Ländern der Karibik. Die Kunst der Destillation wird hier gepflegt, seit Kolumbus, auf seiner zweiten Reise, das Zuckerrohr von Madeira nach Hispaniola mitbrachte. Als die Franzosen die Insel kontrollierten, wurde Haiti auch als Saint Dominique bekannt. Der Rhum aus Haiti erwarb sich zuerst in Frankreich einen guten Ruf, wo man ihn mit den besten französischen Branntweinen auf eine Stufe stellte. Auch nachdem Haiti am 1. Januar 1804 unabhängig geworden war, behielt der haitianische Rhum seinen festen Platz im Kreis der gefragtesten Spirituosen der Welt.

Das seit zweihundert Jahren von innenpolitischen Konflikten erschütterte Land blieb dessen ungeachtet immer ein Anziehungspunkt für kulturell, künstlerisch und spirituell Interessierte. Hier liegen all die Geschichten von Voodoo und Schwarzer Magie förmlich in der feuchten, tropisch heißen Luft. »Die Dinge sind nicht so, wie sie scheinen…« Nirgendwo sonst ist dieser für den Großteil der Karibik in Anspruch genommene Satz so wahr wie hier. In vielerlei Hinsicht bildet Haiti nicht nur einen Kontrast zu seinen Nachbarn und dem Rest der Welt, Haiti ist auch in sich selbst gegensätzlich.

Um Haiti lieben zu lernen, muß man ihn selbst besuchen, diesen Mikrokosmos der Menschlichkeit, wo trotz aller Unterdrückung – sowohl im Lande selbst als auch von außerhalb seiner Grenzen – ein menschlicher Geist lebendig ist, der sich nicht erobern läßt. Obwohl die Zukunft hier manchmal in den Sternen steht, gibt es keinen Zweifel, daß der Rhum noch für lange Zeit einen festen Platz in der Hitliste dieses Landes einnehmen wird.

Auf dem Lande, etwa zehn Meilen außerhalb der Hauptstadt Port-au-Prince, liegt der Ort Damiens – seit 1862 Sitz der Destillerie Barbancourt. Auf den fruchtbaren Feldern rund um die Brennerei wächst Zuckerrohr, das in der Erntezeit von Hand geschnitten wird. Anschließend wird es auf Ochsenkarren oder mit Kleinlastern zur Destillerie gebracht. Das Anpflanzen und Ernten von Zuckerrohr von Hand ist ausgesprochen arbeitsintensiv – einschließlich des Brennereibetriebes beschäftigt Barbancourt etwa zweihundert Menschen. In einem Land, in dem Arbeitslosigkeit und politische Unruhen seit Generationen an der Tagesordnung sind.

Gemäß jahrhundertealter Tradition findet das Rhumbrennen hier in der trockenen Jahreszeit zwischen Dezember und Mai statt, wenn das Rohr den höchsten Zuckergehalt aufweist. Direkt nach ihrer Anlieferung werden die Stengel in einer dampfbetriebenen Mühle ausgepreßt. Anschließend wird der Saft drei Tage in Edelstahltanks vergoren, bevor er nach der sogenannten »methode charentaise« destilliert wird.

Hierbei wird die Maische zuerst in einer kontinuierlich arbeitenden Einzelsäule destilliert, das Kondensat anschließend noch einmal in einer traditionellen Kupferbrennblase. Diese Art der Doppeldestillation ist zeitraubend und erfordert das Können eines erfahrenen Brennmeisters – doch die so erzielte Qualität ist nun einmal nicht von der Hand zu weisen. Der Rohalkohol aus der Pot Still kondensiert mit etwa 90%vol Alkoholgehalt und wird vor der Faßreifung mit gefiltertem Regenwasser auf etwa 50%vol herabgesetzt.

Rhum Barbancourt reift in einer Vielzahl unterschiedlicher, aus dem französischen Limousin importierter Eichenfässer, deren Fassungsvermögen bis zu 70 Hektolitern reichen kann. Da die Verdunstungsverluste mit der Faßgröße korrelieren, tragen die größeren Fässer (in denen logischerweise ein kleinerer Anteil des Inhalts direkt mit dem Holz in Kontakt kommt) dazu bei, den Schwund in Grenzen zu halten. Die Reifung mit reduziertem Alkoholgehalt maximiert beziehungsweise beschleunigt gleichzeitig den Einfluß des Holzes auf den Geschmack.

Es gibt eine ganze Reihe kleiner Pot Stills in Haiti, mit denen weißer Rhum für den lokalen Markt gebrannt wird. Im Gegensatz dazu wird Rhum bei Barbancourt gereift, bevor er in seine charakteristische braune Flasche kommt. Sämtliche Sorten werden in der Destillerie selbst abgefüllt und anschließend in die USA, nach St. Maarten, Panama, Ecuador und Europa verschifft. Wahrscheinlich bekommen Sie in Ihrer Nähe, wenn überhaupt, dann nicht die ganze Palette der feinen Rhums von Barbancourt. Doch obwohl die produzierte Menge relativ gering ist, wird Barbancourt weltweit als Qualitätsmaßstab anerkannt. Derzeit wird keine geführte Besichtigung angeboten, Besucher sind aber trotzdem willkommen, können sich auf dem Brennereigelände umsehen und herausfinden, weshalb Barbancourt als einer der besten Rhums der Welt gilt. Besuche sind von Montag bis Freitag zwischen 10 und 13 Uhr möglich.

RHUM BARBANCOURT
PORT-AU-PRINCE, HAITI

Gegründet 1862
Fermentation: Frisch gepreßter Zuckerrohrsaft, Gärdauer drei Tage
Brenntechnik: Einzelsäule aus Kupfer und Edelstahl, kombiniert mit
     einer kupfernen Brennblase.

Barbancourt Three Star Rhum
Alkoholgehalt: 43 % vol
Alter: Vier Jahre in großen Eichenfässern
Anmerkungen: Gut auf Eis mit tropischen Fruchtsäften oder aber mit
     etwas Limettensaft und Zuckerrohrsirup. Wegen der hohen Reinheit
     des Destillats unterscheidet sich dieser Rhum sehr vom Rhum agricole der französischen Inseln.

Barbancourt Reserve Speciale Five Star
Alkoholgehalt: 43%vol
Alter: Acht Jahre in großen Eichenfässern
Anmerkungen: Reifer als der Three Star. Ich trinke ihn am liebsten
pur auf Eis. Mit der Erwärmung verändert sich der Geschmack.
Wegen dieser Sorte zählt Barbancourt zu den ganz großen Rhum-
Marken der Welt.

Barbancourt Reserve du Domain
Alkoholgehalt: 43%vol
Alter: Fünfzehn Jahre in großen Eichenfässern
Anmerkungen: Obwohl Barbancourt jährlich etwa 150 000 Liter de-
stilliert, kann dieser Premium-Rhum nur in äußerst limitierter
Menge hergestellt werden. Damit sich der volle Geschmack ent-
falten kann, sollte diese Edelspirituose pur in Zimmertemperatur
oder maximal mit etwas Eis genossen werden.

Weitere rumproduzierende Länder

USA

Die ersten nordamerikanischen Destillerien fermentierten und destillierten karibische Melasse in Neuengland. Ein Teil dieses Rums wurde nach England verkauft oder gegen Waren getauscht, die in den gerade erst flügge gewordenen Kolonien benötigt wurden. Ein weiterer Teil des neuenglischen Rums diente zur Finanzierung des Handels mit Sklaven, die zur Arbeit auf Zuckerrohrplantagen in die Karibik verschleppt wurden – ein geschlossener Wirtschaftskreislauf.

Um den Daumen auf der Wirtschaft ihrer Kolonien zu halten, verboten England und Frankreich ihren Inselkolonien, Spirituosen auszuführen. Das führte zwar zu Schmuggelei, stärkte aber auch die Rumindustrie Neuenglands. Während des folgenden Jahrhunderts, im Zuge des Ausbaus der Transportwege im Mississippi-Tal, wurde immer mehr Whiskey aus Tennessee und Kentucky auf den Weg nach Neuengland gebracht. Im 19. Jahrhundert wurde die Sklaverei abgeschafft und damit der genannte Wirtschaftskreislauf durchbrochen. Über das nächste Jahrhundert hin, das durch zunehmende Konkurrenz und wachsende Materialkosten gekennzeichnet war, mußten die in die Jahre gekommenen Destillerien Neuenglands ihre Pforten schließen.

Im Zweiten Weltkrieg wurde im kleinen Ort Lake Alfred in Florida eine Destillerie zur Produktion von Obstbränden aufgebaut. Der gesamte Getreidealkohol wurde für die Herstellung von Munition eingesetzt oder rationiert. Nach dem Krieg begann diese Destillerie damit, aus den Nebenprodukten der Zuckerindustrie, die sich inzwischen im südlichen Teil des Staates angesiedelt hatte, neben ihrem Obstbrand aus Zitrusfrüchten auch Rum zu brennen. Bis heute gibt es nur zwei Brennereien auf dem Festland der Vereinigten Staaten, die Rum herstellen – etwa zehn Meilen von der

Destillerie Lake Alfred entfernt, in Auburndale, unterhält die Florida Distillers Company nämlich noch einen weiteren Brennereibetrieb.

Lake Alfred wie auch Auburndale erhalten ihre Melasse von der Zuckerfabrik Clewiston per Lastwagen oder Güterzug und vergären ihre Maische drei Tage lang in Edelstahltanks. Das vergorene »beer«, wie man es hier nennt, wird zuerst in einer »beer column« destilliert – das Kondensat wird in einer Zisterne aufgefangen und kommt schließlich zur weiteren Destillation in eine Vier-Säulen-Anlage. Da die Destillerie derzeit nicht mit voller Kapazität arbeitet, scheint es effizienter, den Brennvorgang in zwei Phasen aufzuspalten.

Nach der Destillation wird der Rohalkohol in großen Edelstahltanks gelagert, bevor er zur weiteren Reifung in Holzfässer kommt oder tankweise an andere Abfüller rund um den Erdball verschifft wird. Anfang der 90er Jahre gab es einmal einen Brand im Rohrumlager der Destillerie Lake Alfred, als bei Schweißarbeiten die Dämpfe oberhalb eines der Tanks durch einen Funken entzündet wurden – in den folgenden drei Tagen verbrannten rund vier Millionen Liter Alkohol.

Feuer ist eine ständige Gefahr für jede Brennerei. Wenn sogar die gereiften Bestände betroffen sind, dauert es Jahre, bis eine Destillerie ihre Produkte wieder in der Art und Qualität produzieren kann, durch die sie sich eine treue Kundschaft erworben hat. Bei manchen Destillerien kann so ein Wiederaufbau ein Jahrzehnt oder länger dauern, andere schaffen es nie.

Die Florida Distillers Company füllt ihren Rum unter verschiedenen Etiketten ab. Die »Conch Republic Rum Company« und die »Old Florida Rum Company« beispielsweise sind Tochterunternehmen der Florida Distillers Company. Andere Marken werden für verschiedene Firmen in Lizenz abgefüllt, wie auch einige Hausmarken für Handelsketten. Daneben werden hier diverse Liköre hergestellt und abgefüllt, wie auch Rum von den Jungferninseln und aus Puerto Rico.

Südlich von Miami liegt die Inselkette der Florida Keys, von manchen separatistischen Geistern auch »Conch Republic« genannt –

dem Etikett der Conch Republic Rums ist zu entnehmen, daß dieser inoffizielle »Freistaat« 1982 in Key West seine Unabhängigkeit erklärt habe. Eine wohl nicht ganz ernst zu nehmende Aktion: Den USA wurde der Krieg erklärt, gleichzeitig kapituliert und um Hilfe aus dem Ausland gebeten…

Der wichtigste Teil des Tages in der Conch Republic ist der Sonnenuntergang. Am besten genießt man diese Zeit mit einem Rumdrink in der Hand. Nicht aus irgendeinem Rum, versteht sich. Der Durdy White Rum ist zwei Jahre faßgereift und wird ungefiltert abgefüllt, um ihm die Farbe zu erhalten. Es ist einer der wenigen Rums, auf deren Etikett die Dauer der Faßreife angegeben ist: »Cask Aged 2 Years«. Bevor Sie ihn jedoch beispielsweise mit Ihrem Lieblingssaft aufgießen, nehmen Sie sich die Zeit, mit Nase und Gaumen zu erfassen, wie vorteilhaft zwei Jahre im Faß für eine Spirituose sein können.

Die Old Florida Rum Company füllt noch andere Marken ab: Islamorada Light Rum, Matecumbe Dark Rum und den 151 proof Knockemdown Key Rum. All diese Rums wurden nach Inseln der »Conch Republic« benannt und sind in den Separatistenbars von Key West oder in ausgewählten Spirituosenläden der Conch Republic erhältlich.

FLORIDA DISTILLERS COMPANY
WEST PALM BEACH, FLORIDA

Auf der Basis von Melasse in einem kontinuierlichen Brennapparat destilliert.

Durdy White Rum
Alkoholgehalt: 40%vol
Alter: Verschnitt aus zwei bis sechs Jahre im Eichenfaß gereiften Rums
Anmerkungen: Dieser Rum wird vor der Abfüllung nicht gefiltert, um die im Faß angenommene Farbe und die Aromaeigenschaften zu erhalten. Der Premium-Rum der Conch Republic.

Islamorada Light Rum
Alkoholgehalt: 40%vol
Alter: Blend aus zweijährigen Rums
Anmerkungen: Vor der Abfüllung filtriert.

Matecumbe Dark Rum
Alkoholgehalt: 40%vol
Alter: Blend aus zweijährigen Rums
Anmerkungen: Mit Karamel farbverstärkt.

Knockemdown Key Rum
Alkoholgehalt: 75,5%vol (151 Proof)
Alter: Zwei Jahre
Anmerkungen: Starker Rum, gut als Basis für Punsch.

Kuba

Nur neunzig Meilen südlich von Florida gelegen, war Havanna nach dem Ende des Zweiten Weltkriegs der »Spielplatz der Reichen«. Bis Ende der 50er Jahre, als Fidel Castro an die Macht kam. Ernest Hemingway lebte lange Zeit in Kuba und schrieb dort über das, was er am meisten liebte: Fischen und Rum trinken.

Bacardi wurde in Kuba gegründet, 1958 jedoch nach Puerto Rico verlegt – kurz bevor Castro die Zuckerindustrie und andere Wirtschaftszweige verstaatlichte. Auch die Marke Ron Matusalem entstand (1852) in Kuba, wird aber längst auf den Bahamas und in Florida abgefüllt.

Havana Club produziert weiterhin auf Kuba – Rum aus kubanischer Melasse. Bis vor kurzem unterhielt diese Firma ein Vertriebsnetz, das bis in die Sowjetunion reichte. Mit deren Zusammenbruch ging der Absatz dieses leichten, aromatischen Rums zurück, der aber immer noch zu den besten der Welt gezählt wird.

Das Destillat für die Havana-Club-Rums wird in einem kontinuierlichen Brennapparat gebrannt, in Eichenfässer gelagert und als weißer, goldfarbener oder ausgereifter Rum abgefüllt. Die Brennerei hat erheblich unter dem Rückgang des kubanischen Außenhandels gelitten. Die Zukunft sieht jedoch wieder sehr viel besser aus. Im Hinblick auf den wachsenden Tourismus sind ein neues Besucherzentrum und ein Rum-Museum geplant.

Anfang der 90er Jahre machten auch die haitianischen Rumerzeuger angesichts der politischen Unruhen und der Blockadepolitik der USA schwere Zeiten durch. Nachdem sich alles wieder beruhigt hatte, stieg die Nachfrage nach Rum – zum Teil auch als Folge der zeitweisen Verknappung. In der Zeit, als der Export zum Erliegen kam, wurden die Destillate länger ausgereift, was der Produktqualität nachträglich wieder zugute kam.

Zuckerrohr bildet immer noch einen Großteil der üppigen Vegetation in der bergigen Landschaft Kubas. Eine Reihe von Brennereien produzieren hier Rum in alten Kupferbrennblasen. Der überwiegende Teil ihrer Produktion wird noch im Inland abgesetzt. Im Zuge politischer Veränderungen könnte es aber sein, daß schon bald eine Vielzahl kubanischer Rums wieder in den Export geht.

Australien

Das Thema Rum wäre unvollständig, ohne Bundaberg zu erwähnen – oder »Bundy«, wie er »down under« genannt wird. An der Nordküste von Queensland stellt die Bundaberg Distilling Company schon seit 1889 Spirituosen her.

Im Unterschied zur nördlichen Hemisphäre findet die Ernte in Australien zwischen Juli und November statt. Traditionell werden hier die Zuckerrohrfelder zuvor in Brand gesetzt, um die Stengel von trockenen Blättern und den Boden von Schlangen zu befreien, wodurch die schwere Arbeit des Zuckerrohrschneidens ein wenig erleichtert wird. Mehr als ein Jahrhundert lang geschah das von Hand, Stengel für Stengel. Erst neuerdings wird auf maschinelle Ernte umgestellt.

Kurz nach der Einführung von Zuckerrohr in Australien 1872 wurden Dutzende von Zuckermühlen erbaut, um die Ernte von den fruchtbaren vulkanischen Böden Queenslands verarbeiten zu können. Millaquin, eine der Zuckerfabriken, die überlebt haben, liefert heute die Melasse für Bundy-Rum. In der Destillerie Bundaberg wird sie mit Hilfe einer speziellen Hefe 36 Stunden lang fermentiert, bevor die Maische in einem zweistufigen Verfahren destilliert wird.

Die erste Destillation findet in einer kontinuierlich arbeitenden Einzelsäule statt. Das relativ schwach alkoholische Kondensat wird dann in einer Pot Still noch einmal destilliert. Es gibt zwar viele Rums, die in einer Brennblase gebrannt werden, es kommt jedoch selten vor, daß die Pot Still verwendet wird, um Alkohol aus einem kontinuierlichen Brennapparat zu redestillieren. Das fertige Destillat reift zwei bis drei Jahre in 60 000-Liter-Fässern aus amerikanischer Weißeiche, bevor es in die charakteristischen, eckigen Flaschen abgefüllt wird.

Bis in die 50er Jahre hinein wurde der Rum von Bundaberg ausschließlich faßweise an australische Abfüller verkauft. Heute wird sämtlicher Rum selbst abgefüllt – auch als »Australia Stubbs White Rum« sowie als »Stroh Australia«.

Der Großteil der Produktion von fünf Millionen Litern im Jahr wird aber als original Bundaberg Rum abgefüllt. 1985 wurden einzelne Fässer ausgewählt, deren Inhalt zum Stolz von Bundaberg werden sollte – zehn Jahre später wurde das erste Faß dieses besonders weichen und milden Rums unter dem Label »Bundaberg Black« abgefüllt. Jede numerierte Flasche ein echtes Sammlerstück. Und da jedes Faß seinem Inhalt einen ganz individuellen Charakter verleiht, wird jeder künftige »Bundaberg Black« in seiner Art wieder ganz anders ausfallen.

Neben Rum stellt Bundaberg auch zwei Fertigcocktails her. »Dark & Stormy« – ein Ingwerbier mit Rum – sowie »Bundy & Cola«, was keiner näheren Erläuterung bedarf.

England und Schottland

Schon bevor Rum 1687 Teil der Tagesration für die Soldaten der Royal Navy wurde, erfreute sich diese Spirituose wachsender Beliebtheit in Europa. Infolge einer Dürreperiode und einer daraus resultierenden Knappheit an Getreide wurde 1675 die Produktion von Gin beschränkt, damit noch genügend Mehl für die Nahrungsmittelproduktion zur Verfügung stand. Damals stiegen die Rumimporte aus der Karibik, und Rumpunsch avancierte zu einem der wichtigsten Drinks.

Im 18. Jahrhundert wurde die in British Guyana ansässige Firma Lemon Hart zum offiziellen Rumlieferanten der Royal Navy. Heute hat dieses Unternehmen seinen Sitz in England und importiert Rum aus Guyana und Jamaika, um ihn im kühleren Klima Englands auszureifen. Lemon Hart stellt eine ganze Reihe von Blends her, darunter einen dunklen 151-Proof-Rum sowie fünf Jahre und länger gereifte Sorten.

Auch die Firma Cadenhead im schottischen Campbeltown importiert jamaikanischen Rum und reift ihn in ihren Lagerhäusern in Schottland. Bis zu dreißig Jahre alte Rums werden hier in Faßstärke von bis zu 73 %vol abgefüllt. In der Karibik wird Rum nur selten länger als zwanzig Jahre gereift – zum Teil wegen der stärkeren Verdunstung im wärmeren Klima. Bei einem – für die Karibik niedrigen – Schwund von 8 % im Jahr verliert ein Faß innerhalb von nur acht Jahren fast die Hälfte seines Inhalts, nach siebzehn Jahren sind es schon drei Viertel. Bei dieser Dezimierung wächst zudem das Risiko, daß die Fässer leck werden.

Ein Teil der Rums, die in der Karibik länger als fünfzehn Jahre ausgereift werden, nehmen einen aufdringlichen Holzton und unangenehme Röstaromen an. Im Geschmack der bei Cadenhead ausgereiften Rums sind solche Sekundäraromen kaum festzustellen, noch nicht einmal in dem 30 Jahre faßgelagerten Destillat.

Manche Brennmeister sind überzeugt davon, daß Rum in älteren Fässern besser heranreift. Alle Rumdestillerien verwenden ihre Fässer mehrmals, bevor sie ausgemustert werden. In einigen Brennereien werden die Fässer nach jeder Verwendung – die viele Jahre dauern kann – innen neu ausgebrannt, um die gewünschten Effekte der Reifung zu verstärken. Ein kostenintensiver Arbeitsgang, der vor allem deshalb nicht überall praktiziert wird, weil hierfür ein erfahrener Küfer nötig ist.

Bei allen Kontroversen darüber, welche Temperatur und Luftfeuchtigkeit die optimalen Reifebedingungen bieten – einig ist man sich darüber, daß Eiche das beste Faßholz darstellt. In den USA stammt es meist aus den Wäldern von Kentucky, Missouri und Arkansas. In Europa werden die meisten Fässer, vorwiegend in Frankreich selbst, aus französischer Eiche geküfert. Eichenholz wird wegen seiner Härte, Flexibilität und geringen Porösität bevorzugt. Außerdem sorgt es oft für angenehme Sekundäraromen, unter anderm einen charakteristischen Vanilleton, in der darin gereiften Spirituose – etwa bei Scotch Whisky, Bourbon oder Rum.

Venezuela

Nicht nur auf den karibischen Inseln, sondern auch in allen Ländern auf dem benachbarten Festland wird Rum hergestellt. Venezuela verfügt über die größte Auswahl an Rums aus Melasse. Etwa die Marken Cacique, Pampero und Santa Teresa, um nur einige wenige zu nennen. Jede Destillerie füllt ihre eigene Palette an Rums ab, die hier bis zu zehn Jahre gereift sein können. Der rare Aniversario von Pampero ist wohl der berühmteste gereifte Rum Venezuelas. Versäumen Sie aber auch nicht, die anderen Rums dieses Landes kennenzulernen. Infolge der Abwertung des Bolivar sind einige dieser schönen Rums sehr preisgünstig geworden.

Guyana

Das südöstlich von Trinidad gelegene Guyana exportiert seit Hunderten von Jahren Rum. Unter Kennern sind zum Beispiel die Rums von Demarra berühmt. Ein paar davon sind fünfzehn Jahre und länger faßgereift. Sie werden aus Melasse destilliert und teilweise zum Ausreifen nach Großbritannien oder zum Verschneiden auf andere karibische Inseln exportiert.

Surinam

In Surinam werden sowohl ungereifte als auch gereifte Rums produziert. Nicht nur Segler aus Südafrika machen gerne in diesem tropischen Land Station. Wie an so vielen Orten, an denen Rum gebrannt wird, so geht auch hier manchmal die Produktion über die Nachfrage hinaus; große Bestände an gereiftem Rum harren ihrer Entdeckung.

Afrika

Eine große Zahl an Rums findet man auf Madagaskar, vor der Ostküste Afrikas. Ein Teil davon wird aus importierten Destillaten verschnitten. Madagaskar ist traditionell eine Handelsnation – entsprechend vielfältig sind die Einflüsse aus der ganzen Welt, die den Rum dieser Insel geprägt haben. Heute werden hier weiße Overproof-Rums ebenso abgefüllt wie kolorierte oder ausgereifte Rums. Als das Zuckerrohr von Afrika aus nach Spanien, Portugal und auf die Kanarischen Inseln gebracht wurde, begann man auch dort, den vergorenen Saft zu destillieren. In Südafrika geschah das während des Zweiten Weltkriegs zur Gewinnung von Treibstoff. Da in dieser Zeit anderer, genießbarer Alkohol schwer zu finden war, wurde dieser Hochprozenter aus Zuckerrohr auch getrunken. Erst nach dem Krieg wurde er als Rum für den heimischen Markt abgefüllt. Heute gibt es in Südafrika Rum der Marken Mainstay und Red Heart.

Guatemala

Wer schon einmal in Guatemala war, hat mit Sicherheit schon einmal Ron Botran getrunken – Rum, der aus Melasse gebrannt wird. Diese mittelschweren Rums sind es wert, daß man mit ihnen nähere Bekanntschaft schließt. Neben weißen und dunklen Sorten werden in der guatemaltekischen Destillerie auch der Ron Botran Anejo und ein spezieller Rum namens Ron Botran Solero abgefüllt. Ich hatte zwar noch nicht das Vergnügen, die Destillerie besuchen zu können – dafür aber die Freude, während meiner Recherchen auf einen Drink an Bord der Ketsch »Sunshine II« eingeladen zu werden, wo ich Ron Botran als einen herausragenden Rum kennen und schätzen gelernt habe. Er gehört zu den speziellen Rums, die sich eine wachsende Liebhaberschaft in den USA erobert haben, wohin Botran in kleinen Mengen exportiert wird.

Pazifik

Auf den Inseln im pazifischen Ozean wird vielerorts Zuckerrohr angebaut, doch kaum irgendwo war es je so sehr Dreh- und Angelpunkt der Wirtschaft wie in der Karibik. Heute wird auf Reunion und Mauritius Rhum agricole hergestellt, für die einheimischen Verbraucher wie auch für den Export, der meist nach Frankreich geht.

In Hawaii wird Rum aus Melasse gebrannt, daneben wird dort eine Reihe von Likören auf Fruchtbasis hergestellt. Eine beliebte hawaiische Marke ist »Whaler's«, abgesehen von Rums, die ausschließlich auf dem lokalen Markt erhältlich sind.

Auf den Philippinen werden die gereiften und zusätzlich mit Karamel farbverstärkten Marken Negrita und Tanduay produziert. Hier findet man auch kleine Mengen an sehr altem Rum – wenn man nur lange genug sucht.

Deutschland

Auch in Deutschland wird Rum nicht nur konsumiert (und das mit rund 30 Millionen Flaschen im Jahr sogar kräftig), sondern auch hergestellt – jedenfalls soweit es die letzte Stufe der Produktion betrifft. Die Deutschen sind seit langer Zeit Rumliebhaber. Bereits Nationaldichter Heinrich Heine schrieb:

> »Die Göttin hat mir Tee gekocht
> und Rum hineingegossen.
> Sie aber hat den Rum allein
> ganz ohne Tee genossen.«

Mitte des 18. Jahrhunderts sind die ersten Rum-Importe aus der Karibik nachweisbar. Damals wurde Flensburg zur »Rum-Hauptstadt« Deutschlands – schon in den 1890er Jahren wurden jährlich rund 180 000 Liter hochprozentigen Rums dort angelandet, und kaum zehn Jahre später hatte sich diese Menge nahezu verdoppelt, so daß in der Region 30 neue Brennereien gebaut werden mußten. Seither hat sich – vor allem im Norden des Landes – nicht nur eine ganz eigene Rum-Kultur entwickelt, sondern auch ein eigenes Bezeichnungsrecht. Die wichtigsten Kategorien, die auf den Etiketten deutscher Rum-Marken angegeben sind:
Original Rum – ein solcher Rum stammt direkt aus dem Herstellungsland und darf in Deutschland in keinster Weise mehr verändert werden. Es kann sich hierbei um weißen oder auch goldfarbenen bis dunklen Rum handeln. Der Alkoholgehalt dieser eher seltenen Spezies liegt meist zwischen 72 und 74 % vol.

Echter Rum – ein Original Rum, der in Deutschland auf eine Trinkstärke von mindestens 37,5%vol herabgesetzt wird. Die gängigsten Marken haben allerdings einen Alkoholgehalt von 40 bis 54%vol. Das Wort »Echter« darf – wie auch das Wort »Original« – nur im Zusammenhang mit dem Herstellungsort oder -gebiet verwendet werden (z.B. »Original Jamaica-Rum« oder »Echter Westindien-Rum«).

Rum-Verschnitt – darf innerhalb der Europäischen Union nur in Deutschland hergestellt werden. Es handelt sich hierbei um eine Mischung aus hocharomatischem Rum, Neutralsprit und Wasser. Fünf Prozent oder mehr des im Endprodukt enthaltenen Alkohols müssen vom Rum stammen.

Jeder dieser »deutschen« Rums ist also in Wirklichkeit, in seiner Seele sozusagen, ein Destillat aus der Karibik. Er wird dort gebrannt und in Deutschland lediglich vollendet und abgefüllt. Es gibt eine Vielzahl »deutscher« Marken, unter denen vor allem »Echter Rum« und »Rum-Verschnitte« vertrieben werden: Pott, Asmussen, Hansen, Andresen, Balle, Sonnberg oder auch Nissen- und Old-Schmidt-Rum, um nur einige zu nennen.

Der Rum-Markt in Deutschland ist in mehrerlei Hinsicht »gespalten«:

Hier dominiert dunkler Rum mit einem Marktanteil von rund 70% deutlich vor weißem Rum. Der braune Rum scheint vorwiegend der kalten Jahreszeit vorbehalten (in der er den weißen sogar noch stärker dominiert), während der weiße fast nur im Sommer zum Zuge kommt und dann nahezu ausschließlich als Basis für Mixdrinks zum Einsatz kommt. Dunkler Rum wird eher mit älteren Connaisseurs assoziiert, während der weiße Rum jüngere Zielgruppen ansprechen soll. Die »deutschen« Marken sind vorwiegend im Einzelhandel anzutreffen, während die gehobenen klassischen Bars fast ausnahmslos auf in Flaschen importierte Originalrums setzen, und hier vorzugsweise auf renommierte Namen – wer Drinks auf hohem Preisniveau verkaufen will, muß eben vor allem auf Image setzen.

Hinzu kommt, daß Rum in Deutschland generell nur selten pur getrunken wird, sondern (abgesehen von seiner Verwendung als

Mixspirituose) meist als Punsch, als Grog oder im Tee – ansonsten dient er höchstens noch als Basis für Rumtopf.

Daneben hat sich aber in jüngerer Zeit eine Liebhaber-Szene entwickelt, die auch auf breiterer Front wachsende Kennerschaft erwarten läßt. Analog dazu gibt es auch im Handel bereits einige Spezialisten, die weniger bekannte Marken in Flaschen oder Faßrum aus der Karibik importieren und – wie man hört – mit Raritäten aufwarten können, die sogar in ihrer Heimat schwer aufzutreiben wären. Diese Fachgeschäfte sind aber bisher lediglich von lokaler oder regionaler Bedeutung. Trotzdem oder gerade deswegen kann es sich lohnen, sich nach solchen Spezialanbietern umzuhören.

Zeittafel

1492	Columbus entdeckt zahlreiche Inseln der östlichen Karibik.
1502	Erste Zuckerrohranpflanzungen in Puerto Rico. Portugiesische Siedler nehmen Zuckerrohrpflanzen mit nach Brasilien.
1526	Erste Zuckerexporte von Brasilien nach Europa.
1623	Sir Thomas Warner gründet auf St. Kitts die erste englische Kolonie der Westindischen Inseln.
ab 1630	Zuckerrohr gelangt von Brasilien aus nach Barbados.
1637	Von St. Kitts eingeführtes Zuckerrohr wird erfolgreich auf Martinique angebaut.
1647	Der Royalist Richard Ligon erreicht Barbados auf der Flucht vor dem Englischen Bürgerkrieg.
1650	Ligon veröffentlicht sein Werk über die Geschichte von Barbados, in dem er ausführlich die Zucker- und Rumherstellung auf der Insel beschreibt.
1651	Verabschiedung des Navigation Act – der erste von mehreren Versuchen Großbritanniens, das Monopol auf den Handel mit den amerikanischen Kolonien gesetzlich festzuschreiben.
1654	Der oberste Gerichtshof von Connecticut untersagt die Einfuhr von Alkohol aus Barbados.
1675	Eine Mißernte im englischen Getreideanbau führt zu Produktionsbeschränkungen von Gin – und öffnet dem Rum die Tür zum britischen Markt.
1687	Rum wird offizieller Bestandteil der Tagesration für Soldaten der Königlich Britischen Marine.
1690	Beginn des »goldenen Zeitalters« der Piraterie.
1692	Port Royal auf Jamaika wird von einem Erdbeben zerstört.
1694	Père Labat trifft in St. Pierre auf Martinique ein.
1709	Barbados verzeichnet bereits 409 Windmühlen sowie

76 mit Zugtieren betriebene Zuckerrohrpressen und produziert mehr Zucker als jede andere Insel.

1718   Am 22. November stirbt der gefürchtete Pirat Blackbeard (Schwarzbart) vor der Küste von North Carolina durch die Hand des Lieutenant Robert Maynard.

1720   Die Ära der Piraterie ist beendet.

1733   Das »Melasse-Gesetz« zwingt die amerikanischen Kolonisten, größere Mengen des teuren Zuckers von den britischen Westindischen Inseln abzunehmen – der Schmuggel wie auch der amerikanische Bürgerkrieg nehmen an Intensität zu.

1740   Admiral Vernon verfügt, die tägliche Rumration der Royal Navy mit Wasser zu verdünnen – die Geburtsstunde der Bezeichnung »Grog«.

1763   Den französischen Inseln wird es erlaubt, Rhum nach Frankreich auszuführen.
        Dänemark erwirbt die Jungferninseln und führt die bis heute geltende Zollfreiheit ein.

1780   Ein Hurrikan zerstört einen Großteil der englischen Flotte in Carlisle Bay.

1782   Admiral George Rodney schlägt Admiral de Grasse in der Schlacht vor Dominica und wird damit zum Helden der Royal Navy.

1787   Erste Produktion von Rübenzucker – beginnende Konkurrenz für das Zuckerrohr.

1789   Beginn der Französischen Revolution.

1790   Aus Tahiti kommend trifft Kapitän William Bligh mit Setzlingen des Brotfruchtbaums an Bord in St. Vincent ein.

1804   Haiti wird die erste »schwarze Republik«.

1807   Großbritannien verbietet den Sklavenhandel.

1824   Dr. J. Siegbert kreiert den Angostura Bitter.

1825   Gründung der Firma Wray & Nephew in Jamaika.

1832   Die Weiterentwicklung der Coffey-Still-Brennanlage ermöglicht eine Ausweitung der Produktion sowie reinere, höherprozentige Destillate.

1833	Abschaffung der Sklaverei auf den zu Großbritannien gehörenden karibischen Inseln.
1844	Die Dominikanische Republik erklärt ihre Unabhängigkeit.
1852	JArmando Bermúdez gründet die gleichnamige Destillerie.
1856	Die Abschaffung der Kaperbriefe durch das französische Parlament läutet das Ende der Freibeuterei ein.
1862	Die Destillerie Barbancourt nimmt die Produktion auf.
1872	Beginn der kommerziellen Zuckerrohrproduktion in Queensland.
1879	Tobago exportiert rund zwei Millionen Liter Rum.
1883	Die Zuckerproduktion aus Rüben zieht gleich mit der Herstellung aus Zuckerrohr.
1888	Gründung der Bundaberg Distilling Company.
1902	Der Ausbruch des Mount Pelée zerstört St. Pierre völlig – nur ein Überlebender.
1917	Die USA erwerben die Jungferninseln von Dänemark.
1920	Beginn der Prohibition in den USA.
1933	Ende der Prohibition in den USA.
1950	Nach wie vor verkauft die Bundaberg Distilling Company ausschließlich hochprozentigen Faßrum an Agenturen, die den Rum unter eigenen Labels abfüllen.
1957	Der Hurrikan Janet verwüstet Grenada.
1958	Bacardi verlegt seinen Sitz von Kuba nach Puerto Rico.
1963	Zahlreiche Regierungen der karibischen Inselstaaten verstaatlichen ihre Zuckerindustrien.
1966	Barbados wird unabhängig.
1970	Die Royal Navy schafft die Tradition der täglichen Ration Rum ab.
1974	Grenada wird ein unabhängiger Staat.
1976	Nach Erlangung der Unabhängigkeit 1962 werden Trinidad und Tobago nun zur Republik erklärt.
1978	Am 3. November wird Dominica unabhängig – auf den Tag genau 465 Jahre nach der Entdeckung der Insel durch Columbus.

1979	Charles Tobias beginnt in Tortola mit dem Verschneiden und Abfüllen von »Pusser's Old Navy Rum«.
	St. Lucia, St. Vincent und die Grenadinen erlangen die Unabhängigkeit von Großbritannien.
1981	Antigua und Barbuda werden unabhängig.
1983	St. Kitts-Nevis wird ein unabhängiger Staat.
1989	Der Hurrikan Hugo verwüstet zahlreiche Inseln, einschließlich St. Croix.
1994	Zunehmende Konkurrenz durch mittel- und südamerikanische Bananenanbauer zwingt die Erzeuger auf den karibischen Inseln zum Umdenken.
1996	Die Hurrikane Luis und Marilyn verwüsten St. Bart's, St. Martin/St. Maarten, die U.S. Virgin Islands und die Leeward-Inseln von Antigua.

Rezepte

Soweit es die Kunst des Mixens betrifft, so muß ich leider zugeben, daß ich persönlich mich nie über das Mischen von Rum mit Cola hinausgewagt habe. Trotzdem finden Sie hier einige Ideen, wie Sie Ihre Freude an diesen karibischen Spirituosen noch steigern können. Ich habe zwar nahezu jeden Rum in diesem Buch selbst verkostet, nicht jedoch jede dieser Mixturen – für Risiken und Nebenwirkungen durch ihren Genuß kann ich daher keine Verantwortung übernehmen. Ich schwöre aber, daß ich mir keines dieser Rezepte selbst ausgedacht, sondern mich vielmehr bemüht habe, den Quellen gerecht zu werden und sie zu würdigen.

Auf den karibischen Inseln ist es natürlich kein Problem, reinen Zuckerrohrsirup zu bekommen. Er eignet sich hervorragend zum Mixen von Cocktails, besonders wenn man kalte Drinks ohne Mixer herstellt. Doch auch im Geschmack ist der süße Sirup dem Kristallzucker überlegen.

PUNSCH

Es gibt zahlreiche Rezepte für Rumpunsch, die für sich in Anspruch nehmen, »die Originalrezeptur« zu sein. Die Bandbreite reicht von der einfachsten Mixtur – Rum mit Zucker und Limetten – bis zum kompliziertesten Cocktail aus einer Unzahl von Zutaten, die ich persönlich lieber nicht alle auf einmal im Glas haben möchte.

Einigkeit besteht jedenfalls darüber, daß die Bezeichnung »punch« oder »Punsch« aus dem hindustanischen Wort für die Zahl fünf abgeleitet ist – »panch«. Es segelte sozusagen mit den englischen Handelsschiffen von Indien aus in die Karibik.

Das gereimte Rezept aus Barbados ergibt einen Punsch, wie er dort traditionell hergestellt wird. Probieren Sie aber auch einmal die verschiedenen Rezepte im Vergleich. Auf anderen Inseln sind manchmal nur drei oder vier Zutaten üblich. Ein Schuß Bitter und etwas frisch darübergeriebene Muskatnuß verleihen dem Punsch zusätzlich einen inseltypischen Geschmack.

BARBADOS PUNCH

»One of sour,
Two of sweet,
Three of strong,
Four of weak.
Five drops of bitters and nutmeg spice.
Serve well chilled with lots of ice.«

Dieses Gedicht von einem Rezept empfiehlt als Zutaten: einen Teil Limettensaft, zwei Teile Zucker oder Zuckerrohrsirup, drei Teile Rum, vier Teile Wasser; dazu fünf Tropfen Angostura und etwas Muskatnuß, bevor man das Ganze sehr kalt auf Eis serviert.

Bei einem Planters Punch kommen noch Früchte und Fruchtsäfte nach Belieben hinzu – meist Orangen, Ananas, Guaven oder Passionsfrüchte. Den besten Fruchtpunsch, den ich jemals getrunken habe, hat mir Charles Briggs in Barbados gemixt – leider will er mir das Rezept erst im Austausch gegen dieses Buch verraten …

MANGO RUM PUNCH

Eine Tasse Mangosaft, eine Tasse Ananassaft und den Saft einer frischen Limette oder Zitrone mit Zucker (nach Belieben) gut vermischen. Zwei Tassen dunklen Rum und Eis hinzugeben. Serviervorschlag: in gekühlte Gläser über Ananasstücke geben.

PUSSER'S TRADITIONAL RUM PUNCH

Mischen Sie 3 cl Pusser's Rum mit gleichen Teilen Guaven-, Orangen- und Ananassaft sowie dem Saft einer halben Limette. Auf Eis servieren, abgeschmeckt mit einem Hauch Muskat und garniert mit frischen Früchten.

PARTY PUNCH

Geben Sie in ein großes Bowleglas 1 Flasche Rum, ½ Tasse Limettensaft, ¼ Tasse Zucker, 1 Tasse Preiselbeersaft, 1 Tasse Orangensaft, 1 Tasse starken Tee, ein Dutzend Gewürznelken und Eiswürfel. Gut umrühren. Die Gläser mit dünnen Limetten- oder Zitronenscheiben dekorieren.

ISLAND PLANTER

Mischen Sie den Saft je einer Orange, Limette und Zitrone mit 3 Spritzern Grenadine, je einer halben Tasse Ananas- und anderem Fruchtsaft (oder Fruchtpunsch), 6 cl dunklem Rum und 3 Teelöffeln Zuckerrohrsirup. Mit einer Orangenscheibe dekoriert auf gestoßenem Eis servieren.

HAITIAN PLANTER'S PUNCH

Fast jede Insel pflegt ihr eigenes Planter's-Punch-Rezept. So macht man es auf Haiti: 6 Teile Barbancourt, 4 Teile Orangensaft und 2 Teile Passionsfruchtsaft mit 1 Teil Limettensaft gut mischen – auf gestoßenem Eis servieren.

TRADITIONAL CAVALIER RUM PUNCH

Mixen Sie 4–5 cl Cavalier Dark Rum mit je 6 cl Orangen- und Ananassaft, je 1–2 cl Limettensaft und Zuckerrohrsirup sowie zwei Spritzern Angostura. Auf Eis servieren. Etwas Grenadine sorgt für mehr Farbe, eine Prise Muskat für zusätzliches Aroma.

Auf der Basis von Rum kann man aus nahezu jedem Fruchtsaft einen guten Drink zaubern. Doch Vorsicht mit Grapefruitsaft: mit seinem herben bis bitteren Geschmack übertönt er den Alkoholgehalt selbst des stärksten Rums. Wenn man nicht aufpaßt, hat man einen sehr kraftvollen Drink – und eventuell einen gigantischen Kater am nächsten Morgen.

*D*AIQUIRIS

Diese Spezies gibt es in allen Variationen. Ein echter Daiquiri jedoch braucht Limettensaft und Rum, wobei meist weißer Rum verwendet wird. Das einfachste Rezept ist ein guter Schuß Rum, in den etwas Limettensaft und ein wenig Zucker gegeben werden – gut auf Eis schütteln und in ein Glas abseihen, fertig. Das sind übrigens die selben Zutaten wie für einen »ti punch«. Doch lassen Sie sich nicht durcheinanderbringen – ein Daiquiri wird ganz anders zubereitet.

FROZEN DAIQUIRI

Wenn Sie ein Mixgerät haben, kann es losgehen: Statt den Drink wie oben abzuseihen, mixen Sie ihn so lange, bis das Eis so kleingeschlagen ist, daß es durch einen Strohhalm paßt. Fertig ist der »gefrorene« Daiquiri.

FROZEN BANANA DAIQUIRI

Im Mixgerät 6 cl weißen Rum, den Saft einer halben Limette, 1 Teelöffel Zuckerrohrsirup, 1 reife Banane und Eis zu dickflüssiger Konsistenz mixen.

BANANA MANGO DAIQUIRI

Im Mixgerät 15–18 cl weißen Rum, den Saft einer Limette, eine geschälte reife Mango (ersatzweise Ananas), eine reife Banane und 2 Tassen Eis zu dickflüssiger Konsistenz mixen.

Das Daiquiri-Grundprinzip ist Ihnen zweifelsohne klargeworden. Nun können Sie nach Belieben ersetzen oder hinzufügen, was immer die Kombüse hergibt – Orangen, Ananas, Passionsfrucht, Kiwi, Grapefruit und so weiter. Das Schwierigste an Daiquiris ist nicht die Herstellung, sondern die Namensfindung.

RUM 'N' GINGER

Rum mit Ginger Ale. Sehr beliebt auf Barbados, dort mit einem Schuß Angostura.

GINGER SYRUP

Einen besonders würzigen Cocktail erhalten Sie, indem Sie einen Löffel Ingwersirup mit etwas Rum (nach Geschmack), ein wenig Wasser und frischem Limettensaft in einem Glas verrühren. Statt dessen können Sie aber auch einfach Ihren Lieblingsdrink mit etwas Ingwersirup abschmecken.

Ingwersirup kann man selbst herstellen: ½ Tasse frischen gemahlenen Ingwer in einen Kochtopf geben, mit Wasser bedecken und 2 Tassen braunen Zucker hinzugeben. Eine Zeitlang unter ständigem Rühren köcheln lassen, um ein Überkochen zu verhindern. Wenn sich die Zutaten aufgelöst und gut miteinander verbunden haben, in ein passendes Gefäß abseihen. Dieser Sirup hält sich auch ungekühlt mehrere Wochen lang. Vorsicht: Wenn Sie zu wenig

Zucker verwenden, kann der Ingwer zu gären beginnen – also nicht mit Zucker knausern. (Christina, an Bord der *Sea Gipsy*, London)

RUM SWIZZLE

Stark, aber nicht zu süß. Für zwei Drinks mixen Sie 12 cl weißen Rum (oder nach Geschmack etwas mehr), den Saft von 2 Limetten, 1 Eßlöffel Zucker, 2 Eßlöffel Orangenlikör und 2 Limettenscheiben mit einem viertel Liter gestoßenem Eis.

ST. BRENDAN'S GROG

Leider ist Zuckerrohrsirup nicht überall erhältlich. Sie können aber leicht selbst einen guten Sirup herstellen: Eine Literflasche (Schraubverschluß) mit Zucker füllen und mit Wasser aufgießen. Schließen, gut schütteln und in den Kühlschrank legen. Nachdem Sie etwas Sirup verwendet haben, wieder mit Wasser auffüllen.
Für einen St. Brendan's Grog füllen Sie einen Whiskytumbler mit gestoßenem Eis. Weißen Rum nach Geschmack hineingeben, anschließend den Saft einer halben Limette und ca. 2 Teelöffel Sirup (abschmecken!). Am Schluß mit etwas Angostura abspritzen. Mit dunklem Rum ergibt sich eine angenehme Variation – das ist dann allerdings kein St. Brendan's Grog mehr. Eine andere mögliche Abwandlung: Campari statt Angostura. (Paul und Linda, an Bord der *St. Brendan*)

OGOUN FERAY GROG

9 cl Barbancourt
2 EL Honig
3 cl Passionsfruchtsaft
Am Schluß eine Prise Zimt und Muskat darüberstreuen.

MAGICAL RUM

4 cl Barbancourt
1–2 cl Limettensaft
1 EL Zuckerrohrsirup
3 cl Ananassaft
Auf gestoßenem Eis rühren und in einem Highball-Glas servieren.
Garnitur: eine Scheibe Ananas und ein Blatt Minze.

PORT-AU-PRINCE COCKTAIL

3 cl Barbancourt
1–2 cl Coconut Cream
1–2 cl Limettensaft
Auf Eis rühren und in einem Cocktailglas servieren.

BACARDI COCKTAIL

4 cl Bacardi
Saft einer halben Limette
½ TL Grenadine
Auf Eis shaken und in ein Cocktailglas abseihen.

BAHAMA MAMA

2 cl dunkler Rum
2 cl Kokosnußlikör
1 cl 151-Proof-Rum
1 cl Kaffeelikör
Saft einer halben Limette
12 cl Ananassaft
Mixen und über gestoßenes Eis in ein Highball-Glas geben. Mit
Erdbeeren, Kirschen oder anderen frischen Früchten garnieren.

BANANA COW

3 cl leichter Rum
3 cl Creme de Banana
4 cl Sahne
1 Spritzer Grenadine
Auf gestoßenem Eis servieren.

BEACHCOMBER

4 cl leichter Rum
1–2 cl Triple Sec
1–2 cl Grenadine
3 cl Sour Mix
Auf Eis shaken und in ein Cocktailglas mit Zuckerrand abseihen.
Mit einem Limettenstückchen garnieren.

COCONUT WATER & RUM

Nehmen Sie eine grüne Kokosnuß, und schneiden Sie mit einer
Machete (wenn Sie keine haben, nehmen Sie ein scharfes Messer)
den »Deckel« ab. (Vorher schütteln und auf das schwappende
Geräusch der Flüssigkeit achten, sonst könnte es eine Enttäuschung
geben.) Mixen Sie nun einfach das Fruchtwasser mit Ihrem Lieblingsrum – perfekt! (Cool Runnings, Miami)
Auf den Inseln sind Kokosnüsse natürlich im Überfluß vorhanden.
Ihr Fruchtwasser läßt sich gut zum Mixen verwenden. Ein Freund
von mir hat immer einen Plastikkanister Kokosnußwasser im Kühlschrank. Er kauft es frisch bei einem Straßenhändler und geht so
kein Risiko ein, sich mit einer Machete in die Finger zu schneiden.
In früheren Zeiten durften die Seeleute in den Häfen nur dann an
Land gehen, wenn sie Urlaub hatten. Zu den anderen Matrosen,
die an Bord ihrer Schiffe bleiben mußten, kamen Frauen, um Obst
und Gemüse zu verkaufen – oft brachten sie auch mit Rum gefüll-

te Kokosnüsse mit. »Sucking the monkey« – frei übersetzt: (sich) einen Affen (an)trinken – nannte man es, wenn man sich eine solche Kokosnuß mit »Schuß« gönnte.

LEBENHO

An Bord von Segelschiffen wird gelegentlich – oder eigentlich meistens – zusammengemixt, was gerade zur Hand ist. Dieses Rezept verdient Beachtung: Mixen Sie »Tang« Orangenpulver (ersatzweise Orangensaft) mit Instant-Tee und geben Sie für den Geschmack reichlich Rum hinein. (Rezept von der Yacht *Lebenho*)

CANNONBALL

5–6 cl Pusser's Rum auf Eis, mit Orangensaft aufgießen und 4–5 Spritzer Angostura auf die Oberfläche floaten lassen.

BLUE LAGOON

5–6 cl Bounty Crystal White Rum, 3 cl Blue Curacao und ein Glas Limonade auf gestoßenem Eis rühren.

ROYAL NAVY FOG CUTTER

6 cl Pusser's Rum, 1–2 cl Brandy, 1–2 cl Gin, 3 cl Orangensaft, 3 Eßlöffel Zitronensaft und einen Spritzer Mandelsirup (Orgeat) shaken. In ein mit Eis gefülltes Longdrinkglas abseihen. Mit einem Teelöffel süßem Sherry toppen und nach Belieben garnieren.

THE LADY HAMILTON

Geben Sie 5 cl Pusser's Rum, einen Teelöffel frischen Limettensaft und zu gleichen Teilen Passionsfruchtsaft, Orangensaft und Ginger Ale in ein Longdrinkglas. Eis hinzugeben und gut rühren.

TORTOLA LULLABY

3 cl Pusser's Rum, 3 cl Kokosnußrum, 1–2 cl Zuckerrohrsirup, 1–2 cl Zitronensaft und 6 cl Ananassaft mixen – auf Eis genießen und entspannen.

NELSON'S BLOOD

Nachdem Admiral Nelson in der Schlacht von Trafalgar gefallen war, wurde seine sterbliche Hülle – für den Transport zur Beisetzung in der Londoner St.-Paul's-Kathedrale – in einem Rumfaß konserviert. Als das Faß eintraf, enthielt es keinen Rum mehr – die Schiffsmannschaft wurde angeklagt, »Nelsons Blut« getrunken zu haben.
Mixen Sie 8 cl Pusser's Rum mit gleichen Teilen Preiselbeer-, Orangen- und Ananassaft. Mit Limettensaft aufgießen, etwas Muskat darüberreiben und eine Zimtstange zum Umrühren hineinstellen.

MAI-TAI

6 cl dunklen Rum, 3 cl Curacao, ½ Teelöffel Zucker, 1 Eßlöffel Mandelsirup (Orgeat) und 1 Eßlöffel Grenadine mixen. Auf Eis gießen und mit einem Stück Ananas und einer Kirsche auf einem Zahnstocher garnieren. Gelegentlich wird dieser tropische Drink noch mit einem Schuß Overproof-Rum abgerundet.

PUSSER'S REEF JUICE

Geben Sie 4 cl Pusser's Rum, 2–3 cl Bananenlikör, 1–2 cl Gin, 1–2 cl ungesüßten Limettensaft, 1 Teelöffel Grenadine und 5 cl Ananassaft in ein Longdrinkglas, und garnieren Sie das Ganze mit Ananas und Kirsche. Am Schluß mit etwas Limettensaft abspritzen.

MODERN NAVY GROG

6 cl Pusser's Rum, 1–2 cl frischen Limettensaft, 3 cl Orangensaft, 3 cl Ananassaft, 3 cl Guavennektar und einen Spritzer Falernum mischen und langsam, für etwa 15 Sekunden, auf gestoßenem Eis rühren. Abseihen und nach Belieben garnieren. (Eines der wenigen Rezepte, in denen Falernum zum Einsatz kommt – ein Zuckerrohrlikör aus Barbados.)

BLUE VIRGIN

Mischen Sie 1 Teil dunklen Rum, ½ Teil Blue Curacao, 2 Teile Ananassaft und 1 Teil Cream of Coconut mit gestoßenem Eis.

BUSHWHACKER

Hier schlägt der »Buschmann« zu: Mischen Sie gleiche Teile von dunklem Rum, Wodka, Kahlua, Bailey's Irish Cream, Amaretto, Frangelica und Creme de Cacao – und gute Nacht!

BOSSA NOVA

Man shake 4 Teile goldfarbenen Rum, 1 Teil Limettensaft und 2 Teile Passionsfruchtsaft aus Eis. In ein Glas geben und mit Orangen- und Limettenscheiben dekorieren.

RUM 'N' COFFEE

Geben Sie 3 cl Old Fort Reserve Rum und 4 cl Creamlikör in eine halbe Tasse frischen Kaffee. Mit etwas Schlagsahne toppen und Muskat darüberreiben.

BARBADOS RUM COCKTAIL

Einen Schuß goldfarbenen Rum, 2 Spritzer Angostura und etwas Zucker nach Belieben auf Eis gut shaken. In ein Glas abseihen und genießen.

CARIBBEAN SKY COCKTAIL

Je 2 cl Bounty Crystal White Rum, Blue Curacao und frische Sahne mixen. Mit einer Orangenscheibe und einer Kirsche garnieren.

PINEAPPLE DELIGHT

1 Teil Cavalier Rum mit 4 Teilen Ananassaft mixen. Geben Sie am Schluß Eiswürfel, eine Cocktailkirsche und einen Spritzer Angostura dazu.

ANTIGUAN KISS

4 cl Cavalier White Rum, 1–2 cl Apricot Brandy und 6 cl Ananassaft in gestoßenes Eis geben und kurz umrühren. Mit Kirsche oder Ananas dekorieren.

RUM SOUR

Shaken Sie 6 cl goldfarbenen Rum, ½ Teelöffel Zucker und den Saft einer halben Zitrone auf Eis. Abseihen und in einem mit Zitronenscheibe und Kirsche garnierten Glas servieren. Ersetzen Sie einmal den Zucker durch Zuckerrohrsirup – Sie werden feststellen, daß sich der Sirup auch auf Eis leichter untermixen läßt.

RUM JULEP

Geben Sie 3 Zweiglein Minze, 1 Teelöffel Zucker und einen Spritzer Wasser in ein Glas. Minze mit einem Stößel leicht zerdrücken. Anschließend einen Schuß weißen Rum dazugeben und mit beliebigen frischen Früchten auffüllen. Mit Minzblättern garnieren.

RUM MARTINI

3 Teile weißen Cockspur Rum und 1 Teil Dry Vermouth auf Eis kräftig shaken. In ein gekühltes Martiniglas abseihen. Mit Zitronenschale garnieren.

RUM BLOODY MARY

Man mixe einen Schuß Rum mit 12 cl Tomatensaft und je einem Spritzer Tabasco und Worcestershire Sauce. Mit Salz und einem Spritzer Limettensaft abschmecken. Ein guter Mixdrink auf der Basis von weißem Rum.

NAKED LADY

Shaken Sie je einen Schuß Rum und weißen Vermouth, 4 Spritzer Apricot Brandy sowie je 2 Spritzer Grenadine und Zitronensaft auf Eis. Abseihen und im Cocktailglas servieren.

HOLIDAY EGGNOG

12 Eigelbe schaumig schlagen und unter weiterem Rühren 500 g Zucker hinzugeben, bis sich der Zucker gelöst hat und die Masse dick wird. ¼ Liter Milch und 1 Flasche dunklen Rum (75 cl) unterrühren. 3 Stunden in den Kühlschrank stellen. Anschließend in eine Bowlenschale gießen und ¼ Liter steif geschlagene Sahne vorsichtig unterheben. Eine weitere Stunde kühlen. Vor dem Servieren mit frisch geriebener Muskatnuß bestäuben. Ergibt 24 Gläser.

Auch in der Karibik kann es mal kalt werden. Naja – kühl. Hier einige Vorschläge, wie Sie Ihre »Crew« aufwärmen können:

HOT TODDY

Verrühren Sie in einer Tasse einen Teelöffel Zucker mit einem Schuß dunklen Rums. Mit kochendem Wasser auffüllen und mit einer Zitronenscheibe und Nelken garnieren.

HOT BUTTERED RUM

Geben Sie 6 cl Rum, 1 Teelöffel braunen Zucker, 4 Nelken, ein Stückchen Butter und eine Prise Muskat in eine Tasse, und gießen Sie mit kochendem Wasser auf. Mit einer Zimtstange umrühren.

HOT PUNCH

1 Eßlöffel Ingwerpulver und 1 Teelöffel geriebene Muskatnuß in 1 ¼ Liter erwärmtem Bier auflösen und erhitzen. Parallel 3 Eier in ¼ Liter Bier mit 2 Eßlöffeln Zuckerrübensirup schlagen. Unter ständigem Rühren langsam die warme Bier-Mischung unter die Eier-Mixtur heben. Am Schluß ¼ Liter goldfarbenen Rum daruntermischen und sofort servieren.

Wenn Sie nur genügend Rums aus diesem Buch probieren, geraten Sie garantiert auch einmal an eine Flasche, die Sie einfach nicht trinken können – zum Beispiel, weil Ihnen der Rum zu stark ist. Wenn der Inhalt der Flasche trotz aller Bemühungen einfach nicht weniger werden will, schütten Sie etwas davon in eine Plastik-Spritzflasche. Das nächste Mal, wenn Sie einen großen Fisch am Haken haben, verabreichen Sie ihm einen Schuß Rum, bevor Sie ihn an Bord holen. Der Fisch wird sich ab sofort nicht mehr wehren, und der Geschmack Ihres Fangs wird dadurch auch nicht beeinträchtigt.

Es gibt aber auch noch andere Verwendungszwecke für Rum, den man nicht austrinken möchte. Etwa in der Küche. Versuchen Sie einmal ein paar Kochrezepte, deren Zutatenliste Rum enthält, und Sie werden die karibische Spirituose noch mehr schätzenlernen. In einigen Rezepten wird entweder weißer oder dunkler Rum verlangt. Mit etwas Erfahrung finden Sie aber bald selbst heraus, welche Sorte Ihrem Geschmack am ehesten entspricht.

RUM 'N' COFFEE

Nichts leichter als das: Geben Sie einen kleinen Schuß dunklen Rum in Ihren Frühstückskaffee – zu viel Rum läßt den Kaffee zu stark abkühlen und birgt das Risiko, daß man bald wieder zu Bett geht.

RUM 'N' HONEY

In Tobago kaufte ich einmal Honig in der Flasche – einer Rum-
flasche, versteht sich. Der Honig hatte einen etwas ungewöhn-
lichen, aber sehr angenehmen Geschmack: vor dem Füllen der
Flasche muß noch etwas Rum darin gewesen sein. Auch einem
Pfannkuchensirup kommt das Aroma von Rum zugute. In beiden
Fällen braucht man nur ein ganz klein wenig Rum. Wenn man den
Honig (beziehungsweise den Sirup) erhitzt, läßt sich der Rum
leichter untermischen. Zum Verfeinern bevorzuge ich dunklen,
gereiften Rum.

RUM PANCAKES

Manche farbige Rums sind eine wunderbare Ergänzung in einem
Pfannkuchenteig. Zu viel des Guten jedoch, und der Pfannkuchen
hängt in der Pfanne leicht an. Wenn ich gekochten Reis übrig habe,
gebe ich übrigens auch davon etwas in den Teig. Ob Sie es glauben
oder nicht: Manche meiner Freunde, die mich für verrückt erklären
wollten, bevor sie es selbst probiert haben, kochen heute immer
etwas mehr Reis – für die nächsten Pfannkuchen.

FRANZÖSISCHER RUM-TOAST

Vermengen Sie 3 Eier, ¾ Tasse Milch, Half-and-Half oder Sahne,
3 Eßlöffel dunklen Rum, ¼ Eßlöffel Muskat, 1 Eßlöffel Zucker und
eine Prise Salz. Brotscheiben hineintunken und auf ein leicht ge-
öltes heißes Backblech legen. Dazu frische Früchte, Butter und
Ahornsirup reichen. Vergessen Sie nicht, den Sirup mit ein paar
Tropfen Rum zu aromatisieren.

BETRUNKENE FRÜCHTE

Legen Sie Scheiben von Ananas, Bananen, Mangos oder auch Pfir-
sichen in eine flache Glasform. Mit braunem Zucker bestreuen und
etwas Limettensaft und dunklen Rum darüberträufeln. Ein paar
Stunden in den Kühlschrank stellen und vor dem Servieren mit
etwas Muskat oder Zimt bestäuben.

RUM BARBECUE RIBS

6 Pfund Spareribs (Schälrippchen) in Portionsstücke schneiden. In
einen großen Topf geben und mit Wasser bedecken. Aufkochen
und ohne Deckel 20 Minuten simmern lassen. Abgießen und
trockentupfen.
Für die Sauce: ½ Liter Tomatengrundsauce, 1 Tasse dunklen Rum,
1 Tasse Honig, ¼ Tasse Rotweinessig, 1 feingehackte Zwiebel,
2 durchgepreßte Knoblauchzehen und 1 Teelöffel Worcestershire
Sauce in einem kleinen Topf verrühren, mit Salz und Pfeffer abschmecken. Zum Kochen bringen und 5 Minuten bei milder Hitze
ziehen lassen.
Backofen vorheizen oder den Grill anwerfen. Die Spareribs
großzügig mit der Sauce bestreichen und auf dem Grill oder in
einem Bräter im Backofen langsam knusprig braten. Dabei öfter
mit der Sauce bestreichen.

FLAMBIERTE SHRIMPS

In Martinique wurde mir einmal folgende Gaumen- und Augen-
weide serviert: Shrimps wurden in etwas Olivenöl und mit viel
Knoblauch sautiert. Am Serviertisch goß der Kellner noch eine
halbe Tasse weißen Rum darüber, den er sofort mit einem Streich-
holz entzündete – Feuerzauber mit Feuerwasser, ein Hochgenuß.

RUMBANANE

8 Bananen im Mixer zerkleinern. 4 Eßlöffel braunen Zucker, 4 Tassen weißen Rum, 8 Eßlöffel Zitronensaft und Vanille nach Geschmack hinzugeben. Mischung in Gläser füllen und mit Sodawasser auffüllen.

(Yergin an Bord der *Malu*, Charlotte Amalie)

LIMETTEN

Limetten sind ein unverzichtbarer Bestandteil vieler Rum-Drinks. Aber auch ein sorgfältiger Umgang damit ist unverzichtbar für den wahren Genuß.

Bevor Sie eine Limette durchschneiden und den Saft in Ihr Glas pressen, rollen Sie die Frucht auf einem Holzbrettchen, um das safthaltige Fruchtfleisch aufzubrechen. Das Holzbrett absorbiert einen Teil der in der Schale enthaltenen Zitrusöle. Das restliche ausgetretene Zitrusöl kann man mit einem Küchentuch abreiben. Schneiden Sie die Limette mit einem scharfen Messer mittig, quer zu den Enden durch – keinesfalls längs durch den Stielansatz. Auf diese Weise können Sie den Saft mit einem Minimum an Druck auspressen und den Anteil an Ölen in Ihrem Glas minimieren.

PAPAYAS MIT BANANEN

Eine feste Papaya halbieren und die Samen entfernen. 3–4 Bananen zu Brei zerkleinern und mit 1 Teelöffel Coconut Cream, ½ Teelöffel Muskat und 1 Teelöffel Rum vermengen. Mit dieser Mischung die Papayahälften füllen, eine Butterflocke daraufsetzen und (je nach Reife der Papayas) 10–15 Minuten in den heißen Backofen stellen.

(Anne an Bord der *Sandpiper*)

FLAMMENDE FRÜCHTE

»Betrunkene Früchte« nach Rezept zubereiten. Zur Fertigstellung ein wenig Butter auf die Früchte geben und die Glasschale kurz im warmen Backofen erhitzen, danach warm stellen. Pro Person einen kräftigen Schuß Rum im Wasserbad oder der Mikrowelle erhitzen, über die warmen Früchte gießen und vorsichtig flambieren.

MANGO CHUTNEY

Mangos kamen mit den Handelsflotten im 16. Jahrhundert von Indien aus in die Karibik. Heute werden hier verschiedenste Sorten dieser delikaten Frucht angebaut.

Zunächst ½ Tasse braunen Zucker in 2 Tassen Essig aufkochen lassen. Anschließend 5 Tassen kleingeschnittene Mangos (das entspricht etwa 15 pfirsichgroßen Früchten) hineingeben, außerdem 1 entkernte Zitrone, 1 ½ Tassen Rosinen, ¾ Tasse feingehackten Ingwer, ¼ Teelöffel Cayennepfeffer sowie ein Gewürzsäckchen mit ¾ Eßlöffel Koriandersamen, 15–20 Gewürznelken und 1 Zimtstange. Nach 15–20 Minuten Simmern das Gewürzsäckchen herausnehmen und die Masse abkühlen lassen. Knoblauch, Peperoni, feingehackte Zwiebeln oder Senfkörner kann man nach Belieben hinzufügen oder weglassen. Nicht vergessen sollte man allerdings, den Sirup aus Zucker und Essig mit etwas Rum abzuschmecken.
(Peggy, an Bord der *Elisabeth*, Miami)

PONCHO DE CREMA

In Trinidad der traditionelle Weihnachts-Drink: 1 Ei schlagen, die Schale einer halben Limette hineinreiben, dann 0,2 l Kondensmilch, 0,3 l goldfarbenen Rum und ¼ l gestoßenes Eis dazugeben. Mit einem Spritzer Angostura und Muskat abschmecken.

BANANEN-RUM-MOUSSE

1. 2 Eßlöffel Gelatinepulver auf 4 Eßlöffel Rum streuen und 5 Minuten stehen lassen. Dann 2–3 Minuten im Wasserbad simmern lassen und beiseite stellen.

2. 3 reife Bananen zerkleinern und mit 15–18 cl Rum und 2 Teelöffeln Vanilleessenz im Mixer etwa eine Minute lang pürieren. Beiseite stellen.

3. 5 Eiweiß steif schlagen, währenddessen eine Prise Salz und nach und nach etwas Zucker hineingeben.

4. 5 Eigelbe mit etwas Zucker leicht und schaumig schlagen. 15–18 cl Sahne unterheben und weitere 5 Minuten schlagen.

5. Die Bananenmischung in die Eigelb-Sahne-Mischung geben, anschließend den Eischnee und die Gelatine vorsichtig untermischen.

6. Die Mousse in eine Glasschüssel gießen, abdecken und für 2–3 Stunden in den Kühlschrank stellen.

7. Weitere 15–18 cl Sahne steif schlagen. Die Mousse aus dem Kühlschrank nehmen – mit der Schlagsahne garnieren, etwas Muskatnuß darüberreiben und servieren.

RUMKUCHEN

Vermengen Sie 1 Tasse Zucker, ½ Teelöffel Salz, 1 Teelöffel Soda, 2 Tassen Mehl, ½ Tasse Butter, 2 Eier, ¼ Tasse Buttermilch, 1 Tasse Bananenbrei, 1 Teelöffel Vanille und 2 Teelöffel Rum zu einem Teig. In einer gebutterten und gemehlten Form bei 180 Grad Celsius backen. Den fertigen Kuchen auskühlen lassen, anschließend mit einer Sauce aus ¼ Tasse zerlassener Butter, ⅓ Tasse Puderzucker und ¼ Tasse Rum überziehen. (Ich bevorzuge hierfür dunklen Rum.)

(Anne, an Bord der *Crosstown Traffic*)

APPLE RUM FLOAT

2 Tassen Apfelmus, 1 Tasse braunen Zucker, 1 Handvoll Pekannuß, 1 Tasse Rosinen, ⅔ Tasse Rum, 2 Teelöffel Zimt, 1 Teelöffel Muskat und ⅛ Teelöffel Piment in einer Kasserolle gut vermengen und aufkochen. Anschließend in eine Glasform abgießen. Für das Schaumgebäck 4 Eiweiß mit ½ Tasse weißem Zucker steif schlagen. Bei 160 Grad Celsius hellbraun backen. Heiß mit der Apfelsauce servieren.

JACK'S LIEBLING

Geben Sie eine Flasche Rum und einen Liter Schokoladeneis in einen Liter Milch. Gut mixen und genießen.
(Jack, an Bord der *Triton*, Charlotte Amalie)

RUM-ROSINEN-BROWNIES

Zerlassen Sie 1 Tafel Schokolade und 1 Tasse Butter in einer Sauciere. Vom Feuer nehmen und 1 Tasse Zucker und 2 Eier unterrühren. Bei ständigem Rühren ⅓ Tasse dunklen Rum sowie 1 Eßlöffel Vanille zugeben. Unter die glatte Masse langsam 1 Tasse Mehl und ½ Tasse Rosinen heben. In eine gebutterte Form geben und bei 200 Grad Celsius eine halbe Stunde lang backen. Nach dem Auskühlen aufschneiden.

Ich hoffe, Ihnen bereiten diese Rezepte ebensoviel Freude wie mir – und, daß Sie selbst ein wenig mit Rum in der Küche experimentieren. Schon mit einer Rumglasur auf einem Kuchen beispielsweise kann man aus etwas Gewöhnlichem etwas ganz Besonderes zaubern.

Glossar

Agricole – frz. für »landwirtschaftlich«. Rhum agricole wird aus frischem Zuckerrohrsaft hergestellt – im Gegensatz zu Rhum industriel (»Industrie-Rhum«), der auf Melasse basiert.

Aldehyde – farblose ätherische Flüssigkeit aus organischen Verbindungen, die durch Einwirkung von Sauerstoff auf Alkohole (Oxidation) entstehen.

Alambic – frz. Bezeichnung für die Pot Still, den diskontinuierlichen Brennapparat.

Analysator – die erste Säule eines mehrsäuligen kontinuierlichen Brennapparates.

Babash – Slangwort für schwarz gebrannten Rum.

Bagasse – nach dem Auspressen des Zuckerrohrs verbleibende Pflanzenfasern; das getrocknete Material dient häufig als Brennstoff bei der Destillation.

Beer – Fachbegriff für die vergorene Maische aus Zuckerrohrsaft.

Beer Still – die erste Säule einer Vier-Säulen-Brennanlage (so bezeichnet insbesondere bei der Destillerie Cruzan in St. Croix).

Chêne – frz. für Eiche; fut de chêne bedeutet Eichenfaß.

Culture – ein in Nevis und St. Kitts häufig verwendeter Begriff für schwarz gebrannten Rum.

Destillation – die Konzentration des Alkohols aus einer alkoholhaltigen Mischung mittels Erhitzung und der Ableitung und Kondensation der Dämpfe.

Destillierkolben – die Pot Still ergänzendes, geschlossenes Gefäß zur doppelten Destillation; heiße Dämpfe strömen am Boden des Destillierkolbens ein und erhitzen die darin enthaltene Flüssigkeit, die dadurch ihrerseits alkoholische Dämpfe freisetzt.

Distillerie – frz. für Destillerie

Distillery – engl. für Destillerie

Ester – organische Verbindungen, die, meist während der Gärung, bei Einwirkung von Alkoholen auf Säuren unter Wasseraustritt entstehen und in kleinen Mengen auch noch nach der Destillation nachweisbar sind; Ester entstehen auch bei der Reifung im Faß; viele Duftstoffe und Fruchtessenzen sind Ester.

Fermentation – Gärvorgang, bei dem mit Hilfe von natürlich vorhandener oder von außen hinzugefügter Hefe Zucker in Alkohol umgewandelt wird.

Foudre de chêne – frz. für ein großes Eichenfaß, meist mit einem Fassungsvermögen von 35000 bis 65000 Liter, das zum Lagern von Rhum blanc oder zum Reifen von Rhum paille verwendet wird.

Fuselöl – Nebenerzeugnis der alkoholischen Gärung, im wesentlichen Amyl-, Propyl-, Isopropylalkohol u. dgl.

fût – frz. für Faß, meist mit weniger als 650 Litern Fassungsvermögen.

fût de chêne – frz. Bezeichnung für Eichenfässer zum Ausreifen von Rum.

Gallone – engl./am. Flüssigkeitsmaß, entspricht etwa 3,8 Litern.

Grand arôme – frz. Bezeichnung für Rhum industriel aus fermentierter Melasse und Vinasse.

Guildive – andere frz. Bezeichnung für Rhum.

Hammond – vorwiegend in St. Kitts und Nevis gebräuchliche Bezeichnung für schwarz gebrannten Rum; es ist ungeklärt, ob es sich bei Mr. Hammond um einen Zollbeamten oder um einen Brennmeister gehandelt hat.

Herz (der Destillation), siehe Mittellauf.

Hogo – Bezeichnung für sich auf der Oberfläche eines mangelhaft destillierten Rums sichtbar absetzende Fuselöle; daneben auch eine weitere Bezeichnung für schwarz gebrannten Rum.

Houillage – das jährliche Auffüllen von Rumfässern mit Destillat desselben Produktionsjahres zum Ausgleichen des Verdunstungsverlustes.

Hydrometer – Gerät zur Messung der Geschwindigkeit fließenden Wassers, des spezifischen Gewichts von Wasser etc.; in diesem Zusammenhang wird es zur Messung des Alkoholgehalts verwendet, indem die Dichte des Destillats mit der Dichte von Wasser verglichen wird.

294   **industriel** – frz. für »industriell«; Rhum industriel wird nicht (wie

Rhum agricole) aus frischem Zuckerrohrsaft, sondern aus Melasse hergestellt.

Kondensator – Wärmetauscher, in dem bei der Destillation die alkoholischen Dämpfe kondensieren.

Melasse – zähflüssiger, schwarzbrauner Rückstand der Zuckergewinnung; wird als Rohstoff für Alkoholherstellung und als Viehfutter verwendet.

Mittellauf – bei einem Brenndurchlauf der mittlere Teil, der sich durch hohen Alkoholgehalt und weitgehende Freiheit von unerwünschten Nebenstoffen auszeichnet; nur dieses sog. »Herz« der Destillation wird als Rumdestillat abgefüllt bzw. faßgelagert.

Nachlauf – Bezeichnung für das restliche Kondensat, dessen Alkoholgehalt gegen Ende des Brenndurchlaufs unter das gewünschte Mindestmaß absinkt und daher abgeschieden und redestilliert wird.

Neutralalkohol – auch: Neutralsprit; reiner Alkohol mit mindestens 95,5%vol.

Paille – s. Rhum paille

Pot Still – meist kupferne Brennanlage (sog. Brennblase), bestehend aus einem Kessel (»pot«), in dem die Maische erhitzt wird, einem sog. Schwanenhals zum Ableiten der alkoholischen Dämpfe und einem Kondensator; eine Brennblase kann mit einem oder mehreren Destillierkolben verbunden sein.

Rektifikator – zweite Säule eines mehrsäuligen Brennapparates.

Rhum – frz. Schreibweise für Rum.

Rhum agricole – frz. Bezeichnung für Rhum aus frischem Zuckerrohrsaft.

Rhum industriel – frz. Bezeichnung für Rhum aus Melasse.

Rhum paille – frz. Bezeichnung für strohfarbenen Rhum, der weniger als drei Jahre faßgereift wurde (vgl. Rhum vieux).

Rhum vieux – frz. Bezeichnung für Rhum, der mindestens drei Jahre in Fässern mit einem Fassungsvermögen von maximal 650 Litern ausgereift wurde.

Rum – Spirituose, die (auf der Basis von frischem Saft, Sirup oder Melasse) aus dem vergorenen Zucker des Zuckerrohrs destilliert wird.

Schwanenhals – Verbindungsstück zwischen Brennkessel und Kondensator bzw. Destillierkolben.

Starker Rum – (engl. »strong«); geläufige Bezeichnung von Rum mit einem Alkoholgehalt über 50%vol.

Tafia – andere frz. Bezeichnung für Rum.

Très vieux – frz. für »sehr alten« Rhum, meist länger als zehn Jahre gelagert.

Vesou – frz. Bezeichnung für Zuckerrohrsaft.

Vieux – frz. für »alt«; s. auch Rhum vieux.

Vinasse – frz. Bezeichnung für die verbleibende Restsubstanz nach der Destillation der vergorenen Maische; engl. als »leeze« oder »let off« bezeichnet.

Vorlauf – das erste Kondensat aus der Brennblase; es enthält noch zu wenig Alkohol und zu viele unerwünschte Bestandteile und wird daher abgeschieden und redestilliert. Siehe auch Mittellauf, Nachlauf.

Bezugsquellen

Die wichtigsten Rums und ihre Importhäuser – die Importeure
informieren gerne darüber, welches Fachgeschäft in Ihrer Nähe die
durch sie vertretenen Rums im Sortiment führt.

APPLETON:

Schlumberger KG
Postfach 1120
53333 Meckenheim
Tel. 02225/9250
Fax: 02225/925151

BACARDI:

Bacardi GmbH
Postfach 103140
20021 Hamburg
Tel. 040/339500
Fax: 040/3950214

HAVANA CLUB:

IGM-Importgesellschaft
Großer Markengetränke mbH
Postfach 1005
56010 Koblenz
Tel. 0261/390090
Fax: 0261/3900939

LEMON HART:

Deinhard
Deinhardplatz
56068 Koblenz
Tel. 0261/1040
Fax: 0261/14957

CAPTAIN MORGAN, PUSSER'S:

Semper Idem Underberg KG
Postfach 101465
47493 Rheinberg
Tel. 02843/9200
Fax: 02843/920218

MOUNT GAY:

Rémy Deutschland GmbH
Postfach 4868
65038 Wiesbaden
Tel. 0611/25001
Fax: 0611/250340

MYER'S RUM:

Seagram Deutschland GmbH
Postfach 1120
65223 Hochheim
Tel. 06146/500
Fax: 06146/9210

Weitere Importhäuser, die diverse Rum-Marken
im Programm führen:

Borco-Marken-Import
Matthiesen GmbH & Co.
Winsbergring 14–22
22525 Hamburg
Tel. 040/853160
Fax: 040/8500468

Dethleffsen GmbH & Co.
Postfach 1442
24904 Flensburg
Tel. 0461/99880
Fax: 0461/9988314

Eggers & Franke
Postfach 106029
28060 Bremen
Tel. 0421/30530
Fax: 0421/3053110

Johs. Marth GmbH
Postfach 540705
22507 Hamburg
Tel. 040/8537520
Fax: 040/85375222

Nagel & Hoffbaur GmbH & Co. KG
Postfach 1130
52012 Aachen
Tel. 0241/34455
Fax: 0241/28728

A. Racke GmbH & Co.
Postfach 1653
55386 Bingen
Tel. 06721/1880
Fax: 06721/188220

Reidemeister & Ulrichs GmbH
Postfach 102320
28023 Bremen
Tel. 0421/39940
Fax: 0421/3994283

Rum Albrecht & Co.
Inh. Heinz Eggert Nachf.
Postfach 1209
29544 Bad Bevensen
Tel. 05821/7024
Fax: 05821/43011

Weltmarken Import
Spirituosen und Weine GmbH
Postfach 5908
65049 Wiesbaden
Tel. 0611/7160
Fax: 0611/716153

Register

Die karibischen Inseln

Florida
(USA)

Bahamas

Habana

Kuba

Isla de la
Juventud

G r o ß e

Mexiko

Île de la Gonâve

H

Po
Pri

A   n

Kingston

Jamaika

K a r i b i s c h e s

Honduras

Nicaragua

Costa
Rica

Panama